Pythonで儲かるAIをつくる

赤石雅典 著

日経BP

まえがき

　筆者は企業への AI 導入を支援している仕事柄、「自分たちも AI を導入したい(あるいは上司から導入しろと言われている)が、どこから手を付けたらよいのか教えてほしい」という質問をよく受けます。本書は、その質問に真正面から答えるために執筆しました。

　「AI 導入で成果を出せるかどうかは、企業や組織の中で、AI 導入を適切に導ける現場リーダーのスキルにかかっている。ただし、AI 導入に必要なスキルは、従来の IT システムの場合とは大きく違う」。筆者は、成功・失敗両方の、数多くの AI プロジェクトを間近で見てきた経験からそう思うようになりました。

　業務に役立つ AI を導入するために必要なスキルとは何でしょうか? 筆者は**「業務目線」と「技術目線」の両方を持っていること**だと考えます。

　AI に限らず、IT システムの導入で必須なのが「業務目線」です。業務の課題を認識し、どう改善するか、どう効率化するかという現場の業務目線がないとIT システムの導入は決して成功しません。まさに現場リーダーに求められる必須スキルです。

　AI 導入でもう一つ求められるのが「技術目線」です。AI 導入の企画段階で、現場のリーダー(またはリーダーをサポートするメンバー)がどれだけ技術要素を押さえられているかが鍵になるのです。その業務の課題は本当に AI で解決できるのか、AI のどの処理方式なら適用できそうか、そのための業務データ(学習データ)は何が必要なのか、そういった**「AI の目利き」**の力が求められます。従来の IT システムで求められた技術目線よりも高いレベルが必要です。

　筆者は AI 導入の PoC (Proof of Concept、技術検証)段階で止まってしまったプロジェクトを、いくつも見てきました。それはシステム企画の段階で目利きの力が足りなかった、つまり、元々 AI に向かない業務を対象にしていたものが多いのです。業務目線と技術目線の両方で、AI で解決できる課題を見定めないと成功には導けません。

　本書で AI の目利きの力を身に付ければ、本当に業務に役立つ AI を作れるようになります。そのような AI を本書では**「儲かる AI」**と呼びます。

Python プログラムの動きを見ることで AI の目利きができるようになる

「儲かる AI」を作れる目利きの力を身に付けるため、本書では Python を使って実際の AI プログラムを作っていきます。本書のタイトルを見て手に取ってくださった方でも「自分で作るはちょっと」と感じたかもしれません。しかし、違うのです。AI 技術の発展によって、Python を使って誰でも AI プログラムを作れる時代になっています。

本書では、AI 適用業務の選定から、学習データの入手、加工、AI プログラムの開発・評価まで、実践的に進めていきます。そのために必要な AI 技術を、業務目線で評価しながら、じっくり解説していきます。

実習で利用するすべての Python プログラムは、本書のサポートサイトでダウンロードできます。そしてプログラムは、Google 社のクラウドサービス「Google Colaboratory」を使って Web ブラウザ上で 1 行ずつ動かせます。開発環境などを構築する手間なく、プログラムの実際の動きを確認できるのです (巻末の講座で Google Colaboratory の基本操作を解説しています)。この「Python プログラムの動きを実際に見ておくこと」が、AI の目利きにとても有効だと筆者は考えています。

本書で用意した Python プログラムは、実際の AI システムのひな型になります。簡単なシステムなら、現場のリーダーやメンバーが自分で、ひな型から AI を完成させることも可能です。このようなスキルを持っていれば、IT ベンダーに AI システムを発注する場合でも、無駄な寄り道をせず「儲かる AI」をよりスピーディーに作れるようになります。

業務目線を持ちながら AI を作ることは、AI エンジニア (データサイエンティスト) にとっても重要なことです。本書で紹介する実践的な AI プログラムの作り方を学べば、間違いなくデータサイエンティストとしての第一歩を踏み出せます。

なお筆者のポリシーで、本書の実習コードはすべて GitHub というインターネット上のサーバーで公開しています。ブラウザ上の実習コードを試すだけでも、本書の目指すところが理解してもらえるかと思います。

AI の目利きの力を付け、さらには実際に AI プログラムを作れるようになるため、本書が工夫した点は次の三つです。

- 業務目線で実践的に AI を構築
- データサイエンティストへの入門となる実習を用意
- 数学なしに AI を解説

業務目線で実践的に AI を構築

　業務目線で AI を作るには、実際にありがちな業務を対象にするのが一番です。本書では、「営業の見込み客を予測する」「天気などの情報から明日の利用数を予測する」といった、典型的な 5 種類の業務に適用できる AI を作ります。それを解説した 5 章が、本書の中核の一つです。

　業務データは実践的なものを利用します。営業見込み客の予測では、ある銀行の顧客の職業・年齢や過去の営業実績を使います。インターネットには、AI 技術を試すために公開されているデータがたくさんあり、それらを活用します。

　儲かる AI を作るには、実は AI を作った後の「チューニング」が特に重要です。営業見込み客を予測する AI が当初 100 人を抽出し、成約率が 7 割の 70 人と契約できると予測したとしましょう。しかし営業部門のリソースを考えると、300 人くらいに営業をかけられるとします。AI をチューニングして抽出結果を 300 人にまで増やすと、成約できる人数は 150 人と、成約率は 5 割に下がってしまいました。しかし成約数で見ると、実は 2 倍以上の成果が得られています。

　成約率という数字だけを追うのではなく、営業要員というリソースまで配慮して最適な方針を検討すれば、まさに「儲かる AI」を作れるようになるのです。

データサイエンティストへの入門となる実習を用意

　本書ではデータサイエンティストを目指す読者に向けて、巻末の講座で、AI (機械学習) に必須のライブラリである NumPy、pandas、matplotlib の解説をしています。Python 自体の文法に関しても、本書のサポートサイトに実習付きのガイドを公開しています。これらの解説を基に本書を読み進めれば、実習の理解度がぐっと上がり、自分でも AI を実装できるようになります。

数学なしに AI を解説

　AI を解説するときにポイントとなるのが数学の扱いです。なぜなら AI のアルゴリズムそのものが、数学的知識のかたまりであり、数学抜きで解説するこ

とは極めて難しいからです。筆者は『最短コースでわかる ディープラーニングの数学』(日経 BP) という書籍を出版し、幸い好評を得ています。高校 1 年生程度の数学だけを前提にしているとはいえ、1 冊まるごと数学 (と Python プログラム) の話になっています。

　一方、本書はビジネスに重心を移したため方針を一変しました。「AI プログラムの内部はブラックボックスでかまわない。使い方と注意点だけ理解できればよい」というものです。このため本書で出てくる数式は分数式だけです。数学が苦手な方もぜひ挑戦してください。

　高度な数学は一切登場しませんが、それは数字が出てこないということではありません。先ほど紹介した AI のチューニングでは、作った AI をどう評価するかが重要です。そこで出てくる数式は「集計」と「分数式」だけですが、その数式の「考え方」がわかっていないとうまく評価できないのです。それを解説した 4.4 節も本書の中核の一つであり、数学が苦手な読者も身に付けてほしい知識を書いています。

　最後になりますが、本書を作るにあたって、日経 BP の安東一真氏には、大変お世話になりました。よく出版は編集者との共同作業と言われますが、本書もまさにそのような共同作業の成果であり、筆者一人でこのレベルの本は絶対作れなかったと思っています。同じ日経 BP の久保田浩氏にも、本書の方向性や全体構成を考える際に、大変お世話になりました。

　筆者は現在、日本 IBM でデータサイエンス系の製品を扱う部門に属していますが、同僚の西牧洋一郎氏には、いつもいろいろなユースケースのアイデアをいただいている上、本書に関しては、全体の技術チェックもしていただきました。

　この他にも、筆者がここ数年で Watson やデータサイエンスなど AI 系製品の技術営業をしてきた中で、お付き合いいただいたお客様にも貴重なアイデア・知見・情報を数多くいただいています。さらに 2018 ～ 2019 年には、金沢工業大学大学院の虎ノ門キャンパス (社会人向け大学院) で、AI の授業 (AI 技術特論) も担当しましたが、その受講生からも多くのフィードバックをもらいました。

　これらの方々に、この場をお借りしてお礼を申し上げます。

2020年 7 月
赤石 雅典

CONTENTS

まえがき ・・・ iii

1章 業務と機械学習プロジェクト ・・・・・・・・・・・・・・・・・ 1

1.1　本書の目的 ・・・・・・・・・・・・・・・・・・・・・・・・・・・・・・・・・・・・・・・ 2

1.2　必要な専門性と本書の対象読者 ・・・・・・・・・・・・・・・・・・・・・ 3

1.3　機械学習の開発プロセス ・・・・・・・・・・・・・・・・・・・・・・・・・・ 5

1.4　これからの業務専門家に望ましいスキル ・・・・・・・・・・・・ 11

1.5　本書の構成 ・・・・・・・・・・・・・・・・・・・・・・・・・・・・・・・・・・・・・ 12

2章 機械学習モデルの処理パターン ・・・・・・・・・・・・・ 15

2.1　AIと機械学習の関係 ・・・・・・・・・・・・・・・・・・・・・・・・・・・・・ 16

2.2　機械学習の三つの学習方式 ・・・・・・・・・・・・・・・・・・・・・・・ 18

2.3　教師あり学習の処理パターン ・・・・・・・・・・・・・・・・・・・・・ 22

　　2.3.1　分類 ・・・・・・・・・・・・・・・・・・・・・・・・・・・・・・・・・・・ 22

　　2.3.2　回帰 ・・・・・・・・・・・・・・・・・・・・・・・・・・・・・・・・・・・ 23

　　2.3.3　時系列分析 ・・・・・・・・・・・・・・・・・・・・・・・・・・・・・ 24

2.4　教師なし学習の処理パターン ・・・・・・・・・・・・・・・・・・・・・ 24

　　2.4.1　アソシエーション分析 ・・・・・・・・・・・・・・・・・・・・ 25

　　2.4.2　クラスタリング ・・・・・・・・・・・・・・・・・・・・・・・・・ 26

　　2.4.3　次元圧縮 ・・・・・・・・・・・・・・・・・・・・・・・・・・・・・・・ 27

2.5　処理パターンの選択フロー ・・・・・・・・・・・・・・・・・・・・・・・ 29

2.6　ディープラーニングと構造化・非構造化データ ・・・・・・・・ 30

3章 機械学習モデルの開発手順 ・・・・・・・・・・・・・・・・・ 33

3.1 　モデルの開発フロー ・・・・・・・・・・・・・・・・・・・・・・・・・・・・・・ 34

3.2 　例題データ・目的の説明 ・・・・・・・・・・・・・・・・・・・・・・・・・・ 40

　　3.2.1 　例題データの説明 ・・・・・・・・・・・・・・・・・・・・・・・・・・ 40

　　3.2.2 　モデルの目的 ・・・・・・・・・・・・・・・・・・・・・・・・・・・・・ 41

3.3 　モデルの実装 ・・・・・・・・・・・・・・・・・・・・・・・・・・・・・・・・・・ 42

　　3.3.1 　(1) データ読み込み ・・・・・・・・・・・・・・・・・・・・・・ 43

　　3.3.2 　(2) データ確認 ・・・・・・・・・・・・・・・・・・・・・・・・・・ 46

　　3.3.3 　(3) データ前処理 ・・・・・・・・・・・・・・・・・・・・・・・・ 52

　　3.3.4 　(4) データ分割 ・・・・・・・・・・・・・・・・・・・・・・・・・・ 53

　　3.3.5 　(5) アルゴリズム選択 ・・・・・・・・・・・・・・・・・・・・ 56

　　3.3.6 　(6) 学習 ・・・・・・・・・・・・・・・・・・・・・・・・・・・・・・・ 57

　　3.3.7 　(7) 予測 ・・・・・・・・・・・・・・・・・・・・・・・・・・・・・・・ 58

　　3.3.8 　(8) 評価 ・・・・・・・・・・・・・・・・・・・・・・・・・・・・・・・ 59

　　3.3.9 　(9) チューニング ・・・・・・・・・・・・・・・・・・・・・・・・ 63

　　コラム　公開データセットについて ・・・・・・・・・・・・・・・・・・・ **66**

4章 機械学習モデル開発の重要ポイント ・・・・・・・・・・ 67

4.1 　データ確認 ・・・・・・・・・・・・・・・・・・・・・・・・・・・・・・・・・・・・ 69

　　4.1.1 　数値的・統計的に分析する方法 ・・・・・・・・・・・・・・・・ 69

　　4.1.2 　視覚的に分析・確認する方法 ・・・・・・・・・・・・・・・・・・ 80

4.2 　データ前処理 ・・・・・・・・・・・・・・・・・・・・・・・・・・・・・・・・・・ 91

　　4.2.1 　不要な項目の削除 ・・・・・・・・・・・・・・・・・・・・・・・・・ 92

　　4.2.2 　欠損値の対応 ・・・・・・・・・・・・・・・・・・・・・・・・・・・・ 94

　　4.2.3 　2値ラベルの数値化 ・・・・・・・・・・・・・・・・・・・・・・・・ 97

　　4.2.4 　多値ラベルの数値化 ・・・・・・・・・・・・・・・・・・・・・・・ 100

　　4.2.5 　正規化 ・・・・・・・・・・・・・・・・・・・・・・・・・・・・・・・・・ 105

4.2.6　その他のデータ前処理 ･････････････････････････････････ 107

4.3　アルゴリズム選択 ･･ 109

4.3.1　分類の代表的なアルゴリズムとその特徴 ･･････････････ 109

4.3.2　サンプルコードで用いるデータ ･･･････････････････････ 112

4.3.3　ロジスティック回帰 ･････････････････････････････････ 115

4.3.4　サポートベクターマシン（カーネル）････････････････ 119

4.3.5　ニューラルネットワーク ･･･････････････････････････ 121

4.3.6　決定木 ･･･ 124

4.3.7　ランダムフォレスト ･･･････････････････････････････ 129

4.3.8　XGBoost ･･･ 132

4.3.9　アルゴリズムの選択方法 ･･･････････････････････････ 134

4.4　評価 ･･･ 136

4.4.1　混同行列 ･･･････････････････････････････････････ 136

4.4.2　精度・適合率・再現率・F値 ･････････････････････ 142

4.4.3　確率値と閾値 ･･････････････････････････････････ 149

4.4.4　PR曲線とROC曲線 ･･････････････････････････････ 155

4.4.5　入力項目の重要度 ･･･････････････････････････････ 164

4.4.6　回帰のモデルの評価方法 ･･･････････････････････････ 169

4.5　チューニング ･･ 176

4.5.1　アルゴリズムの選択 ･･･････････････････････････････ 177

4.5.2　ハイパーパラメータの最適化 ･･･････････････････････ 181

4.5.3　交差検定法 ･････････････････････････････････････ 183

4.5.4　グリッドサーチ ･･････････････････････････････････ 188

4.5.5　その他のチューニング ･････････････････････････････ 191

5章　業務要件と処理パターン ････････････････････ 193

5.1　営業成約予測（分類）･･････････････････････････････････ 195

5.1.1　処理パターンと想定される業務利用シーン ････････････ 195

　　　5.1.2　例題のデータ説明とユースケース ‥‥‥‥‥‥‥‥‥‥ 197

　　　5.1.3　モデルの概要 ‥‥‥‥‥‥‥‥‥‥‥‥‥‥‥‥‥‥‥ 199

　　　5.1.4　データ読み込みからデータ確認まで ‥‥‥‥‥‥‥‥‥ 200

　　　5.1.5　データ前処理とデータ分割 ‥‥‥‥‥‥‥‥‥‥‥‥‥ 204

　　　5.1.6　アルゴリズム選択 ‥‥‥‥‥‥‥‥‥‥‥‥‥‥‥‥‥ 209

　　　5.1.7　学習・予測・評価 ‥‥‥‥‥‥‥‥‥‥‥‥‥‥‥‥‥ 211

　　　5.1.8　チューニング ‥‥‥‥‥‥‥‥‥‥‥‥‥‥‥‥‥‥‥ 213

　　　5.1.9　重要度分析 ‥‥‥‥‥‥‥‥‥‥‥‥‥‥‥‥‥‥‥‥ 217

　　コラム　欠陥・疾患判定モデルの実現について ‥‥‥‥‥‥‥ **222**

5.2　天候による売り上げ予測（回帰）‥‥‥‥‥‥‥‥‥‥‥‥‥‥ 224

　　　5.2.1　処理パターンと想定される業務利用シーン ‥‥‥‥‥‥ 224

　　　5.2.2　例題のデータ説明とユースケース ‥‥‥‥‥‥‥‥‥‥ 225

　　　5.2.3　モデルの概要 ‥‥‥‥‥‥‥‥‥‥‥‥‥‥‥‥‥‥‥ 226

　　　5.2.4　データ読み込みからデータ確認まで ‥‥‥‥‥‥‥‥‥ 227

　　　5.2.5　データ前処理とデータ分割 ‥‥‥‥‥‥‥‥‥‥‥‥‥ 235

　　　5.2.6　アルゴリズム選択 ‥‥‥‥‥‥‥‥‥‥‥‥‥‥‥‥‥ 239

　　　5.2.7　学習・予測 ‥‥‥‥‥‥‥‥‥‥‥‥‥‥‥‥‥‥‥‥ 239

　　　5.2.8　評価 ‥‥‥‥‥‥‥‥‥‥‥‥‥‥‥‥‥‥‥‥‥‥‥ 240

　　　5.2.9　チューニング ‥‥‥‥‥‥‥‥‥‥‥‥‥‥‥‥‥‥‥ 245

　　　5.2.10　重要度分析 ‥‥‥‥‥‥‥‥‥‥‥‥‥‥‥‥‥‥‥ 247

5.3　季節などの周期性で売り上げ予測（時系列分析）‥‥‥‥‥‥‥ 249

　　　5.3.1　処理パターンと想定される業務利用シーン ‥‥‥‥‥‥ 249

　　　5.3.2　例題のデータ説明とユースケース ‥‥‥‥‥‥‥‥‥‥ 251

　　　5.3.3　モデルの概要 ‥‥‥‥‥‥‥‥‥‥‥‥‥‥‥‥‥‥‥ 252

　　　5.3.4　データ読み込みからデータ確認まで ‥‥‥‥‥‥‥‥‥ 252

　　　5.3.5　データ前処理とデータ分割 ‥‥‥‥‥‥‥‥‥‥‥‥‥ 253

　　　5.3.6　アルゴリズム選択 ‥‥‥‥‥‥‥‥‥‥‥‥‥‥‥‥‥ 255

　　　5.3.7　学習・予測 ‥‥‥‥‥‥‥‥‥‥‥‥‥‥‥‥‥‥‥‥ 257

　　　5.3.8　評価 ‥‥‥‥‥‥‥‥‥‥‥‥‥‥‥‥‥‥‥‥‥‥‥ 259

　　　5.3.9　チューニング（ステップ 1）‥‥‥‥‥‥‥‥‥‥‥ 264

　　　5.3.10　チューニング（ステップ 2）‥‥‥‥‥‥‥‥‥‥‥ 268

　　　5.3.11　回帰と時系列分析の処理パターンの選択 ‥‥‥‥‥‥ 273

　　　コラム　「アイスクリーム購買予測」で時系列分析 ‥‥‥‥‥ 274

5.4　お薦め商品の提案（アソシエーション分析）‥‥‥‥‥‥‥‥ 276

　　　5.4.1　処理パターンと想定される業務利用シーン ‥‥‥‥‥ 276

　　　5.4.2　例題のデータ説明とユースケース ‥‥‥‥‥‥‥‥‥ 277

　　　5.4.3　モデルの概要 ‥‥‥‥‥‥‥‥‥‥‥‥‥‥‥‥‥‥ 278

　　　5.4.4　データ読み込みからデータ確認まで ‥‥‥‥‥‥‥‥ 282

　　　5.4.5　データ前処理 ‥‥‥‥‥‥‥‥‥‥‥‥‥‥‥‥‥‥ 285

　　　5.4.6　アルゴリズムの選択と分析 ‥‥‥‥‥‥‥‥‥‥‥‥ 291

　　　5.4.7　チューニング ‥‥‥‥‥‥‥‥‥‥‥‥‥‥‥‥‥‥ 295

　　　5.4.8　関係グラフの視覚化 ‥‥‥‥‥‥‥‥‥‥‥‥‥‥‥ 298

　　　5.4.9　より発展した分析 ‥‥‥‥‥‥‥‥‥‥‥‥‥‥‥‥ 299

　　　コラム　「おむつとビール」の都市伝説 ‥‥‥‥‥‥‥‥‥‥ 300

5.5　顧客層に応じた販売戦略（クラスタリング、次元圧縮）‥‥‥ 301

　　　5.5.1　処理パターンと想定される業務利用シーン ‥‥‥‥‥ 301

　　　5.5.2　例題のデータ説明とユースケース ‥‥‥‥‥‥‥‥‥ 302

　　　5.5.3　モデルの概要 ‥‥‥‥‥‥‥‥‥‥‥‥‥‥‥‥‥‥ 303

　　　5.5.4　データ読み込みからデータ確認まで ‥‥‥‥‥‥‥‥ 305

　　　5.5.5　クラスタリングの実施 ‥‥‥‥‥‥‥‥‥‥‥‥‥‥ 309

　　　5.5.6　クラスタリング結果の分析 ‥‥‥‥‥‥‥‥‥‥‥‥ 310

　　　5.5.7　次元圧縮の実施 ‥‥‥‥‥‥‥‥‥‥‥‥‥‥‥‥‥ 315

　　　5.5.8　次元圧縮の活用方法 ‥‥‥‥‥‥‥‥‥‥‥‥‥‥‥ 316

**6章　AI プロジェクトを
成功させる上流工程のツボ ‥‥‥‥‥‥‥‥ 321**

6.1　機械学習の適用領域の選択 ‥‥‥‥‥‥‥‥‥‥‥‥‥‥‥ 322

  6.1.1 処理パターンのあてはめが肝要 ・・・・・・・・・・・・・・・・・・・・・・ 323

  6.1.2 教師あり学習は正解データの入手が命 ・・・・・・・・・・・・・・・ 324

  6.1.3 AI に 100% は期待するな ・・・・・・・・・・・・・・・・・・・・・・・・ 325

6.2 業務データの入手・確認 ・・・・・・・・・・・・・・・・・・・・・・・・・・・・・・ 326

  6.2.1 データの所在確認 ・・・・・・・・・・・・・・・・・・・・・・・・・・・・・・・・ 326

  6.2.2 部門を跨がるデータ連係の課題 ・・・・・・・・・・・・・・・・・・・・ 326

  6.2.3 データの品質 ・・・・・・・・・・・・・・・・・・・・・・・・・・・・・・・・・・・・ 327

  6.2.4 One-Hot エンコーディングの問題 ・・・・・・・・・・・・・・・・・ 327

  コラム 機械学習モデルの自動構築ツールについて ・・・・・・・・・ **328**

講座 1 Google Colaboratory 基本操作 ・・・・・・・・・・・・・・・ **332**

講座 2 機械学習のための Python 入門 ・・・・・・・・・・・・・・・・ **335**

講座 2.1 NumPy 入門 ・・・・・・・・・・・・・・・・・・・・・・・・・・・・・・・・・・・・・・ 335

講座 2.2 pandas 入門 ・・・・・・・・・・・・・・・・・・・・・・・・・・・・・・・・・・・・・ 343

講座 2.3 matplotlib 入門 ・・・・・・・・・・・・・・・・・・・・・・・・・・・・・・・・・ 360

索引 ・・ 374

1章

業務と
機械学習プロジェクト

1.1 　本書の目的
1.2 　必要な専門性と本書の対象読者
1.3 　機械学習の開発プロセス
1.4 　これからの業務専門家に望ましいスキル
1.5 　本書の構成

1章 業務と機械学習プロジェクト

　本書の目的は「儲かるAI」、つまり本当に業務に役立つAIの作り方を解説することです。儲かるAIを作るには「どんな役割の人が」「どんなプロセスで」進めればよいのか、「そのためには何をわかっていればよいのか」をまず示します。それを本書の各章でどのように解説していくかも紹介します。

1.1 本書の目的

　昨今のAIブームの中で、「業務をAI化したいが、どこから手をつけたらよいのかわからない」という話をよく聞きます。本書の目的を端的に説明すると、本当に業務で役立つAIの作り方を解説することです。営業やマーケティングなど、実業務に近いテーマに対して、公開データセットと呼ばれている実データを用いて、実際に動くAIをPythonプログラムで作っていきます。

　「業務のAI化」をもう少し厳密に表現すると、「機械学習により業務プロセスの一部を効率化し改善を図る」ことになります。機械学習については2章で詳しく解説しますが、現時点では簡単に「AI化を実現するための1手段」と考えてください。AIを作るいろいろな手段のうち、本書では最も注目されている機械学習を使います。

　機械学習により業務を効率化・改善するには、いくつかのハードルがあります。そもそも、その業務が、機械学習をうまく適用できない種類のものかもしれません。機械学習を適用できる業務は実は限られているので、適切ではない業務を対象にすると、機械学習プロジェクトが途中で頓挫することになります。

　適切な業務に対して機械学習プロジェクトを進めていく上でも、いろいろな課題が出てきます。「既存のデータを組み合わせて学習データを作れるか」「得られた学習データの品質に問題はないか」「できたAIの精度は十分か」といったものです。本書は、そうした課題を解決する方法を具体的に提示していきます。

　本書の大きな特徴は、具体的な業務を事例として、AI化を進める方法を解説している点です。例えば、顧客の職業・年齢や過去の営業実績から、新規営業

で成約に至る顧客を予測する AI や、天気・気温・曜日などの情報からその日のレンタル自転車の利用数を予測する AI を作ります。実際の業務と関連付けることで、AI 化を実際に進めるイメージが付きやすくなるはずです。

　もう一つの特徴として、例題に関してすべて実行可能な Python（Jupyter Notebook）のコードが付いている点があります。具体的な業務ですぐに使えるコードのひな型を用意しているのです。Gmail アドレスを取得している読者なら、特別な導入・登録・設定の作業なしに、すぐにサンプルプログラムをクラウド（「まえがき」で紹介した Google Colaboratory）上で動かせます。今まで Python の経験がまったくない読者であっても、機械学習でどのように AI プログラムが作られるのか、その過程をイメージできるようになるはずです。

1.2　必要な専門性と本書の対象読者

　機械学習プロジェクトを進める上で必要な専門性（役割）と、本書の主な対象読者について説明します。

機械学習プロジェクトで必要な役割

業務専門家

・AI利用のアイデア出し
・入力データ項目の洗い出し

データエンジニア

・業務データの入手・加工
・学習用データの準備

データ
サイエンティスト

・モデルの作成
・モデルの最適化

図 1-1　機械学習プロジェクトで必要な役割

　図 1-1 は、機械学習プロジェクトで必要な役割（専門家）を模式的に示したものです。機械学習プロジェクトでは大きく 3 種類の専門家が必要です。後で説明しますが、本書の目標は「すべての役割を 1 人でできるようになること」です。これは自分の役割ではなさそうと思っても飛ばさずに読んでください。

　なお、以下の説明で出てくる耳慣れない「**モデル**」という言葉は、今の段階では、「**機械学習により AI を実現するプログラム**」のことだと考えてください。

2章以降でより詳しく説明します。

業務専門家

　1人目の業務専門家は、AI化したい業務に関して深い知識・経験を持っている人です。具体的には対象業務のリーダークラスの人を想定しています。現行業務のどこに課題があるのか問題意識を持っていて、その課題に対して**どのようなタイプの機械学習をあてはめると課題が解決しそうか**、目的を実現するためのモデルを作るには、**どのような入力データ項目[1]を使うとよさそうか**といったアイデア出しを担当します。「業務のAI化」を進める上で、最も重要な役割を果たす担当者になります。

データエンジニア

　3章以降の実習を経験するとよくわかりますが、一般的な業務を対象にしたモデルを作るための学習データは、結局Excelのような表形式になります。3章以降の実習では、きれいな表形式になったデータを読み込むところから始めますが、そうしたデータが最初から存在することは実業務ではまずありません。**モデル作成用に整形された表形式のデータを準備する**ことが、データエンジニアと呼ばれる人の役割となります。

データサイエンティスト

　データエンジニアが準備した表形式のデータを受け取り、モデルを作ることがデータサイエンティストの役割です。**モデル作成時には、いかに高い精度を出すかが最も重要**な点です。経験のあるデータサイエンティストは、様々な手法を駆使して高い精度のモデルを作ります。

　本書は、この三つの専門家（役割）のうち、最初の「**業務専門家**」を主な読者の対象と想定しています。その理由は、「業務のAI化」で本当に役に立つアイデアを出せるのはこの役割の人だけであり、これから社会で業務のAI化を広く進める際に最も重要な役割を果たすことになるからです。

---

[1]「入力データ項目」に関しても2章で詳しく説明します。前の例でいうと「顧客の職業・年齢や過去の営業実績」や「天気・気温・曜日」が入力データ項目にあたります。

しかし、「業務専門家」がいくら業務的な課題を認識し、改善策のアイデアを持っていても、その実現可能性を評価することなく、むやみに技術検証（PoC[2]）をしても効率が悪くなります。幸い最近の技術発達により、比較的簡単にデータの準備や、モデルの構築ができるようになってきています。本書は、最新技術を活用し、今最も注目されている Python を使ってモデル開発の標準的方式を実習します。様々なアイデアを持った業務専門家が本書の実習内容を理解したあかつきには、**簡単なモデルなら自分で作れるようになり、業務の AI 化を効率良く進める**ことができます。いわば「AI の目利き」ができるようになるのです。

本書のもう一つの想定読者は「プログラミングは得意だが機械学習モデル開発の経験はなく、今後**データサイエンティストとしてのスキルを伸ばしていきたい**」と考えている方です。データサイエンティストとして活躍するために必要なスキルは非常に深く、本 1 冊を読んで簡単にマスターできるものではありません。しかし、本書では「データサイエンティストとして何が重要な活動で、どんな判断が必要なのか」については、一通り説明しています。本書の 3、4、5 章の実習コードの意味を理解できるようになった読者は、間違いなくデータサイエンティストの入り口に立っていることになります。

1.3 機械学習の開発プロセス

機械学習プロジェクトのプロセスを簡単に説明します。図 1-2 を見てください。

---

[2] Proof of Concept の略です。AI 化のアイデアが実現できるかを実データで検証するタスクのことで、機械学習プロジェクト固有のタスクになります。

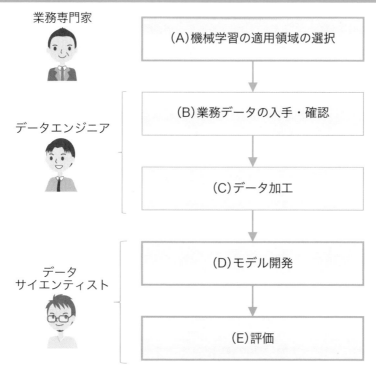

図1-2　機械学習プロジェクトの進め方

　この図には先ほど紹介した各専門家が、機械学習プロジェクトで担うタスクの概要を示しました。各タスクの内容を順に説明します。

（A）機械学習の適用領域の選択

　機械学習プロジェクトの最初のステップは業務専門家による「**(A) 機械学習の適用領域の選択**」です。

　このタスクでは、現行業務の課題を踏まえて、どの部分を機械学習で効率化するか検討します。一見すると、通常のITによるシステム化と同じように見えますが、実は重要な違いがあります。それは対象領域を選択する際に、「**処理パターンの選択**」をセットで行う必要があるのです。機械学習にはいろいろな方式があり、本書ではこれを**処理パターン**と呼びます。**業務上の課題を解決する**

仕組みに処理パターンをあてはめられるかどうかが、アイデア選択時に最も重要なタスクです。これを適切にできることで初めて機械学習プロジェクトを先に進められるのです。

　具体的に機械学習の処理パターンを示すと図 1-3 のようになります。

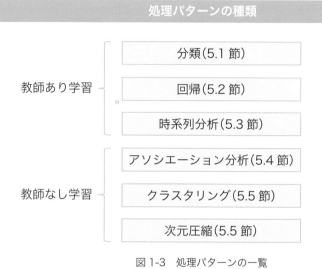

図 1-3　処理パターンの一覧

　この図には、機械学習固有の用語が多く含まれていて、初めて見た読者はよくわからないことでしょう。本書の主な目的の一つは、まさにこの「**処理パターンの内容を理解して選択ができること**」なので、現段階では一つひとつを理解できなくて構いません。その代わり「**検討対象業務に適した処理パターンを選ぶ作業が、機械学習プロジェクト固有のそして重要なタスクである**」ことを押さえておいてください。

　一つひとつの処理パターンの内容については 2 章で詳しく説明します。さらに 5 章では具体的な業務に対して、各処理パターンを適用した実習を Python で実践します。本書を一通り読み終えた後で見返せば、この図の意味が完全にわかるようになるはずです。

　もう一つ、次の「業務データの入手・確認」に移る前に重要なポイントがあります。機械学習で良い成果を出せるかどうかは、どの程度良いデータを入手

できるかにかかっています。業務専門家としては、次の実際のデータ入手はデータエンジニアに任せるとしても、「この機械学習のためにはこの部門のこのデータが良さそうだ」という目利きをしておくことが重要なのです。そのためには5章の実習内容を一通り理解しておくことが必要です。

(B) 業務データの入手・確認

次のタスクは「**(B) 業務データの入手・確認**」です。これは**データエンジニア**のタスクです。

実際にどのようなことをするのか、具体例に紐付けて説明します。例えば、表1-1のような入力データ項目から、どの顧客に対して電話営業をかけると成約できそうかを機械学習で予測すると想定します。この項目例は、5.1節の「営業成約予測」の実習で実際に利用する入力データ項目を簡略化したものです。

No.	項目
1	年齢
2	職業
3	婚姻
4	学歴
5	通話回数(キャンペーン期間中)
6	通話回数(キャンペーン期間前)

表1-1　営業成約予測モデルの入力項目例

これらのうち、1〜4の項目は顧客固有の属性であり、「顧客マスター」と呼ばれるテーブルから取得できると想像されます。しかし、5と6の項目は、日々変更されるデータで、通常は「営業通話記録」のようなトランザクションデータを保存するテーブルに含まれます。このように、欲しい項目がどの業務システムのどのテーブルのデータなのか、目星を付けた上で該当データを入手することが「**業務データの入手**」に該当します。

実際に機械学習プロジェクトを始めるとわかりますが、データの品質は「データ項目定義書」のような設計書だけでは決してわかりません。実データを見て初めて、欠損値や異常値の有無のようなデータの品質がわかります。目星を付けたデータが実際どういう状況なのか確認するタスクが「**業務データの確認**」になります。

(C) データ加工

　続いて、データエンジニアのもう一つのタスクの「**(C) データ加工**」は、どのような内容でしょうか？

　この点についても、先ほどの「営業成約予測」のモデル開発に対応付けて説明します。表 1-1 のうち、顧客の年齢などの 1 ～ 4 の項目は「顧客マスター」から直接取り込めたとします。問題は 5 と 6 の通話回数の項目で、「営業通話記録」からデータを加工して作る必要があります。例えば顧客 ID をキーにして通話記録を抽出し、通話回数を集計します。具体的な加工イメージを図 1-4 に示してみました。

図 1-4　「営業成約予測モデル」のデータ加工の様子

　実際の機械学習を始めるには、データの準備に相当手間がかかります。このようなデータの集計・加工操作が、データエンジニアの二つめのタスクとなる「**データ加工**」です。

(D) モデル開発

(E) 評価

　次の「**(D) モデル開発**」「**(E) 評価**」は、**データサイエンティスト**のタスクです。この二つのタスクを細分化したモデル開発のステップを図 1-5 に示しました。

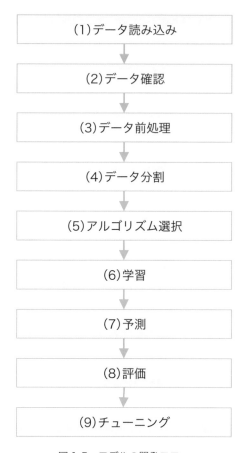

図 1-5　モデルの開発フロー

　ここに示されている開発ステップのほとんどは、通常はプログラムとして実現する形になります[3]。本書ではすべて Python で実装します。

　この開発ステップは、**モデル開発の根幹ともいうべき部分**です。本書では、一番よく利用する処理パターンである「**分類**」を題材に、個別の開発ステップの内容と Python での実装方法を、3、4 章で詳しく解説します。

　図 1-5 では、多くのステップの中の一つに過ぎない「評価」が「**モデル開発**」と同レベルのプロセス「**評価**」となっているのには理由があります。それは、

----

[3] 例えば IBM 社の製品である SPSS Modeler のように、ここで定義した一連のタスクをプログラムなしで実行できるツールもあります。

開発したモデルが実際に使えるかどうかを見極める重要なプロセスだからです。評価の段階でモデルの性能は様々な指標で数値化されます。その数値を基に業務専門家は、機械学習モデルが業務で活用できるかどうかを判断するのです。

モデルの性能が不十分とわかった場合に、それを向上させるステップが「(9)チューニング」です。このチューニングこそが、データサイエンティストが最も力を発揮するステップです。

1.4 これからの業務専門家に望ましいスキル

これからの業務専門家に望ましいスキルをまとめます。すでに書いた通り、本書の最終目標は業務専門家が「**すべてのタスクを一通りできるようになる**」ことです（図1-6）。

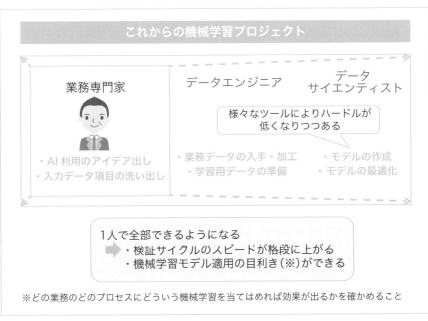

図1-6 これからの業務専門家の望ましいスキル

従来の機械学習プロジェクトが持つ一番の課題は、高度な専門性を必要としているデータサイエンティストの人数が少なく、そのため、業務専門家がAI化

のアイデアを持っていても、それがなかなか実現できないことでした。

　しかし、機械学習のツールの発達などによって、データ加工もモデル開発も業務専門家が Python を使って実現できるようになってきました。このような裏付けがあると、単なるアイデア出しだけにとどまらず、本格的な PoC がうまくいきそうかどうかの当たりを自分だけでつけることができます。そうすることで、**効率的かつスピーディーに AI の業務利用を推し進められる**のです。これが、これからの AI プロジェクトの目指す方向であり、またそれを推し進める AI 人材の人物像になります。そして、本書は、このような人物像を現実とするための道しるべと位置付けています。

1.5　本書の構成

　機械学習モデルの開発で必要なタスクと本書の構成の関係を図 1-7 に示します。

図 1-7　本書の全体構成

　2 章では図 1-3 で示した「処理パターン」を選択できるようになるため、**そ**

れぞれの処理パターンがどのようなものかの概要を、業務に紐付いた実ユースケースで説明します。

3章は、最もよく利用される処理パターンである「分類」を題材に、図1-5で示したモデル開発の個々のステップが何を意味しているかを丁寧に説明します。この章の内容を実習を通じて理解することで、機械学習プロジェクトでのモデル開発タスクの概要を理解できます。

4章は、3章で一通り説明したモデル開発ステップをより実践に近いレベルで詳しく解説します。3章と比較すると細かい話が多くなりますが、モデル実装時の重要なポイントがつまっています。このレベルまで実装方法を理解できると、機械学習モデル活用のアイデア出しの品質が格段に違ってきます。

5章では、具体的な業務要件と2章で紹介した処理パターンの関係を実習を通じてより深く理解します。本書の中で最も重要な章であり、この章を理解することで、業務専門家は、自分の業務のどの部分にどの処理パターンが適用可能なのかをイメージできるようになるはずです。

6章では、モデル利用のアイデア出しも含めて、機械学習プロジェクトをうまく進めるためのポイントを5章までの結果も踏まえておさらいします。

巻末の講座では、本書で利用するクラウド上のPython実行環境「Google Colaboratory」の操作方法を簡単に紹介します。さらに、「データフレーム」など機械学習で必須のライブラリ利用方法を、機械学習モデル開発に焦点を絞ってコンパクトに説明します。

	知識・スキル	2章	3章	4章	5章	6章	講座
本書で得られる基礎知識	機械学習化可能な処理パターンの理解	○			◎		
	モデル開発ステップの理解		○	◎			
本書で得られるスキル	簡単なデータ加工も自分でできる				○	○	○
	モデル作成で有効なデータ項目を予想する				○	○	
	効果が見込めそうな業務を見極める				○	○	

表1-2　機械学習プロジェクト推進に必要なスキル・知識と本書の対応

最後に表1-2に機械学習モデルを推進していく上で必要な知識・スキルと、本書の章の対応をまとめてみました。ここで挙げた5個の項目は下に行くほど習得が難しくなっていきます。

上の二つは、「知識」に相当することなので、本書を最後まで読み進めれば完全に理解できます。

　下の三つは「スキル」に相当します。本書を読んだだけで、すぐに自力ですべてできるようにはなりませんが、個々のスキルを身に付けるためのヒントは本書の実習を通じて学べるはずです。このような点も意識して、2章以降を読み進めてください。

2章

機械学習モデルの処理パターン

2.1　AIと機械学習の関係

2.2　機械学習の三つの学習方式

2.3　教師あり学習の処理パターン

2.4　教師なし学習の処理パターン

2.5　処理パターンの選択フロー

2.6　ディープラーニングと構造化・非構造化データ

2章 機械学習モデルの処理パターン

　1章で説明したように本書の目的は「業務のAI化の方法を示すこと」なのですが、この「AI」という言葉は様々な意味合いで使われています。そのため、言葉の定義を明確にする必要があります。本章はこの点を明らかにした上で、1章で紹介した「処理パターン」について詳しく解説します。

2.1　AIと機械学習の関係

　昨今の世の中では、「AI」あるいはその日本語訳である「人工知能」という言葉をよく聞きます。一方で「機械学習」という言葉も耳にすることが多いはずです。この二つの言葉の関係を整理してみましょう。
　AI（人工知能）とは何かという定義は非常に曖昧で、まだ定説がないのが現状です。例えば日本語版Wikipediaでは、

　　「計算」という概念と「コンピュータ」という道具を用いて「知能」を研究する計算機科学の一分野

という定義をしています。システムではなく、学問の一分野だとしているのです。
　では「機械学習」とは何なのでしょうか？　わかりやすく二つの言葉の関係を整理すると、

　　AI（人工知能）は目的で、機械学習はAIを実現するために現在最も有力とされる手段である

ということになります。「機械学習」と同列に定義できる技術には「ルールベースシステム」や「最適化システム」も挙げられます。こうした見方を整理したものが図2-1です。本書はこの中で「機械学習」を取りあげます。

図 2-1　AI（人工知能）と機械学習の関係

　機械学習は AI を実現するための手段だと説明しました。では、具体的にどういう手段なのでしょうか？ このことを一般的に示したのが、次の図 2-2 です。

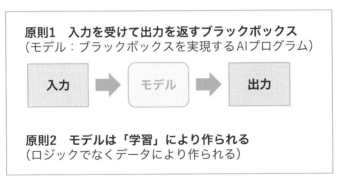

図 2-2　機械学習の定義

　図 2-2 で「**モデル**」という耳慣れない言葉が出てきました。モデルを簡単に説明すると「**入力を受け付けて、有用な出力を返す AI プログラム**」です。**数学的にいうと「関数」のような働きをするブラックボックス**です。そして、このモデルこそが機械学習という AI の実現手段において中心的な役割を果たすのです。

　もう一つの機械学習には、図 2-2 の原則 2 に示したように、**「学習」という手段によりモデルを作る**[1] という特徴があります。**学習**を厳密に定義すると、「**学習データ**と呼ばれるデータを使って、**望ましい振る舞いをするモデルを作る**タスク」です。具体的な作成方法については、後ほど順次説明していきますので、今は「学習」という言葉だけ頭に置いておいてください。

----

[1] この特徴は「機械学習」という言葉の由来でもあります。

2.2　機械学習の三つの学習方式

　前節で定義した機械学習は様々な方式があり、それを「処理パターン」と呼ぶと1.3節で説明しました。処理パターンは大きく三つの「学習方式」に分類できます。

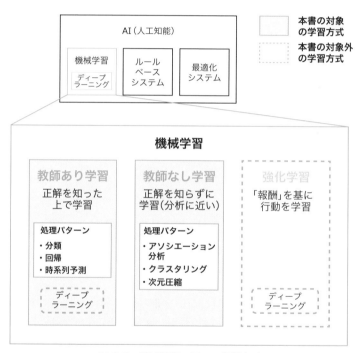

図2-3　機械学習の三つの学習方式

　図2-3を見てください。学習方式には大きく「教師あり学習」「教師なし学習」「強化学習」という三つがあります。このうち強化学習は本書では対象外とします[2]。本書では、これから「分類」「回帰」など6種類の処理パターンを解説していきますが、教師あり学習と教師なし学習でそれぞれ3種類あります。

----

[2] 強化学習を対象外とする理由は、他の二つの方式と比較して実装方法や利用方法が複雑で、機械学習をかなり深く理解していないと取り扱えないからです。関心のある読者は本書の内容を一通り理解した後で、別の書籍を参考にしてください。

最近の AI 技術で必ず出てくる「ディープラーニング」の位置付けが気になる読者もいると思います。ディープラーニングは簡単に言うと、処理パターンとは別次元の「アルゴリズム」の一つになります。このため図 2-3 では点線で囲って示しました（詳細は 2.6 節参照）。

本書で扱う教師あり学習と教師なし学習の特徴は次のようになります。

教師あり学習

機械学習モデルの二つめの特徴は「学習」というプロセスにあると説明しました。教師あり学習は、「正解」がわかった状態で学習することが特徴です。教師あり学習では通常、**正解データ**（**教師データ**ともいいます）がある状態でモデルを最適化する「**学習フェーズ**」と、正解がわからない状態で、学習済みモデルの出力を予測結果とする「**予測フェーズ**」を分けて考えます。このうち、「予測フェーズ」では「学習フェーズ」で存在しなかった**未知の入力データ**がやってきて、その**未知データに対して適切な予測結果を出す**ことがモデルの目的です。この様子を図 2-4 に示しました。

学習フェーズ

予測フェーズ

図 2-4　教師あり学習での学習フェーズと予測フェーズ

教師あり学習の最大の特徴は**学習段階では正解データが存在**する点です。AI

というとなんとなく、勝手に正解を導いてくれそうなイメージを持ちがちですが、教師あり学習では、**学習段階では正解データもセットで与えないといけない**のです。正解データを人間が作る必要がある場合、この「**正解データの作成作業**」が手間のかかる、しかも重要なタスクとなります。これは実業務において、教師あり学習を使う際に最も重要なポイントです。

教師なし学習

正解データありで学習するのが教師あり学習だったのに対して、正解データなしで学習するのが教師なし学習です。この条件から想像がつくと思いますが、教師あり学習と比較して難易度の高い学習方式で、できることも限定的です。

教師なし学習の場合、教師あり学習で説明したような「学習フェーズ」と「予測フェーズ」の区別はなく、データをモデルに与えると、いきなり出力が得られます。教師なし学習は、機械学習の手法の一つですが、「**データ分析に近い**」ともいえます。図2-5に、教師なし学習の処理イメージを示しました。

図2-5　教師なし学習の処理イメージ

ここまでに説明した教師あり学習と教師なし学習という学習方式の区別は、処理パターンを選択する際に極めて重要です。表2-1で改めて整理しておきます。

学習方式	正解データ	主な目的	フェーズ	利用時の入力データ
教師あり学習	必要	予測	「学習」と「予測」	未知
教師なし学習	不要	分析	「学習」のみ	既知

表2-1　教師あり学習と教師なし学習

強化学習

強化学習は、今説明した「教師あり」「教師なし」の二つの学習方式と大きく

異なる学習方式です。本書の対象からは外れるので、細かい説明は省略しますが、大きな特徴をまとめると、次の点になります。

- エージェント（モデル）と環境との相互作用が前提
- モデルの出力は環境へのなんらかの「操作」
- 「操作」の結果、環境がどうなったか、モデルは「観測」により知ることができる
- 「観測」と別に不定期に「報酬」が与えられ、これが「正解」にあたる。しかし、正解は「操作」の直後でなく、しばらく時間が経過して初めてわかる

　強化学習はアルゴリズムとしてのディープラーニングと組み合わせることで、「ゲームを操作するプログラム」「ロボット制御」「囲碁AI」など、様々な分野で利用されています。

　ここから解説する6種類の処理パターンを表2.2にまとめました。教師あり学習と教師なし学習でそれぞれ3種類ずつあります。6種類の処理パターンについて、5章では実業務ですぐ使えるレベルの例題を取り上げ、処理パターンに合わせたモデルの作り方を実践的に解説していきます。これらの例題を通じて、機械学習を多様な業務にうまく適用できるようになることが本書の最大の目的です。

学習方式	処理パターン	2章の解説	5章の実習
教師あり学習	分類	2.3.1	5.1
	回帰	2.3.2	5.2
	時系列分析	2.3.3	5.3
教師なし学習	アソシエーション分析	2.4.1	5.4
	クラスタリング	2.4.2	5.5
	次元圧縮	2.4.3	5.5

表2-2　6種類の処理パターンの解説と実習

2.3 教師あり学習の処理パターン

　教師あり学習は、機械学習の中でも最もよく利用される学習方式です。どういう値を予測したいか、あるいはどういう値を入力として用いるかによって、「分類」「回帰」「時系列分析」という三つの処理パターンがあります。

2.3.1 分類

　教師あり学習で最も利用されることの多い「分類」から説明します。「分類」の特徴は予測したい結果が「どのグループに属するか」となる点です。これから本書で取りあげる例題を題材に説明します。

　図2-6を見てください。このモデルでは銀行の電話営業業務において、顧客情報を入力データとして、顧客に電話で営業をかけた場合、成約の見込みがあるかどうかを予測します。顧客が「成約あり」「成約なし」のどちらのグループに属するかをAIに判断させるわけです。「判断」を人間の代わりにAIにやってもらうという、実業務で最も利用される処理パターンになります。

図2-6　営業成約予測モデル

　この営業成約予測モデルは、5.1節で解説します。そこで説明しますが、分類の処理パターンでは、モデルの性能をどう評価するのかが大きなポイントです。そこで営業成約予測モデルとは評価方法を変えたケースとして、本書のサポートサイトで「追加事例1　欠陥・疾患判定の自動化（2値分類、再現率）」という例題も実習付きで紹介しています。こちらもぜひアクセスしてください。

　営業成約予測モデルでは、「成約あり」「成約なし」の二つに分類しますが、

分類先が三つ以上の処理パターンもあります。二つの場合を「2値分類」、三つ以上の場合を「多値分類」と呼びます。多値分類は、ディープラーニングの発達により、画像やテキストなどのデータを対象によく用いられます（詳細は2.6節参照）。その例題についても本書のサポートサイトで「追加事例2　画像による判別（多値分類）」として紹介しています。

　一方、本書の中で扱う分類は、すべてグループを二つに分ける2値分類です。ここから単に分類と書きますが、2値分類のことを指します。

2.3.2 回帰

　図2-7を見てください。モデルの入力の部分は分類とまったく同じです。唯一異なるのは出力の部分で、このモデルでは「どのグループに属するか」でなく「自転車利用数」という**数値を予測**しています。このように**数値を予測するモデルが「回帰」**です。

図2-7　自転車利用数予測モデル

　「回帰」の例題は5.2節で取り扱います。図2-7で示した例は、レンタサイクル会社の自転車利用数を予測するモデルで、曜日・天気・風速などにより、自転車利用数が変動することが予想されます。自転車利用数を正確に予測することで、担当者の数を変更したり、自転車が不足しそうな場合は予備の自転車を準備したりといった対応ができます。

　この話と同様に、ケーキ店の「ケーキ販売数」やテーマパークの「入場者数」など、**数値を正確に予測することで業務的な効果が見込めるユースケース**は数多くあります。これらで回帰を活用できます。

図2-8を見てください。金沢市のアイスクリーム支出金額の月別グラフです[3]。

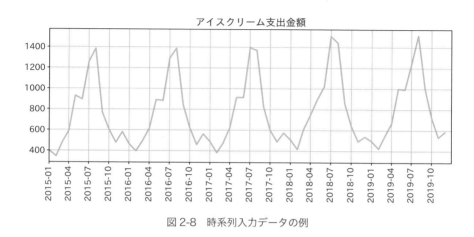

図2-8　時系列入力データの例

　グラフを見ると、年という単位で周期性を持ったパターンが読み取れます。このように「**特定の値（上の例ではアイスクリーム支出金額）の過去データを入力に、未来の値を予測する**」方法が時系列分析です。数値を予測することは回帰と同じなのですが、原則として天気や降水量など他の項目値は使わず、**自分自身の過去データを入力にする**点が違いです。

2.4　教師なし学習の処理パターン

　教師あり学習が、「教師データ（正解データ）」を使って学習することで、ユーザーが望む結果を予測するブラックボックスであることは、なんとなくイメージできたかと思います。では、「教師データなしの学習」とは、どんな学習なのでしょうか？

　教師あり学習を、「未知のデータに対する結果を予測する」ことが最終的な目的とすると、教師なし学習は「既知のデータに対する分析結果を取得する」ことが目的といえます。ただし、具体的に何ができるかは出力データの種類によ

---

[3] 月単位で集計した世帯別の支出金額です。

りまったく異なり、それぞれが別の処理パターンになります。教師なし学習の
「アソシエーション分析」「クラスタリング」「次元圧縮」という三つの処理パター
について具体例で説明します。

2.4.1　アソシエーション分析

　アソシエーション分析は「バスケット分析」とも呼ばれます。顧客が複数の
商品を同時に購入可能な状況で、どの商品の組み合わせに関連が深いか（特定
の商品Aを購入した顧客が、別の商品Bを同時に購入する可能性が高いか）を
数学的手法で分析します。5.4節で取り上げる事例の分析結果の一部を図2-9に
示しました。

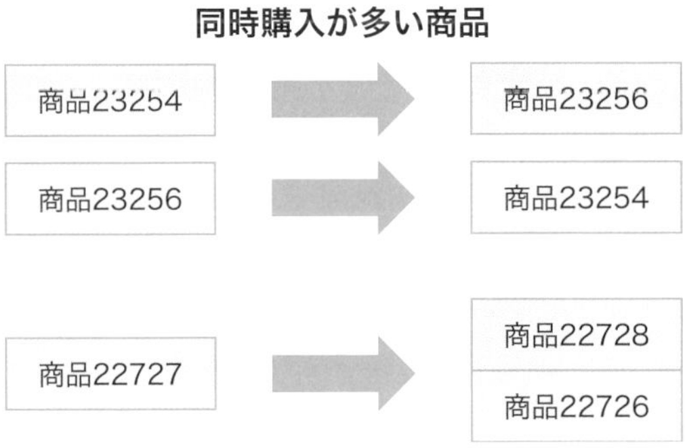

同時購入が多い商品

| 商品23254 | → | 商品23256 |

| 商品23256 | → | 商品23254 |

| 商品22727 | → | 商品22728 |
| | | 商品22726 |

図2-9　アソシエーション分析の例

　図2-9の一番上は、「商品23254を購入した顧客は同時に商品23256を購入
する可能性が高い」ことを意味しています。二つめには逆向きの関係があり、
この二つの商品が同時に購入されることが極めて多いことを意味しています。
　アソシエーション分析の場合は、分析結果を基になんらかの施策を打ち出し
て初めて分析した意味が出てきます。施策の一例として、

・ 顧客の利便を図るため関連の深い商品を近い場所に陳列する
・ 一見、売れていないように見える商品が、別の高価な商品と関連性が深いこ
　とがわかった場合、その商品を陳列から外さないようにする

などがあります。図2-9の例では、商品23254と商品23256をセットで販売して割り引くことで販売促進を図る、あるいは、一方の商品しか購入していない顧客にもう一方を薦める（この顧客は両方を購入する可能性が高い）などの施策が考えられます。

2.4.2　クラスタリング

　クラスタリングとは、教師あり学習の分類と同じような**グループ分けを、教師データ（正解データ）なしに行う**処理パターンです。（図2-10）。

図2-10　クラスタリングの処理イメージ

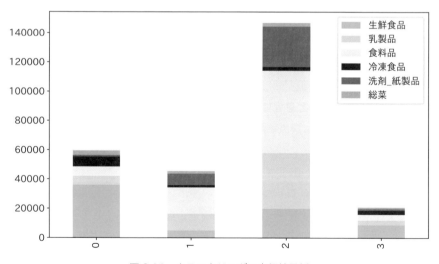

図2-11　クラスタリングの実行結果例

　図2-11は、5.5節の実習で取りあげる例です。顧客の購買履歴データから、顧客を四つのグループ（グループ0からグループ3）に分類して、各グループの品目ごとの購買平均額を計算してグラフにしています。このグラフから、

　　グループ0（生鮮）：購買額が平均的で生鮮食品の購買額が多い
　　グループ1（食品）：購買額は平均的で食料品の購買額が多い
　　グループ2（大量）：全体的に購入額が多い
　　グループ3（少量）：全体的に購入額が少ない

など、それぞれのグループの特徴を読み取れます。このように各グループの特性までわかれば、顧客全体でなく、特定のグループを目標とした施策（例えばグループ1をターゲットに生鮮食品の特売をするなど）を考えられそうです。このような**施策の基になる知見を見いだすことがクラスタリングの目的の一つ**です。

　クラスタリングでは、分類後の個々のグループの特徴は人間が見いだす必要があります。基礎統計や可視化によって、各グループの特性をいかに読み解くか、さらに読み解いて得られた知見に基づき、いかにビジネスに役立つ施策を打ち出せるかが分析者（業務専門家）の腕の見せ所となります。

2.4.3　次元圧縮

　ある人が肥満かどうかを体重だけで決めることはできません。身長が高いと肥満でなくても体重は重くなるからです。そこで体重と身長の二つの値を基にBMIという一つの数値を求める考え方が生まれました。BMIという一つの数値を見ることで、その人の身長に関係なく肥満の度合いがわかるようになります。

　次元圧縮とは、基本的にこれと同様の考えを、機械学習の一つの処理パターンとして行うことです。機械学習モデルでは通常数十、場合によっては数百という非常に数多くの入力データ項目を扱いますが、このように多くの項目があると、人間はデータの状況をうまく把握できません。そこで、多次元のデータをより少ない次元数に圧縮することで、データの特徴を捉える方法が、次元圧縮です。具体的に多いのが、圧縮先の次元数を2次元または3次元とし、結果

2章
機械学習モデルの処理パターン

の散布図を表示して、視覚的にイメージを捉えるというやり方です。

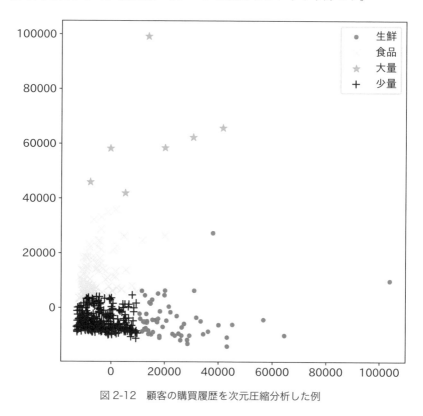

図 2-12　顧客の購買履歴を次元圧縮分析した例

　図 2-12 を見てください。この図は、先ほどと同じ顧客の購買履歴データを、
2 次元に次元圧縮し、その結果を散布図表示した例です。クラスタリングでグ
ループ分けした「大量（グループ 2）」「少量（グループ 3）」などの顧客が、ど
のように分布しているか一目でわかります。例えば、この例でいうと、「食品（グ
ループ 1）」では、購入パターンはほぼ同一なのに対して、「生鮮（グループ 0）」
はかなり広い範囲に分布していて、同じグループ内でも購入金額にかなりバラ
ツキがあることが見て取れます。

2.5　処理パターンの選択フロー

　ここまで、機械学習で実現可能な様々な処理パターンについて説明してきました。それらの処理パターンの選択方法ををフローの形でまとめたものが、下の図2-13になります。

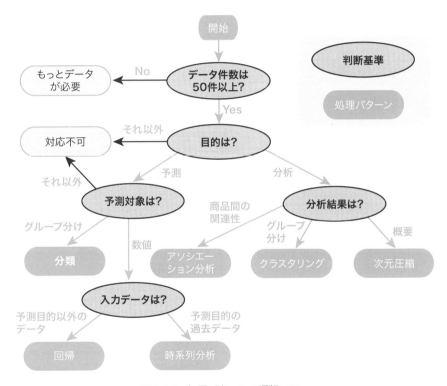

図2-13　処理パターンの選択フロー

　図2-13で最初の分岐では学習データの件数について言及しています。これは今まで説明していなかったことですが、最低50件程度の学習データがないと、そもそも機械学習はできないと考えてください。そこから先の条件については、本書を読む前は意味のわからないものも多かったでしょうが、2章を一通り理解した読者は、何を意味しているかわかるはずです。1章で説明したように、

自分のやりたいことが、今まで説明したどの処理パターンに対応しているかを判断できることが、業務担当者の最初のしかも重要なタスクとなります。この図を見ながら、自分が業務でAI化したい部分がどの処理パターンに対応するのか考えてみてください。

2.6 ディープラーニングと構造化・非構造化データ

　機械学習の処理パターンを分類した図2-3には「ディープラーニング」という言葉も出てきています。昨今のAIブームの中で非常によく耳にするのがディープラーニングだと思います。ディープラーニングの位置付けについて簡単に説明します。

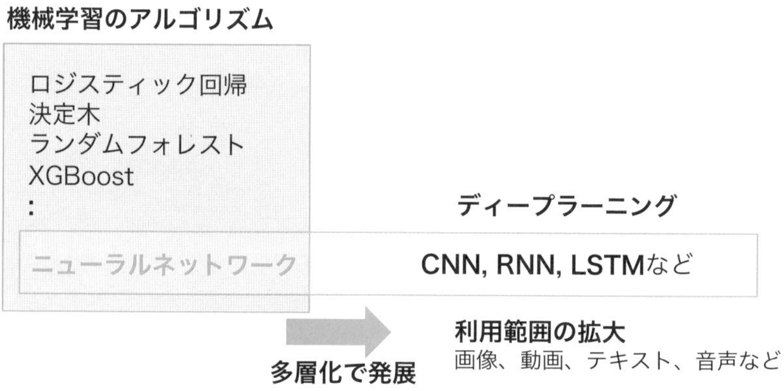

機械学習のアルゴリズム

ロジスティック回帰
決定木
ランダムフォレスト
XGBoost
:

ニューラルネットワーク

ディープラーニング

CNN, RNN, LSTMなど

多層化で発展

利用範囲の拡大
画像、動画、テキスト、音声など

図2-14　機械学習とディープラーニングの関係

　図2-14を見てください。本章で説明している処理パターンは、いわば機械学習をブラックボックスとして見た時の外部から見た振る舞いで分類しています。実は、それぞれの処理パターンにおいて、「アルゴリズム」と呼ばれる様々な実現方法があります[4]。ディープラーニングは主に分類の処理パターンで使われるアルゴリズムの一つという位置付けになります。

----

[4] 分類の代表的なアルゴリズムについては4.3節で説明します。

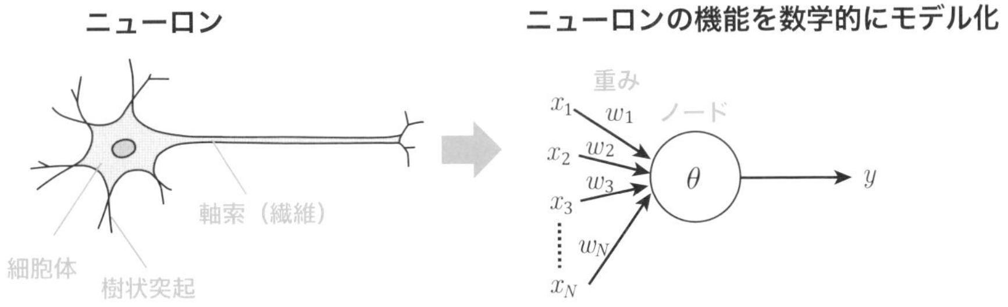

ニューロン　　　　　　**ニューロンの機能を数学的にモデル化**

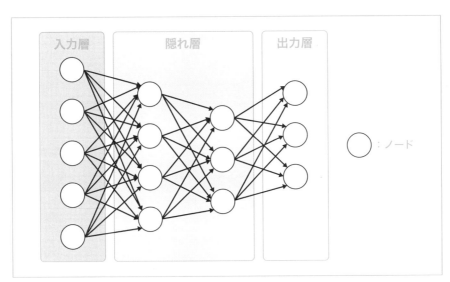

図 2-15　ニューロンモデルの概念図

　元々、脳の神経細胞（ニューロン）を数学的にモデル化してできた「ニューラルネットワーク」と呼ばれるアルゴリズムがありました（図2-15）。ニューラルネットワークでは、ニューロンを模した「ノード」を階層的につないでモデルを作ります（図2-16）。そのノード間の接続方法に自由度があったので、新しい種類のモデルを次々に作ることができ独自の発展を遂げました。

図 2-16　ニューラルネットワークの概念図

　ニューラルネットワークのうち、特に階層が4層以上（隠れ層が2層以上）のものを**ディープラーニング**と呼んでいます。ディープラーニングでは、ノード（図2-16の○で示される要素）間の各矢印にそれぞれ「重み」と呼ばれるパ

ラメータが対応付けられています。そして、層の数とノードの数を増やすことにより**膨大な数のパラメータを持てる**ようになります。そのことにより、**モデルの表現力が高まり、従来の機械学習のアルゴリズムでは難しかった画像、動画、テキスト、音声など（これらを総称して非構造化データと呼びます）を取り扱える**ようになりました。

　つまり、ディープラーニングとは、本書で示した機械学習の定義（図2-2）に従えば、機械学習の一つですが、その中で**多層化**という手段により独自の進化を遂げたアルゴリズムになります。

　機械学習の用語として、「**構造化データ**」「**非構造化データ**」というものがあります。構造化データとは、「年齢」「職業」などのように通常のデータベースの項目として扱えるデータです。これに対して、先ほど説明した画像、動画、テキスト、音声などは、通常データベースの項目として扱えないため、非構造化データと呼びます。この構造化、非構造化の区分でいうと、**ディープラーニングは非構造化データを扱うのに適している**といえます。

　非構造化データを対象にした処理パターンは、ほとんどの場合、三つ以上のグループに分ける「多値分類」になります。ディープラーニングは、このような多値分類のユースケースで特に力を発揮します。ディープラーニングに興味がある読者は、サポートサイトの「追加事例2　画像による判別（多値分類）」をご覧ください。「チューニング」の段階で、ディープラーニングを使ってモデルの性能を上げています。

　これに対して、本書で取りあげる機械学習モデルは、**構造化データを対象**としています。非構造化データは対象外であることを意識しておいてください。

3章

機械学習モデルの開発手順

3.1　　モデルの開発フロー

3.2　　例題データ・目的の説明

3.3　　モデルの実装

　　　　コラム　公開データセットについて

3章 機械学習モデルの開発手順

　3章ではいよいよ Python の実習を通じて、実際の機械学習モデルの開発方法を解説していきます。最初に例題で取りあげるのは、機械学習で最もよく利用する、「教師あり学習」の処理パターンである「分類」です。取り扱うのは、乳がんの検診データとその診断結果で、検診データから良性か悪性か（2値のいずれか）を予測します。

　営業制約の予測といった、より実践的で多様な事例は5章で紹介していきます。ここで乳がんの診断予測を最初の事例として取りあげるのは、データが取り扱いやすく、開発フローが単純で説明しやすいからです。まずはこの事例でモデル開発の一般的な流れを把握しましょう。

3.1　モデルの開発フロー

　Python でモデルを実装する場合の典型的な開発フローは図3-1の通りです。

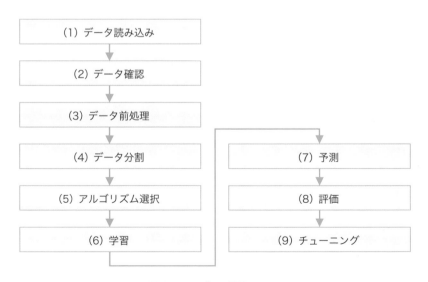

図 3-1　モデルの開発フロー

それぞれの概要を順に説明します。わかりづらいところがあっても、まずは一通り目を通してください。後で Python で実装していくので、そのときに実際の方法がわかります。

(1) データ読み込み

　機械学習用のデータを Python で扱えるよう読み込む処理が最初に必要です。具体的なやり方としては大きく次の 3 通りがあります。

・CSV ファイル読み込みによる方法

　一番標準的な方法です。CSV ファイルは通常、Jupyter Notebook が動いている環境から読み込みますが、学習用データがインターネット上に公開されている場合もあります。

　本書でこの後何度も出てくる read_csv 関数は、ローカルファイルの読み込みと、URL 指定によるファイルの読み込みをサポートしています。URL を指定するケースでは、read_csv 関数呼び出し 1 行でインターネット上の CSV ファイルを直接読み込めます。

・関数呼び出しによる方法

　機械学習でよく利用される公開データセットの場合、データ読み込みの関数が用意されている場合があります。このような場合、その関数の呼び出しだけでデータを読み込めます。

・ZIP ダウンロードによる方法

　学習用データが ZIP ファイルに圧縮した形でインターネット上に公開されている場合もあります。この場合、Jupyter Notebook 上からは !wget コマンドによるダウンロード、!unzip コマンドによるファイル解凍をした後、read_csv 関数呼び出しでデータを読み込む形になります[1]。

---

[1] Jupyter Notebook では、頭に「!」をつけると OS コマンドを発行できます。ここに示した手順は OS 上で wget コマンドと unzip コマンドを順に発行していることと同じです。

(2) データ確認

　データ読み込みが終わった後の次のステップは、読み込んだデータがどのような状況なのか確認することです。非常によく用いられるのが display 関数の呼び出し（display(df.head())）により、読み込んだデータの先頭 5 行の内容を確認する方法です。また、入力データから特定の 2 項目を抜き出し、散布図 [2] を表示する方法も用いられます。

　この他、項目ごとの欠損値 [3] の有無や、平均・分散などの統計情報を確認する手法もあります。これらの方法については 4.1 節で改めて詳細に説明します。

(3) データ前処理

　Python に取り込んだ表形式のデータをいつもそのまま機械学習モデルに入力できるわけではありません。わかりやすい例を一つ取りあげると、機械学習モデルの入力データは数値データでないといけないので、「男」「女」などの値は 1,0 の数値データに変換する必要があります。あるいは、表形式データの中に欠損値が含まれている場合、欠損値が機械学習モデルの入力に含まれないよう、加工する必要があります。このような、機械学習モデル入力用にデータを整形する処理のことを、「データ前処理」と呼び、機械学習の開発フローの中で重要なタスクの一つとなっています。具体的な処理内容と、Python 実装の方法については、4.2 節でさらに詳しく紹介します。

(4) データ分割

　機械学習のデータは CSV のような表形式になっていることが多いです。通常、このデータのうち、特定の項目（列）が、モデルで予測したい値（**正解データ**と呼びます）、それ以外の項目が予測のための入力の値（**入力データ**と呼びます）です。また、正解データを入れる変数は**目的変数**、入力データを入れる変数は**入力変数**と呼び、プログラムの中で利用します。

　このように元データを**左右に分割**することが、データ分割で実施する処理の一つです（図 3-2）。

----

[2] 散布図が何かは後の実習でわかるので、今は言葉だけ覚えてください。
[3] 欠損値についても 4.1 節で説明します。

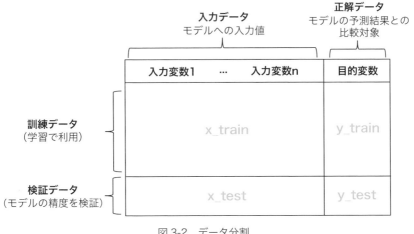

図 3-2　データ分割

　もう一つ、**上下のデータ分割**もあります。機械学習では、学習用のデータ（**訓練データ**と呼びます）と評価用のデータ（**検証データ**と呼びます）を分けて、精度を評価することが多いです。ここで、なぜこのような分割をするのか簡単に説明します。

　「分類」の機械学習モデルでは、どれだけの比率のデータが正解を得られたかを調べることで**精度**（正解率 Accuracy）を評価できます。しかし、訓練に使ったデータで評価をすることは、いわばテストでカンニングをするのと同じことであり、精度の評価方法として適切ではありません。実際、機械学習でモデルの作り方によっては、訓練用のデータにのみ 100％ に近い精度が出ているのにそれ以外のデータでは良い精度が出ないことがありえて、この事象を**過学習**（over fitting）と呼びます。機械学習モデルを構築する際、最も注意しないといけない点です。

　そこで、正解のわかっているデータを訓練用と検証用の 2 グループに分け、訓練データを使ってモデルの学習を行い、検証データを使って精度を評価するという考えが生まれました。この場合、表形式のデータは「訓練データ」「検証データ」と上下にも分割されることになります。

　本書では、このような元データの左右分割と上下分割を総称して、「**データ分割**」と呼ぶことにします。

3章

機械学習モデルの開発手順

(5) アルゴリズム選択

　アルゴリズムは、モデルを実装するための処理方法で、処理パターンごとに様々なものがあります。これを選ぶのが「アルゴリズム選択」です。

　本書でこれからよく利用する scikit-learn や XGBoost[4] のライブラリでは、アルゴリズムは完全にブラックボックス化されており、単にいくつかの初期パラメータを指定する形でライブラリを呼び出せば、簡単に機械学習モデルを作れます。しかし、どのアルゴリズムを選択するかは、明示的に指定する必要があります。アルゴリズムの選択は、データサイエンティストのタスクの一つなのです。本章では簡単のためアルゴリズムは決め打ちにしますが、実際の選び方は 4.3 節で解説します。

　アルゴリズム選択時にパラメータの設定が必要な場合もあります。その場合、アルゴリズム選択時に併せてパラメータを指定する形になります。

(6) 学習

　機械学習における最重要タスク「学習」を実際に行う処理です。しかし、ここまでの事前準備ができていれば fit 関数の呼び出し 1 行の処理で終わってしまいます。(4) のデータ分割で、訓練データと検証データに分割した場合、学習は訓練データを用いて実施します（図 3-3）。

図 3-3　学習時の様子

(7) 予測

　予測も、機械学習における重要タスクなのですが、学習と同じように predict 関数の呼び出し 1 行で簡単に終わります。予測は厳密にいうと、**精度評価のため学習時に同時に実施**する場合と、**正解がわからない状態で本当に予測するために実施**する場合の 2 通りがあります。この予測のステップとは、このうち前

---

[4]「サイキットラーン」「エックスジーブースト」と読みます。いずれも機械学習モデル構築でよく利用されるライブラリで本書でも標準的に利用することになります。

者を指しています。この場合は検証データを使って予測をして、予測結果と正解データを用いて、「(8) 評価」を実施する流れになります（図3-4）。

図 3-4　検証データを用いた予測の様子

(8) 評価

　モデルの良しあしは、検証データに含まれる正解データとモデルの予測結果がどの程度近いかで決まります。この近さを数値で示すため、様々な評価手法があります。本章の実習では、その中で最も単純な**精度**（Accuracy）を計算しますが、それ以外にも方法があり、業務とデータ要件により使い分ける必要があります。具体的にどのような評価方法があり、どういうケースで役に立つのかについては、4.4 節で詳しく説明します。

(9) チューニング

　評価の結果、業務ですぐに利用できる精度が出ている場合は問題ないのですが、そのようなケースはむしろまれです。通常は、業務利用のため精度を上げることが必要になります。このような場合に試行錯誤的に実施するのが「**チューニング**」です。

　具体的な手法としては、「**アルゴリズム選択**」「**パラメータチューニング**」「**特徴量最適化**」などがあります。この領域は、まさにデータサイエンティストの仕事そのものであり、本書のような入門書でそのすべてを説明するわけにはいきませんが、その中でも代表的な手法を4.5 節で紹介します。

　注意してほしいのは、すべてのモデル開発ですべてのステップが必要なわけではなく、場合によって省略されることもある点です。このことも頭に置きながら今回の実習を進めましょう。

3.2 例題データ・目的の説明

　本書で取りあげる多様な事例を理解するために、最初に例題として解説するのが乳がんの判定に関するモデルの構築です。医学の場合、最終的な病気の診断は、あくまで医者が行うものですが、このようなモデルがあれば医者は自分の診断の正しさを確認できます。このように人間の判断の補助としての位置付けも機械学習モデルとしての意味のある利用形態です。

3.2.1 例題データの説明

　この実習で利用するデータセット[5]は、「**Breast Cancer Wisconsin (Diagnostic) Data Set**」（乳がん診断データセット）と呼ばれるものです。乳がんの検診で腫瘍が見つかった患者に対して腫瘍細胞を採取し、顕微鏡で分析した結果（図 3-5）を数値化した情報となっています。具体的には、下記のような 10 個の特徴量が、個々の細胞に対して数値化されます。今回の実習を試すのに、個々の特徴量の意味を詳しく理解する必要はありません。

a）半径（中心から周囲の点までの距離の平均）
b）きめ（グレースケール値[6]の標準偏差）
c）周長
d）面積
e）平滑度（半径の長さの局所変動）
f）コンパクト度（境界 ^ 2 / 面積 -1.0）
g）凹面（輪郭の凹面部分のきつさ）
h）凹点（輪郭の凹部分の数）
i）対称性
j）フラクタル度（「海岸線近似」-1）

---

[5] データセットが何かについては、本章末のコラムで解説したので参考にしてください。
[6] 濃淡を示す階調値

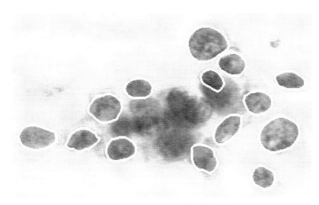

図 3-5　細胞の顕微鏡写真の例

W.N. Street, W.H. Wolberg and O.L. Mangasarian, "Nuclear Feature Extraction for Breast Tumor Diagnosis,"IS&T/SPIE 1993 International Symposium on Electronic Imaging: Science and Technology, volume 1905, pages 861-870, San Jose, CA, 1993, http://citeseerx.ist.psu.edu/viewdoc/download?doi= 10.1.1.56.707&rep=rep1&type=pdf より Figure2 を引用。

　次に、それぞれの特徴量に対して統計処理が行われ、次の三つの数値が算出されます。

　平均値、標準誤差、最大値

　この結果、10 × 3 = 30個の数値が精密検査対象の患者に対して導出されます。この 30 項目（次元）のデータは、この患者の腫瘍が悪性（malignant）か良性（benign）かという医者の診断結果（正解データ）とともに、公開データセットの形で入手できます。公開データセットの中では悪性は 0、良性は 1 で表されています。

3.2.2　モデルの目的

　本章の例題の目的は、精密検査データを入力とし、診断結果を予測するモデルを作ることです。対象業務が医療であるため、モデルが医者の代わりをすることは現実には難しいですが、医者の診断の補助はできるでしょう。

　モデルの予測結果は「悪性（malignant）」「良性（benign）」の 2 種類で、学習データには、医者が診断した正解データも含んでいるので、「**教師あり学習**」の学習方式の処理パターーンうち、「**分類**」に該当します。図 3-6 にモデルの概念図を示しました。

図 3-6　モデルの概念（2 章からの再掲）

3.3　モデルの実装

　それでは、この例題に対して、実際に Python コーディングでモデルを実装していきましょう。今回は、本書で初めての実装なので、比較的実装の簡単なモデルの実装手順を、細かく見ていくことにします。巻末の「講座 1 Google Colaboratory の基本操作」の手順に従い、Google Colaboratory 上で Notebook プログラムを動かしながら読み進めるようにしてください。

　本章で実行するコードは ch03_03_first_ml.ipynb になります。

共通処理

　3.1 節で説明した 9 段階のモデルの開発フローと直接関係ないのですが、本書のサンプルコードの冒頭に必ず出てくる共通処理の解説を簡単にします。

　NumPy や pandas、matplotlib といった機械学習で必須のライブラリを読み込み、その初期設定などをしています。慣れるまでは、単なるおまじないと思って読み飛ばしても問題ありません。

　具体的な実装がコード 3-1 です。japanize_matplotlib という名前の出てくる行は、matplotlib というグラフ表示のライブラリで日本語を扱えるようにするための設定です。

　Python の機械学習プログラムでは、ライブラリ「pandas」で実装される**データフレーム**という表形式データ構造を非常によく利用します。データフレームの内容表示は print 関数でも可能ですが、専用の display 関数を使った方が見た目がきれいなので、本書ではこの関数を標準的に使うことにします。この関数を利用するための準備も共通処理には含まれています。

```
# 日本語化ライブラリ導入
!pip install japanize-matplotlib | tail -n 1

Successfully installed japanize-matplotlib-1.1.2

# 共通事前処理

# 余分なワーニングを非表示にする
import warnings
warnings.filterwarnings('ignore')

# ライブラリの import
import pandas as pd
import numpy as np
import matplotlib.pyplot as plt

# matplotlib 日本語化対応
import japanize_matplotlib

# データフレーム表示用関数
from IPython.display import display

# 表示オプション調整
# NumPy の浮動小数点の表示精度
np.set_printoptions(suppress=True, precision=4)
# pandas での浮動小数点の表示精度
pd.options.display.float_format = '{:.4f}'.format
# データフレームですべての項目を表示
pd.set_option("display.max_columns",None)
# グラフのデフォルトフォント指定
plt.rcParams["font.size"] = 14
# 乱数の種
random_seed = 123
```

コード 3-1　共通処理

3.3.1 （1）データ読み込み

　ここから、いよいよ例題固有のコードが始まります。最初のステップは「(1)データ読み込み」です。学習用に読み込むデータは CSV 形式であることが多く、

ZIP ファイルをダウンロードして利用する場合や、ライブラリの関数で読み込む場合もあることは説明しました。

ここでは scikit-learn ライブラリの関数の一つである load_breast_cancer を使います。コード 3-2 が実際の内容です。

```
# がん疾患データセットのロード

# ライブラリの import
from sklearn.datasets import load_breast_cancer

# データのロード
cancer = load_breast_cancer()

# データの注釈を読む
print(cancer.DESCR)

.. _breast_cancer_dataset:
Breast cancer wisconsin (diagnostic) dataset

**Data Set Characteristics:**
    :Number of Instances: 569
    :Number of Attributes: 30 numeric, predictive attributes and ⤵
the class
( 以下略 )
```

コード 3-2　がん疾患データセットのロード

最初にライブラリの **scikit-learn**（ライブラリ名は sklearn）をロードしています。scikit-learn は機械学習で最も利用されているオープンソースのライブラリで、本書でも多くのモデルで利用していきます。モデル生成だけでなく、データ前処理、評価などいろいろな場面で使われるのですが、そうした付加機能の一環として、機械学習で非常によく利用されるデータは関数呼び出しだけで取得できるようになっています。本節で利用する「**Breast Cancer Wisconsin (Diagnostic) Data Set**」も、その一つなので、load_breast_cancer 関数を呼び出すだけで、データを読み込めます。

データの読み込み先変数 cancer にはいくつかの項目を持つデータが入っていて、その項目の一つである DESCR の内容を print 関数で表示すると、コード

3-2 の出力のようにデータの詳細説明が読めます。

　続いて、読み込んだデータを、**pandas** というライブラリで実装される**データフレーム**という表形式データ構造に変換します[7]。pandas は Python の機械学習プログラムで定番といえるライブラリです。データフレームとは、Python 上で Excel のような表形式のデータを簡単に操作するための仕組みと思ってください。データフレーム形式に変換しておくことで、この後の（2）データ確認や（3）データ前処理がやりやすくなるのです。コード 3-3 がその具体的な内容になります。

機械学習モデルの開発手順

```python
# データフレームへの取り込み
columns = [
    '半径_平均', 'きめ_平均', '周長_平均', '面積_平均',
    '平滑度_平均','コンパクト度_平均', '凹面_平均',
    '凹点_平均', '対称性_平均', 'フラクタル度_平均',
    '半径_標準誤差', 'きめ_標準誤差', '周長_標準誤差',
    '面積_標準誤差', '平滑度_標準誤差',
    'コンパクト度_標準誤差', '凹面_標準誤差', '凹点_標準誤差',
    '対称性_標準誤差', 'フラクタル度_標準誤差',
    '半径_最大', 'きめ_最大', '周長_最大', '面積_最大',
    '平滑度_最大','コンパクト度_最大', '凹面_最大', '凹点_最大',
    '対称性_最大', 'フラクタル度_最大'
]

# ロードしたデータのデータフレームへの取り込み
df = pd.DataFrame(cancer.data, columns=columns)

# 正解データの取得
y = pd.Series(cancer.target)
```

コード 3-3　データフレームへの取り込み

　コード 3-3 の中で、学習用入力データに該当する **cancer.data** をデータフレームに変換しています。項目名の一覧も **cancer.feature_names** から取得できるのですが、英語でわかりにくいため、日本語名称の項目名リスト

---
[7] pandas やデータフレームを詳しく知りたい読者は、巻末の「講座 2.2　pandas 入門」を参照してください。

columns に差し替えます。コード 3-3 は一見すると長くて複雑そうですが、そのほとんどが日本語名称 30 項目の定義であり、実質的なコードはシンプルです。

　機械学習の世界ではデータフレームの変数名に **df**[8] を使うことが多いので、今回の例題でもその慣例に従います。

　正解データ **cancer.target** は、学習だけが目的ならそのままの形（NumPy[9]形式）でも使えるのですが、値が 0 と 1 の個数をカウントしたいため、その前準備として pandas の **Series データ**[10] として定義しておきます。正解データの変数名は、**y** を使うことが多いのでその慣例に従っています。

3.3.2　（2）データ確認

　「（1）データ読み込み」が終わったら次のステップは「（2）データ確認」です。その第一歩として入力データ（df）と正解データ（y）の一部を表示してみます。

　コード 3-4 は入力データの一部を表示するための実装とその結果です。

```
# 入力データの表示

# 入力データの先頭 20 行目から 24 行目までの表示
display(df[20:25])
```

	半径_平均	きめ_平均	周長_平均	面積_平均	平滑度_平均	コンパクト度_平均	凹面_平均	凹点_平均	対称性_平均
20	13.0800	15.7100	85.6300	520.0000	0.1075	0.1270	0.0457	0.0311	0.1967
21	9.5040	12.4400	60.3400	273.9000	0.1024	0.0649	0.0296	0.0208	0.1815
22	15.3400	14.2600	102.5000	704.4000	0.1073	0.2135	0.2077	0.0976	0.2521
23	21.1600	23.0400	137.2000	1404.0000	0.0943	0.1022	0.1097	0.0863	0.1769
24	16.6500	21.3800	110.0000	904.6000	0.1121	0.1457	0.1525	0.0917	0.1995

コード 3-4　入力データの表示

---

[8] DataFrame の頭文字を取ったものになっています。
[9] NumPy については、巻末の「講座 2.1　NumPy 入門」で詳しく解説しています。
[10] Series データは、データフレームの特定の列を抜き出したものと考えてください。

データフレームの内容表示は print 関数でも可能ですが、前述の display 関数を使ってきれいに表示させています。df[20:25] とは、入力データのうち 20 〜 24 行目の 5 行分を抽出することを意味しています。

機械学習を行う際、学習データはコード 3-4 の出力結果のように表形式のデータとして扱われます[11]。青枠で囲んだ 1 行分のデータが、一つの予測結果を出すための入力データです。表形式のデータのうち、左端の 20 から 24 までの数字が**インデックス（index）**と呼ばれている、**特定の行に対する索引**です。

次に正解データがすべて含まれている変数 y も、同様に 20 〜 24 個目を表示してみましょう。そのための実装がコード 3-5 になります。

```
# 正解データの表示

# 正解データの先頭 20 行目から 24 行目の表示
print(y[20:25])

20    1
21    1
22    0
23    0
24    0
dtype: int64
```

コード 3-5　正解データの表示

インデックスは、コード 3-4 と同じ [20:25] にそろえています。このため、コード 3-4 の 5 行分の入力データそれぞれの正解データがコード 3-5 の出力という関係になっています。この関係を図 3-7 に示しました。

----

[11] コード 3-4 では 9 項目しか表示されていませんが、実際の画面は横にスクロール可能で、画面に出ていない分を含めて 30 個の入力データ項目があります。

入力データ　　　　　　　　　　　正解データ

	半径_平均	きめ_平均	周長_平均	面積_平均	平滑度_平均	コンパクト度_平均			
20	13.0800	15.7100	85.6300	520.0000	0.1075	0.1270		20	1
21	9.5040	12.4400	60.3400	273.9000	0.1024	0.0649		21	1
22	15.3400	14.2600	102.5000	704.4000	0.1073	0.2135		22	0
23	21.1600	23.0400	137.2000	1404.0000	0.0943	0.1022		23	0
24	16.6500	21.3800	110.0000	904.6000	0.1121	0.1457		24	0

インデックス（行に対する索引）

図 3-7　入力データ（df）と正解データ（y）の関係

「(2) データ確認」の二つ目のステップとして、データの統計情報を確認してみましょう。次の処理では、具体的に次の二つの情報を表示します。

・データフレーム df の属性 shape の表示
・正解データ y に対して value_counts () 関数を呼び出した結果

前者では、表形式のデータ df に対して、その行数と列数を表示します。後者では、y の値（今回の場合 1 と 0 の 2 通り）ごとにデータが何個あるのか集計した結果を表示します。具体的な実装がコード 3-6 です。

```
# データの統計情報確認

# 入力データの行数、列数の確認
print(df.shape)
print()

# 正解データの 1 と 0 の個数確認
print(y.value_counts())
```

```
(569, 30)
1    357
0    212
dtype: int64
```

コード 3-6　データの統計情報確認

　最初の shape の結果が（569, 30）であることから、データが 569 行 30 列であることがわかります。これは機械学習の言葉で言い換えると「**項目数 30 の入力データが 569 セットある**」ということになります。

　次の value_counts 関数の結果から y の値としては 1（良性〈benign〉）と 0（悪性〈malignant〉）の 2 通りがあり、「1」が全部で 357 個、「0」が全部で 212 個あることがわかります。357+212=569 ですので、上で説明した入力データの行数と辻褄があっていることも確認できました。

　データの確認方法としてはこの他に**散布図**などのグラフを表示する方法があります。散布図とは 2 次元のデータ (x, y) を xy 平面上の点として表示したグラフです。複数の点を分布を見て、データ全体の状況を確認できます。この方法を次に試してみましょう。

　今回、散布図は、正解データが 1 のものと 0 のもので色分けして表示する方針とします。その準備として、元の入力データを正解データが 0 のグループ(df0)と正解データが 1 のグループ（df1）に分割することにします。そのための実装がコード 3-7 です。


```python
# 散布図描画の準備
# データを正解データ =0 のグループと正解データ =1 のグループに分割する

# 正解データ = 0 ( 悪性 ) のデータ抽出
df0 = df[y==0]

# 正解データ = 1( 良性 ) のデータ抽出
df1 = df[y==1]

display(df0.head())
display(df1.head())
```

	半径_平均	きめ_平均	周長_平均	面積_平均	平滑度_平均	コンパクト度_平均	凹面_平均	凹点_平均
0	17.9900	10.3800	122.8000	1001.0000	0.1184	0.2776	0.3001	0.1471
1	20.5700	17.7700	132.9000	1326.0000	0.0847	0.0786	0.0869	0.0702
2	19.6900	21.2500	130.0000	1203.0000	0.1096	0.1599	0.1974	0.1279
3	11.4200	20.3800	77.5800	386.1000	0.1425	0.2839	0.2414	0.1052
4	20.2900	14.3400	135.1000	1297.0000	0.1003	0.1328	0.1980	0.1043

	半径_平均	きめ_平均	周長_平均	面積_平均	平滑度_平均	コンパクト度_平均	凹面_平均	凹点_平均
19	13.5400	14.3600	87.4600	566.3000	0.0978	0.0813	0.0666	0.0478
20	13.0800	15.7100	85.6300	520.0000	0.1075	0.1270	0.0457	0.0311
21	9.5040	12.4400	60.3400	273.9000	0.1024	0.0649	0.0296	0.0208
37	13.0300	18.4200	82.6100	523.8000	0.0898	0.0377	0.0256	0.0292
46	8.1960	16.8400	51.7100	201.9000	0.0860	0.0594	0.0159	0.0059

コード 3-7　散布図描画の準備

　df はデータフレームの変数なので、df[y==0] のようなシンプルなコードで、目的とするデータの分割ができます[12]。

　分割後のデータを確認するため、今度は df0[20:25] の代わりに df0.head() と記述して head 関数を利用しました。head 関数は、データフレームの先頭 5 行を絞り込んで抽出する関数で、今後、よく利用します。データフレームの表示には先ほど同様 display 関数を利用しました。

　今回の出力結果を見て、一つ気付くことがあります。それは「半径_平均」の項目値は df0（正解データが 0 のグループ）の方が大きい傾向にありそうだということです。

　このことを散布図表示で実際に確かめてみましょう。コード 3-8 が、散布図を表示するための実装です。このコードの細かい部分は読み飛ばしてもらってかまいせん[13]。関数呼び出し 1 行ごとに細かいコメントをつけているので、ど

の関数でどういう処理をしているのかだけ、なんとなく押さえるようにしてください。

```python
# 散布図表示

# グラフのサイズ設定
plt.figure(figsize=(6,6))

# 目的変数が 0 のデータを散布図表示
plt.scatter(df0[' 半径 _ 平均 '], df0[' きめ _ 平均 '], marker='x',
    c='b', label=' 悪性 ')

# 目的変数が 1 のデータを散布図表示
plt.scatter(df1[' 半径 _ 平均 '], df1[' きめ _ 平均 '], marker='s',
    c='k', label=' 良性 ')

# 格子表示
plt.grid()

# ラベル表示
plt.xlabel(' 半径 _ 平均 ')
plt.ylabel(' きめ _ 平均 ')

# 凡例表示
plt.legend()

# グラフ表示
plt.show()
```

---

[13] コードの 1 行 1 行の意味を確認したい読者は、巻末の「講座 2.3　matplotlib 入門」を参照してください。

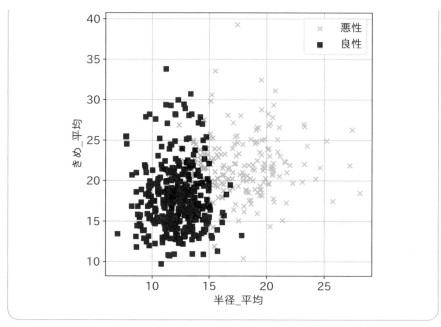

コード 3-8　散布図表示

　先ほど分割した二つのデータ df0、df1 ごとに scatter 関数を呼び出しています。その際、marker（散布図上のマーク）と c（色）をそれぞれ別の値にすることで、見やすく区別できるようにしました。

　今回の結果を見ると、コード 3-7 の実行結果の観察を基に行った予想（半径_平均に関しては df0〈悪性のグループ〉の方が大きい傾向にありそう）が正しいことが確認できます。

3.3.3　（3）データ前処理

　次のステップは「（3）データ前処理」です。5 章の例題で示しますが、実データを対象にモデルを作る場合、このステップに非常に手間がかかる場合もあります。

　しかし、今回の例題では、モデル化しやすいデータセットを選んでいるので、前処理なしにこのままモデルの入力にできます。

　本来の前処理とは異なるのですが、今回は入力項目数を二つに減らして前処

理のステップを実施することにします。入力の項目数が多いと、モデルの動作イメージが持ちにくいためです。実装はコード 3-9 です。

```
# 入力データを 2 項目だけに絞り込む

input_columns = [' 半径 _ 平均 ', ' きめ _ 平均 ']
x = df[input_columns]
display(x.head())
```

	半径 _ 平均	きめ _ 平均
0	17.9900	10.3800
1	20.5700	17.7700
2	19.6900	21.2500
3	11.4200	20.3800
4	20.2900	14.3400

コード 3-9　入力データを 2 項目だけに絞り込む

　実際に「半径 _ 平均」と「きめ _ 平均」の 2 項目だけを持つデータフレームができました。この 2 変数がコード 3-8 で散布図を表示した変数と同じものであることに注意してください。コード 3-8 の結果から、この 2 変数だけ使ってもある程度の分類はできそうなので、この形の入力データで学習を進めることにします。

3.3.4　(4) データ分割

　モデル作成の次ステップは「(4) データ分割」です。データ分割には、目的変数（正解データ）と入力変数（入力データ）の分割（左右分割）、訓練データと検証データの分割（上下分割）の二つがあるという話をしました。このうち、今回のデータセットでは、データを読み込んだ時点で目的変数と入力変数は分割されていたので、この目的での対応は不要です。

　しかし、もう一つの訓練データと検証データの分割はできていないのでこれから対応します。その具体的な実装がコード 3-10 です。

```
# 訓練データと検証データの分割

from sklearn.model_selection import train_test_split
x_train, x_test, y_train, y_test = train_test_split(x, y,
    train_size=0.7, test_size=0.3, random_state=random_seed)
```

コード 3-10　訓練データと検証データの分割

　公開データセット読み込みのときに利用したライブラリである scikit-learn を再び利用しています。今回利用するのはこのライブラリの中の **train_test_split** 関数です。

　train_test_split 関数を利用して以下の処理をします。

・元データの x と y をそれぞれ訓練データ（train）と検証データ（test）に分割します。
・分割結果は x については x_train と x_test に、y については y_train と y_test に代入されます。
・分割の比率は train_size と test_size の二つのパラメータで指定します。今回の例では 7:3 の比率で分割するため 0.7 と 0.3 の値を指定しています。
・分割前に元データに対して乱数を用いたシャッフルが行われます[14]。シャッフルに用いる乱数の種（seed）の値が random_state です。本書全体の方針として、乱数を使った処理結果を極力紙面と合わせるようにしています。そのため、共通処理で定義した定数値 random_seed を random_state のパラメータとして指定し、シャッフルの結果が必ず同じになるようにしています。

　データ分割の結果できた変数である x_train、x_test、y_train、y_test それぞれの次元数を、データフレームの shape 属性を使って確認してみましょう。そのための実装がコード 3-11 になります。

---

[14] 今回利用したデータセットはたまたま最初からシャフルがかかった状態になっていましたが、データセットによっては正解データが 0 のものだけ最初に固まっていたりします。そのようなデータを分割した際にデータの偏りができないようにするため、シャフルする動作がデフォルトで入っています。

```
# 分割結果の確認（要素数）

print(x_train.shape)
print(x_test.shape)
print(y_train.shape)
print(y_test.shape)

(398, 2)
(171, 2)
(398,)
(171,)
```

コード 3-11　データ分割結果の確認（要素数）

結果を見ると、入力データと正解データのそれぞれが、7：3の比率で分割されています。

次に分割したデータの中身の一部を見てみることにします。いつものようにデータフレームの先頭5行をhead関数で抽出し、その結果をdisplay関数にかけて整形した結果を表示します。具体的な実装はコード3-12です。

```
# 分割結果の確認（データの内容）

display(x_train.head())
display(x_test.head())
display(y_train.head())
display(y_test.head())
```

	半径_平均	きめ_平均
559	11.5100	23.9300
295	13.7700	13.2700
264	17.1900	22.0700
125	13.8500	17.2100
280	19.1600	26.6000

	半径_ 平均	きめ_ 平均
333	11.2500	14.7800
273	9.7420	15.6700
201	17.5400	19.3200
178	13.0100	22.2200
85	18.4600	18.5200

```
559    1
295    1
264    0
125    1
280    0
dtype: int64
333    1
273    1
201    0
178    1
85     0
dtype: int64
```

コード 3-12　分割結果の確認（データの内容）

　この結果から、左端のインデックスの数字がバラバラになっていて、データ分割のタイミングでシャッフルされていることが確認できます。

3.3.5 　(5) アルゴリズム選択

　「(4) データ分割」が完了したら、次のステップは「(5) アルゴリズム選択」です。これを実装するコードは実に簡単です（コード3-13）。

```
# アルゴリズム選択

from sklearn.linear_model import LogisticRegression
algorithm = LogisticRegression(random_state=random_seed)
```

コード 3-13　アルゴリズム選択

コードはたった2行で、最初の行は利用するアルゴリズムのライブラリのイ

ンポート（今の例では LogisticRegression＝ロジスティック回帰）で、その次の行はアルゴリズムの初期化です。

初期化のときに random_state のパラメータを指定しているのは、train_test_split 関数と同じで、モデルの学習結果を紙面とまったく同じにするための手段と考えてください。

コード自体はシンプルですが、その裏にある、「今回の例題でなぜこのアルゴリズムを選択したか」は大きな問題です。この点については、4.3 節で説明しますので、今は天下り的に、「最初の例題なので最も無難なモデルの一つであるロジスティック回帰を選択した」ということで話を進めます。

ロジスティック回帰は、アルゴリズムの名称に「回帰」という言葉がついていてややこしいのですが、**分類のためのアルゴリズム**です。

ロジスティック回帰をはじめとする機械学習のアルゴリズムには数多くの初期パラメータがあります。今回は最初の実習なので、実装を簡単にするため先ほど説明した random state 以外のすべてのパラメータをデフォルト値で利用しています。

3.3.6　(6) 学習

「(5) アルゴリズム選択」が終わったら、次のステップは「(6) 学習」です。前に説明した通り、「学習」のコードも恐ろしく簡単です。具体的な実装はコード 3-14 になります。

```
# 学習

algorithm.fit(x_train, y_train)
print(algorithm)

LogisticRegression(C=1.0, class_weight=None, dual=False, fit_in↴
tercept=True,
    intercept_scaling=1, l1_ratio=None, max_iter=100,
    multi_class='auto', n_jobs=None, penalty='l2',
    random_state=123, solver='lbfgs', tol=0.0001, verbose=0,
    warm_start=False)
```

コード 3-14　学習

学習は、先ほど用意したモデル（algorithm）に対して、**fit 関数**を呼び出すことで行われます。

最初の引数は表形式になっている**入力データ**、**2 番目の引数**は入力データに対応した**正解データ**です。今回の実習では学習データをあらかじめ訓練データ（x_train、y_train）と検証データ（x_test、y_test）に分割しているので、訓練データの x_train と y_train を引数にして fit 関数を呼び出す形にしています。

学習のコードを実行してみると、あっという間に終わったと思います。その後、作成したモデル（変数 algorithm）を引数に print 関数を呼び出してみました。結果として、モデルで持っているパラメータ値が表示されます。今回はモデル作成時に、random_state 以外のパラメータを指定しなかったのですが、ほかにも多くのパラメータが存在し、それぞれがデフォルト値として自動設定されています。

3.3.7　（7）予測

「(6) 学習」の次のステップが「(7) 予測」です。具体的な実装はコード 3-15 になります。

```
# 予測

# predict 関数の呼び出し
y_pred = algorithm.predict(x_test)

# 結果の確認
print(y_pred)

[1 1 0 1 0 1 1 1 1 1 1 0 1 1 0 1 1 1 1 1 0 1 1 1 0 0 1 0 1 1 ⌐
1 1 1 0 1 1
 1 1 0 0 1 1 1 0 1 0 0 0 1 1 0 1 1 1 0 1 0 0 1 0 1 1 1 1 0 1 1 ⌐
1 1 1 1 1 1
 0 1 1 0 0 0 1 0 0 1 1 1 1 0 1 0 1 1 1 1 0 1 1 1 1 1 1 1 1 1 1 ⌐
1 1 1 1 1 1
 1 1 0 1 0 1 0 1 1 0 1 1 1 0 1 1 1 1 1 0 1 1 1 0 1 1 0 0 0 1 ⌐
0 1 0 1 1 0
 1 0 1 1 1 1 1 0 0 0 1 1 1 1 0 1 1 1 0 0 0 1]
```

コード 3-15　予測

学習と同様に予測のコードもシンプルです。予測したい入力データが表形式で入っているとき、そのデータを引数に **predict 関数**を呼び出すだけです。

今回は、入力データはあらかじめ**訓練データ**（x_train）と**検証データ**（x_test）に分割しているので、検証データ x_test を引数として予測します。予測結果は y_pred という変数に代入し、print 関数で結果を表示してみました。

モデルの予測結果は 1 次元の NumPy 配列の形で得られます。コード 3-15 のprint 文の結果からも、そのことが確認できます。

3.3.8　(8) 評価

ステップ 7 までで、モデルを作り、そのモデルで予測結果を出すことまでできました。こうやって作ったモデルが実際に業務で使えるかどうかは、予測結果がどの程度信頼に足るかによってきます。そこで重要になるのが、「(8) 評価」です。本項ではどのような考え方でモデルの精度を評価したらよいか確認していきます。

これから検証データを対象に、正解データと予測結果がどの程度一致しているかを調べるのですが、元の検証データではデータ数が 171 個あり、調べるのが手間となります。そこで、正解データと予測結果のそれぞれに対して先頭の10 個だけを取り出して（変数名はそれぞれ y_test10 と y_pred10 とします）、試しにこの 10 個同士を調べることにします。具体的な実装は、コード 3-16 です。

```python
# 正解データと予測結果の比較

# 正解データ　先頭から 10 個
# y_test は DataFrame なので、values により NumPy に変換しておく
y_test10 = y_test[:10].values
print(y_test10)

# 予測結果　先頭から 10 個
y_pred10 = y_pred[:10]
print(y_pred10)
```

```
[1 1 0 1 0 1 1 [0] 1 1]
[1 1 0 1 0 1 1 [1] 1 1]
```

コード 3-16　正解データと予測結果の比較

比較の結果を見ると、全部で 10 個の比較対象のうち、青枠で囲んだ 1 組が、結果が一致していない（予測が正しくない）ことがわかります。逆に正解であった比較対象は 9 組です。このことをコーディングで調べる方法を考えてみます。

次のコード 3-17 が、正解数をカウントするための実装です。

```
# 正解数のカウント

# 正解データ = 予測結果
w1 = (y_test10 == y_pred10)
print(w1)

# 正解データの数
w2 = w1.sum()
print(w2)

[ True  True  True  True  True  True  True [False]  True  True]
9
```

コード 3-17　正解数のカウント

まず、変数 w1 に要素数 10 個の NumPy 変数 y_test10 と y_pred10 を比較した結果を代入します。結果は True または False の値を持つ要素数 10 個の NumPy 配列になります。False の出ている場所が、コード 3-16 で青枠で囲んだ場所（正解データと予測結果が不一致の場所）と同じになっています。

次にこの NumPy 変数全体に sum 関数を作用させます。すると True=1、False=0 と数値化された値の和が計算されるので、結果的に求めたい 9 という値が得られることがわかります。

ここまでの正解数をカウントする仕組みを図 3-8 に改めて示しました。

正解データ	y_test10	[1 1 0 1 0 1 1 0 1 1]
予測結果	y_pred10	[1 1 0 1 0 1 1 1 1 1]
w1 ←	y_test10 == y_pred10	[True True True True True True True False True True]
自動変換	(w1)	[1 1 1 1 1 1 1 0 1 1]
加算後	w1.sum()	9

図 3-8　正解数カウントの仕組み

同じ方法を使えば、検証データ全体の 171 個のデータに対しても正解数、さらには正解率が計算できそうです。この考え方で実装したのがコード 3-18 となります。

```
# 精度の計算

# 正解数の計算
w = (y_test.values == y_pred)
correct = w.sum()

# 検証データ全体数の計算
N = len(w)

# 精度 = (正解数) / (検証データ全体数)
score = correct / N

# 結果表示
print(f'精度 : {score:.04f}')

精度 : 0.8772
```

コード 3-18　精度の計算

True/False の値を持つ配列を w として、w.sum () で正解数 correct を、len (w) で全体の数 N を計算し、この二つの値の比として精度 score を計算し、結果を print 関数で表示しています[15]。

---

[15] print 関数の引数に「f'xxx'」という見慣れない書き方があります。これは Python3.6 から新たに利用可能になった「f 文字列」と呼ばれる数値整形表示のための書式です。この書式の解説は、本書のサポートサイトに用意した「C1.1 Python 入門」の中にあります。

コード3-18の結果から、(正解数)/（検証データ全体数）の比の値（score）は0.8772、つまり正解率は87.72%となっていることがわかりました。機械学習の世界では、この正解率のことを「**精度（Accuracy）**」と呼ぶのが通例です。非常に重要な概念・用語なので、ぜひ覚えるようにしてください。

今まで、精度（Accuracy）の意味を理解するため、かなり回りくどい方法で計算をしました。実はもっと簡単に計算できる方法があります。次にその方法を説明します。

本節の実習で使っているモデル（変数名 algorithm）で利用できる関数として**学習用の fit 関数**と、**予測用の predict 関数**についてはすでに紹介しました。同じように、分類の機械学習モデルで利用可能な関数として **score 関数**があり、これで**精度（Accuracy）**を計算できます。

コード3-19がその実装方法を示したものです。

```
# score 関数の利用

# 実は精度は score 関数で簡単に計算できる
score = algorithm.score(x_test, y_test)
print(f'score: {score:.04f}')

0.8772
```

コード3-19　score関数の利用

この関数に入力データ（上の例では x_test）と、正解データ（y_test）を引数にして呼び出すと、モデルの精度（Accuracy）を計算できます。

このコードの score の値は、コード3-18で得られたのと同じ結果になっています。今後、精度（Accuracy）は、score関数で求めることにします。

決定境界のグラフ表示

分類の機械学習モデルを簡単に説明すると、入力の点に対してグループ分けの基準になる線を決めることに他なりません。この線のことを**決定境界**と呼びます。決定境界の形状が複雑なモデルもありますが、今回実習で取りあげた「ロ

ジスティック回帰」モデルは、**決定境界が直線**であるという特徴を持っています。図 3-9 に今回構築したモデルの決定境界を、元の学習データの散布図に重ね書きしました[16]。

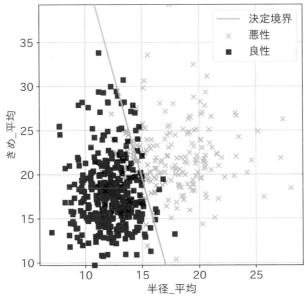

図 3-9　散布図と決定境界の表示

図 3-9 を見ると、ちょうど悪性と良性の点が混在している辺りに青い決定境界の直線が書かれています。視覚的にも、このモデルが妥当なものであることが確認できました。

3.3.9　(9) チューニング

実際の AI プロジェクトでは、ステップ 8 までで求めたモデルの精度が出た時点で、業務要件を満たせるかどうかを、業務専門家と協議して検討します。

通常は最初に作ったモデルで十分な精度が出ることはむしろ少なく、目標に

----

[16] この図のコードの解説は本章で伝えたい内容からははずれるので省略します。サンプルコードのコメントに簡単な解説は含めたので、実装方法が気になる読者はそちらを参照してください。

達しないことの方が多いです。その場合に、モデルの精度を良くするための工夫をすることが、モデル構築の最終ステップの「(9) チューニング」ということになります。このステップこそ、経験を積んだデータサイエンティストの腕の見せどころで、なかなか簡単にできることではありません。

しかし、今回の例題では、簡単に精度向上が見込める手段が一つあるので、最後にこの方法を試してみることにします。

ここまでのモデルでは、元々あった30項目の入力データをすべて使うのでなく、コード3-9で示したように「半径_平均」と「きめ_平均」の2項目だけを利用しました。30項目すべてを使うと手がかりも多くなるので精度も上がることが期待されます[17]。そのことを次の実習で試してみましょう。

コード3-20がその実装となります。

```
# モデルの精度を上げる

# オリジナルの30項目の入力データを使って、訓練データ、検証データを作り直す
x2_train, x2_test, y_train, y_test = train_test_split(df, y,
    train_size=0.7, test_size=0.3, random_state=random_seed)

# ロジスティック回帰モデルのインスタンスを新たに作り直す
algorithm2 = LogisticRegression(random_state=random_seed)

# 訓練データで学習
algorithm2.fit(x2_train, y_train)

# 検証データで精度を確認
score2 = algorithm2.score(x2_test, y_test)
print(f'score: {score2:.04f}')

score: 0.9649
```

コード3-20　モデルの精度を上げる

前項までのコードとの違いは、入力データだけです。これまでは2項目に絞

---

[17] このことは、実習で扱っていたモデルのように元が2項目しかない場合は、自然な発想でかつ事実なのですが、機械学習全般には当てはまりません。むしろ入力データ項目を増やすことが精度を下げることもあります。

り込んだ入力データを使ったのに対して今回のコードでは、元々の公開データに含まれていた 30 項目をすべてそのまま使う実装としました[18]。

　訓練データで学習をして、検証データで精度を調べるという今までの立て付けはそのままで精度を調べたところ 96.49% という良い結果が得られました。これだけの精度があれば、実用上で役に立つモデルになりそうです。

　以上で、Python を使った最初の機械学習モデル構築は終わりました。コードの 1 行 1 行の意味をすべて理解するのは大変ですが、処理の流れを追いかけるのはそれほど大変ではなかったと思います。次の 4 章では、本章で説明した 9 段階のステップのうち、実際の機械学習モデル構築で特に重要なステップとなる

(2) データ確認
(3) データ前処理
(5) アルゴリズム選択
(8) 評価
(9) チューニング

の 5 項目に関してより詳しく見ていきます。

---

[18] モデルの作りが汎用的になっているため、入力データの次元数を変えるだけで、モデル側の修正は一切無しにこの変更が可能です。

Column 公開データセットについて

機械学習の実習では必ず学習データが必要です。学習データは、例外値を自然な形で含んでいる点などの観点で実際のデータであることが望ましいです。しかし、機械学習に使われるデータは通常、企業の機密データである可能性が高く、そうでない場合も、著作権や個人情報保護の問題をクリアしたデータである必要があります。

実際には「実データであり」「権利の問題をクリアしている」という二つの条件を満たすデータはなかなか存在しません。この問題をすべてクリアしているのが公開データセットで、上に挙げた理由から機械学習モデルの実習によく利用されます。本書でも、学習データのほとんどを公開データセットから利用しています。

公開データセットの中でもUCIデータセットが有名で、本書の実習で利用しているデータセットもすべてUCIデータセットです。表3-1に、本書で利用している公開データセット名を示しました。また、図3-10に、UCIデータセットのWebページの例を挙げています。

章-節	データセット名	データセット名（英語）
3章	乳がん診断	Breast Cancer Wisconsin (Diagnostic)
5-1	銀行営業	Bank Marketing
5-2	バイクシェアリング	Bike Sharing Dataset
5-3	バイクシェアリング	Bike Sharing Dataset
5-4	オンライン小売	Online Retail
5-5	卸売顧客	Wholesale customers

表3-1　本書の実習で用いる公開データセット

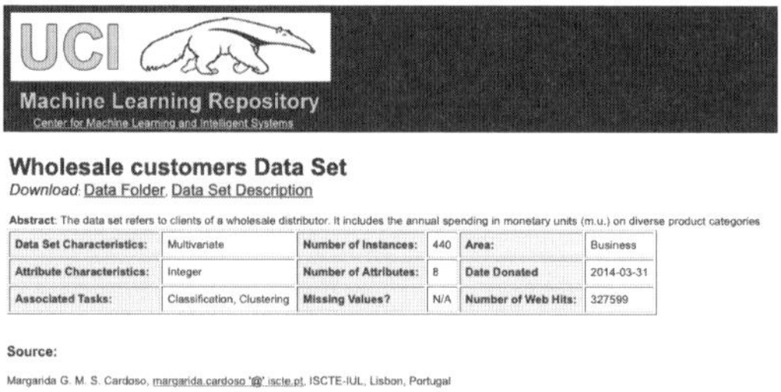

図3-10　UCIデータセット（卸売顧客）のWebページ
https://archive.ics.uci.edu/ml/datasets/wholesale+customers より。

4章

機械学習モデル開発の
重要ポイント

4.1　　データ確認

4.2　　データ前処理

4.3　　アルゴリズム選択

4.4　　評価

4.5　　チューニング

　3章では、モデル開発の各ステップを Python コードで実装しながら順に解説しました。本章では、その中でも重要なステップに関して、より掘り下げて説明していきます。3章で説明した開発ステップと本章の各節との関係は図4-1の通りです。

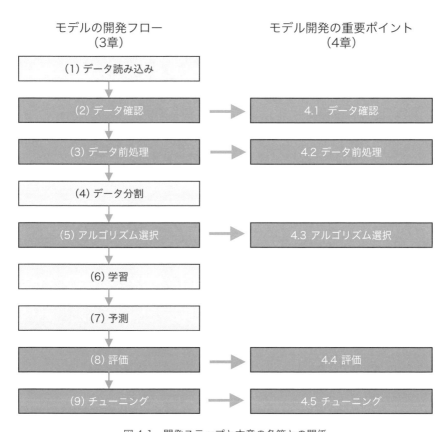

図4-1　開発ステップと本章の各節との関係

　なお、本章の解説内容は3章と比較すると、全体的にかなり高度です。その

点に留意して読み進めていただくか、あるいは、本章をいったん飛ばして5章に進み、必要な項目だけ遡って読む形にしてもらっても結構です。

4.1 データ確認

モデル構築の最初のステップは、学習用データの確認です。精度の良いモデルを作るためには、学習データの状況を正確に確認することが必須で、そのための手段となります。

確認方法は大きく、次のような2種類があります。

・データフレームの機能を使って**数値的・統計的に分析する方法**
　欠損値の調査、項目値の個数カウント、平均・標準偏差の調査など

・matplotlib や seaborn のグラフ描画機能を使って**視覚的に分析・確認する方法**
　項目ごとのヒストグラム表示や2項目間の関係調査のための散布図表示など

それぞれについて具体的なコードで説明します。

4.1.1 数値的・統計的に分析する方法

それでは、最初の確認方法である、「数値的・統計的に分析する方法」について具体的に見ていきましょう。

タイタニック・データセット

分析するにあたっては、対象のデータが必要です。本項（4.1.1）では、題材として「タイタニック・データセット」を用いることにします。「タイタニック・データセット」は、映画『タイタニック』で有名な客船タイタニックの乗客名簿です。通常の名簿の項目に追加で、その乗客が沈没時に生き残ったかどうかを示す項目が含まれています。

このデータセットは次のような理由で選びました。

・データ項目数がそれほど多くない

・欠損値を含んでいる（←欠損値の確認が必要になる）

・数値項目と文字列項目が混在していて、いろいろな統計処理を試すのに都合が良い

　「タイタニック・データセット」は、seaborn という機械学習のライブラリを使うと簡単に取得可能です。本項ではこの方法で Python に読み込みます。

　読み込み時の項目と、それぞれの意味は以下の通りです。

生存（survival）：（0 ＝死亡、1 ＝生存）

等室（pclass）：（1 ＝ 1 等船室　2 ＝ 2 等船室　3 ＝ 3 等船室）

性別（sex）：（male ＝男性、female ＝女性）

年齢（age）

兄弟配偶者数（sibsp）：同乗しているきょうだいと配偶者の数

両親子供数（parch）：同乗している両親と子供の数

料金（fare）

乗船港コード（embarked）：（C=Cherbourg、Q=Queenstown、S=Southampton）

等室名（class）：（First ＝ 1 等船室　Second ＝ 2 等船室　Third ＝ 3 等船室）

男女子供（who）：（man ＝男　woman ＝女　child ＝子供）

成人男子（adult_male）：True / False

デッキ（deck）：船室番号の頭文字（A から G）

乗船港（embark_town）：Southampton/Cherbourg/Queenstown

生存可否（alive）：yes / no

独身（alone）：True / False

データの読み込み

　データ読み込みのための実装と、読み込んだデータの一部を表示した結果をコード 4-1-1 に示しました。

```
# 追加ライブラリの import
import seaborn as sns

# サンプルデータの読み込み
df_titanic = sns.load_dataset("titanic")

# 項目名の日本語化
columns_t = ['生存', '等室', '性別', '年齢', '兄弟配偶者数',
    '両親子供数', '料金', '乗船港コード', '等室名',
    '男女子供', '成人男子', 'デッキ', '乗船港', '生存可否', '独身']
df_titanic.columns = columns_t

# データの内容
display(df_titanic.head())
```

	生存	等室	性別	年齢	兄弟 配偶者数	両親 子供数	料金	乗船港 コード	等室名	男女 子供
0	0	3	male	22.0000	1	0	7.2500	S	Third	man
1	1	1	female	38.0000	1	0	71.2833	C	First	woman
2	1	3	female	26.0000	0	0	7.9250	S	Third	woman
3	1	1	female	35.0000	1	0	53.1000	S	First	woman
4	0	3	male	35.0000	0	0	8.0500	S	Third	man

コード 4-1-1　データセットの読み込み

　seaborn ライブラリの load_dataset 関数で簡単にデータを読み込めたことがわかります。項目名に関しては、日本語化した方がデータを理解しやすいので、項目名の日本語化も同時にしています。display 関数によるデータ出力結果と、データ項目一覧を対比させて、それぞれの行がどのような乗客だったのか考えてみてください。

　これでデータの準備が完了したので、いよいよ実際の分析を始めます。

データ欠損値の調査

　データ調査の最初の重要なタスクは欠損値の調査です。学習データは、理想的にはすべてのデータ項目に値を持っているべきですが、現実の世界では、そ

うなっていないことの方がむしろ多いです[1]。しかし、機械学習モデルを作るにあたって、このような欠損値の存在は、精度低下の大きな理由となります。そのため、データにどの程度の欠損値があるか調べることが重要なのです。

コード4-1-2にデータフレームのisnull関数を使った欠損値の数の調べ方とその結果を示します。

```
print(df_titanic.isnull().sum())

生存            0
等室            0
性別            0
年齢          177
兄弟配偶者数        0
両親子供数         0
料金            0
乗船港コード        2
等室名           0
男女子供          0
成人男子          0
デッキ         688
乗船港           2
生存可否          0
独身            0
dtype: int64
```

コード4-1-2　項目ごとの欠損値の数を調べる

データフレームのisnull関数で、表のそれぞれの値がnullかどうかをチェックし、次にsum関数で、Trueの個数を列単位に集計しています[2]。

このデータ（タイタニック・データセット）では、

・年齢、乗船港コード、デッキ、乗船港の四つの項目に欠損値があるが、それ以外の項目にはない
・欠損値の数については様々

----

[1] 紙のアンケート用紙の記入で必須項目が飛ばされた場合や、IoTシステムでセンサーデータの一部が通信エラーで届かなかった場合などに、欠損値が発生します。
[2] True/Falseのブール値にsum関数をかけると1/0の整数値になるので、このような計算が可能です。

ということが結果から読み取れます。この結果に基づいて、次の「4.2 節 デー
タ前処理」では、欠損値対応のデータ加工をすることになります。

項目値の個数のカウント

　項目の値が数値でなく、どのグループに属しているかを示す値（項目値また
はラベル値と呼びます）である場合、「それぞれの値が何個あるか」も事前に調
べておくべきです。pandas では、特定の項目に絞り込んだ後、**value_counts
関数**でこの目的を実現できます。コード 4-1-3 は、そのための実装と結果です。

```
# 項目「乗船港」の項目値ごとの個数
print(df_titanic['乗船港'].value_counts())
print()

# 項目「生存可否」の項目値ごとの個数
print(df_titanic['生存可否'].value_counts())

Southampton    644
Cherbourg      168
Queenstown      77
Name: 乗船港 , dtype: int64

no     549
yes    342
Name: 生存可否 , dtype: int64
```

コード 4-1-3　項目値ごとの個数カウントのコードとその結果

　コード 4-1-3 では試しに、乗客がどの港から乗船したかを意味する「乗船港」
と、その乗客が救出されたかどうかを意味する「生存可否」の数を調べました。
この結果から、例えば乗客のうち 342 人が救出され、549 人が助からなかった
ことがわかります。

統計情報の調査

　次に説明するのは、統計情報の調査です。データフレームでは、数値のデー
タ項目に関して、平均・分散・個数・最大値・最小値などいろいろな統計情報
を describe 関数でまとめて調べられます。コード 4-1-4 にそのサンプルと結果

例を示しました。

```
display(df_titanic.describe())
```

	生存	等室	年齢	兄弟配偶者数	両親子供数	料金
count	891.0000	891.0000	714.0000	891.0000	891.0000	891.0000
mean	0.3838	2.3086	29.6991	0.5230	0.3816	32.2042
std	0.4866	0.8361	14.5265	1.1027	0.8061	49.6934
min	0.0000	1.0000	0.4200	0.0000	0.0000	0.0000
25%	0.0000	2.0000	20.1250	0.0000	0.0000	7.9104
50%	0.0000	3.0000	28.0000	0.0000	0.0000	14.4542
75%	1.0000	3.0000	38.0000	1.0000	0.0000	31.0000
max	1.0000	3.0000	80.0000	8.0000	6.0000	512.3292

コード 4-1-4　統計情報の調査

　describe 関数は、数値を値として持つ項目のみが処理対象となります[3]。コード 4-1-4 の結果が、元の項目と比較して少ないのは、それが理由です。

　結果の意味は以下の通りです。

count：データ件数
mean：平均値
std：標準偏差
min：最小値
25%：25 パーセンタイル値
50%：50 パーセンタイル値
75%：75 パーセンタイル値
max：最大値

　一覧の中の「パーセンタイル値」は、見慣れない言葉ではないでしょうか。

----

[3] describe 関数のオプションとして include='all' を指定すると、それ以外の項目も表示されるようになります。その場合は、集計内容も「ユニークなデータ個数」などが追加で表示されます。

50 パーセンタイル値というのは、例えば年齢の数値を小さい順に並べた時、ちょうど中間の順位の人の値（年齢）のことを指していいます。25 パーセンタイルというのは、順位が先頭から 1/4 の人の値、75 パーセンタイルというのは、順位が先頭から 3/4 の人の値です。また、このような言い方に合わせると、

　　最小値＝ 0 パーセンタイル値

　　最大値＝ 100 パーセンタイル値

ということになります。これらの値は統計処理をする上で重要な指標なので、describe 関数でまとめて調べられます。この事例の「年齢」を題材に、今説明した内容を図 4-1-2 に棒グラフで示しました。

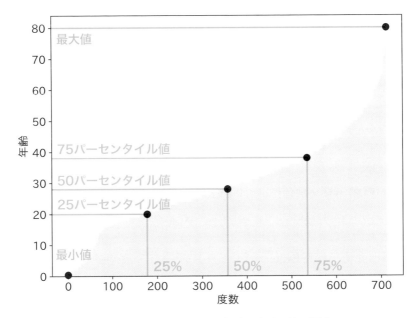

図 4-1-2　年齢の分布と、パーセンタイル値の関係

　パーセンタイル値の使い方の一つとして、25 パーセンタイル値から 75 パーセンタイル値までの間に対象データ全体の半数が含まれているので、主なデータがどの範囲に含まれているかを調べる手がかりにすることがあります[4]。

----

[4] この考えを更に発展させたのが、後ほど説明する「箱ひげ図」です。

集約関数の利用

本項の最後に集約関数を利用した調査方法を説明します。例えば、今調べている「タイタニック・データセット」で、「男性・女性の性別に年齢の平均を出したい」とします。

このような調査も、データフレームの groupby 関数を利用すると、次のような 1 行のコードで実装可能です[5]。

```
display(df_titanic.groupby('性別').mean())
```

性別	生存	等室	年齢	兄弟 配偶者数	両親 子供数	料金	成人 男子	独身
female	0.7420	2.1592	27.9157	0.6943	0.6497	44.4798	0.0000	0.4013
male	0.1889	2.3899	30.7266	0.4298	0.2357	25.5239	0.9307	0.7123

コード 4-1-5　集約関数を利用して「性別」ごとの年齢平均を計算

このコードにより、「『性別』の値（=male/female）でグループ分けし、それぞれのグループに関して、項目値の平均を計算」してくれます。

集計結果の「年齢」の列を見ることで、タイタニックの乗客のうち女性の平均年齢が約 27.9 歳で男性の平均年齢が約 30.7 歳であることがわかりました。また、「生存」の項目を見ると、女性の「生存」の値が大きいことから女性が優先されて救助されたこともわかります。このように、データフレームの集計関数を活用すると、従来 Excel の「ピボットテーブル」でやっていたようなデータ処理が簡単にできるのです。

数値項目のグラフ表示

データフレームは、このように様々なデータ分析機能を持っているのですが、それだけでなく、分析結果をグラフ化する機能まであります。コード 4-1-6 でその機能を確認してみましょう。

---

[5] groupby 関数とセットで利用できる集約関数としては、平均 (mean) の他に min (最小値)、max (最大値)、sum (合計) などがあります。

```
# 分析対象項目のグラフ表示（数値項目の場合）

# 数値項目の定義
columns_n = ['生存', '等室', '年齢', '兄弟配偶者数', '両親子供数', '料金']

# グラフ描画領域の調整
plt.rcParams['figure.figsize'] = (10, 10)

# データフレームの数値項目でヒストグラム表示
df_titanic[columns_n].hist()
plt.show()
```

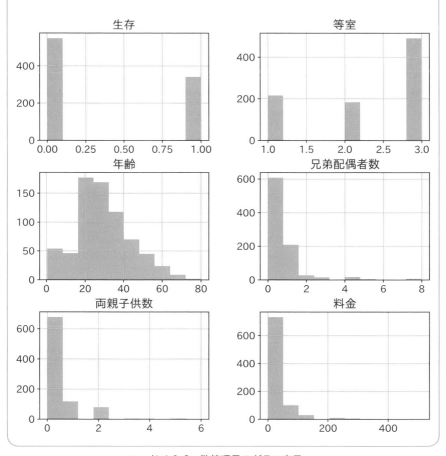

コード 4-1-6　数値項目のグラフ表示

コード4-1-6は、今まで分析を続けてきた「タイタニック・データセット」のうち、値が数値である各項目のグラフ表示を同時に行っています。hist関数の呼び出しにより実装しているのですが、事前処理としてデータフレームは数値項目だけに絞り込む必要がありますのでその点に注意してください。ちなみに、このように年齢なら「10代」「20代」というように、x軸を段階的に分けて、各段階のデータの個数を表示するグラフのことを統計学上は**ヒストグラム**と呼びます。本書でも今後、この用語を用います。hist関数の名称はこの「ヒストグラム」に由来しています。

この結果から、「乗船者の年齢分布がどのようになっていたか」とか、「料金はどのような分布だったか」といった各項目のデータ分布状況が、グラフ化されて簡単にわかります。

非数値項目のグラフ表示

「タイタニック・データセット」には、値が数値でない項目もいくつかあります。こうした非数値項目をグラフ化するには、どうしたらよいでしょうか?

それを実現するのが次のコード4-1-7になります。

```
# 分析対象項目のグラフ表示（非数値項目の場合）

# グラフ化対象列の定義
columns_c = ['性別', '乗船港', '等室名', '成人男子']

# グラフ描画領域の調整
plt.rcParams['figure.figsize'] = (8, 8)

# ループ処理で、ヒストグラムの表示
for i, name in enumerate(columns_c):
    ax = plt.subplot(2, 2, i+1)
    df_titanic[name].value_counts().plot(kind='bar', title=name
    , ax=ax)

# レイアウトの調整
plt.tight_layout()
plt.show()
```

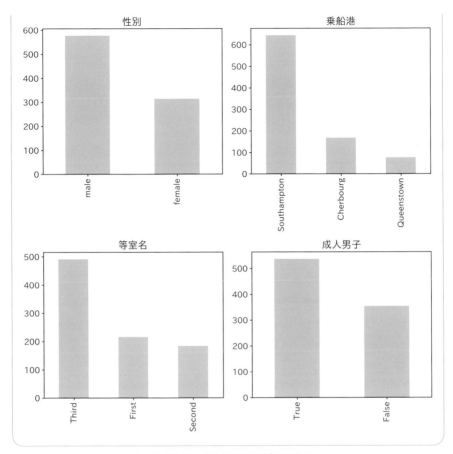

コード 4-1-7　非数値項目のグラフ表示

　今回は、hist 関数のように一つの関数呼び出しで複数のグラフをまとめて表示することはできないので、ループ処理で一つずつの項目に対してグラフを表示しています[6]。個々のグラフ表示に関しては、前述の value_counts 関数で項目値ごとの件数をカウントした結果に対して、さらに plot 関数を呼び出すことで実現しています。コード 4-1-7 の結果を見ることで、乗客の男女比や、どの港から乗船したかなどの情報を、視覚的に確認できます。

----

[6] plt.subplot 関数を使って一つの描画領域に複数のグラフ表示をする方法については、巻末の「講座 2.3　matplotlib 入門」に解説があります。

視覚的に分析・確認する方法

前項（4.1.1）では、データフレームの関数を使って、表形式のデータを統計的に処理して、データの状況を調べました。本項では、matplotlib と seaborn というグラフ表示用ライブラリの機能を使って、「視覚的に分析・確認する方法」について説明します。

アイリス・データセット

本項では、サンプルデータとして「アイリス・データセット」を利用します。「アイリス・データセット」は、3 種類のアヤメの花の「がく片」（sepal）と「花弁」（petal、花びらのこと）の長さ・幅を測定した結果です。具体的な項目の一覧は、以下の通りです。

がく片長（sepal_length）
がく片幅（sepal_width）
花弁長（petal_length）
花弁幅（petal_width）
種別（species）：versicolor/setosa/virginica

種別で、versicolor、setosa、virginica というアヤメの三つの種類を示しています。がく片は、花弁の付け根にある葉のようなもので、花弁を支える役割があります（図 4-1-3）。アヤメのがく片の特徴は、通常花弁と同じ紫色で、花弁より大きい点です。

図4-1-3　アヤメのがく片と花弁（写真のアヤメの種類は virginica）

本項でこのデータセットを用いる理由は次の通りです。

・入力データ項目が4項目と少ない
・入力データ項目がすべて数値項目
・入力データ項目がすべて花の要素の長さであり、項目間の相関関係をイメージしやすい
・機械学習の解説で非常によく使われる[7]

データの読み込み

まずは事前準備として「アイリス・データセット」を読み込みます。「アイリス・データセット」も「タイタニック・データセット」と同様に、seaborn のライブラリ関数で読み込めます。具体的な実装はコード 4-1-8 になります。

---

[7] 花の名称が聞き慣れないですが、日本の花でいうと「アヤメ」「ショウブ」「カキツバタ」みたいなものだと思ってください。

```
# 追加ライブラリの import
import seaborn as sns

# サンプルデータの読み込み
df_iris = sns.load_dataset("iris")

# 項目名の日本語化
columns_i = ['がく片長', 'がく片幅', '花弁長', '花弁幅', '種別']
df_iris.columns = columns_i

# データの内容
display(df_iris.head())
```

	がく片長	がく片幅	花弁長	花弁幅	種別
0	5.1000	3.5000	1.4000	0.2000	setosa
1	4.9000	3.0000	1.4000	0.2000	setosa
2	4.7000	3.2000	1.3000	0.2000	setosa
3	4.6000	3.1000	1.5000	0.2000	setosa
4	5.0000	3.6000	1.4000	0.2000	setosa

コード 4-1-8 「アイリス・データセット」の読み込み

　項目名を日本語名称に置き換えるといった処理は「タイタニック・データセット」のときと同じです。

　データの準備ができたので、いろいろなグラフを表示してみます。

　最初は、「散布図」によるグラフ表示です。matplotlib と seaborn という二つのグラフ表示ライブラリを使って、どのように表示できるか確認してみましょう。

matplotlib を使った散布図表示

　matplotlib は、Python で最も標準的に用いられるグラフ化ツールです。matplotlib を使って散布図を表示したい場合は、scatter 関数を利用します。コード 4-1-9 に具体的な実装と、その結果を示します。

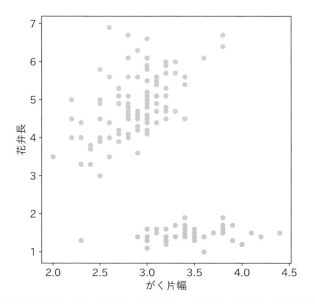

```
# 散布図表示 matplotlib 版

# グラフ描画領域の調整
plt.figure(figsize=(6,6))

# 散布図の表示
plt.scatter(df_iris[' がく片幅 '], df_iris[' 花弁長 '])

# ラベル表示
# sepal がく petal 花弁
plt.xlabel(' がく片幅 ')
plt.ylabel(' 花弁長 ')
plt.show()
```

コード 4-1-9　matplotlib を使った散布図表示

　散布図とはこのように、入力データである二つの数値項目（ここではがく片幅と花弁長）を、それぞれ x、y の値と解釈してグラフ上の点として表現したものです。この結果を見ると、おおまかに二つのグループに分かれているようです。このように 2 次元の点がどのような分布をしているか、視覚的に確認できるのがわかると思います。

seaborn を使った散布図表示

　seaborn は、matplotlib より高度な処理が可能なグラフライブラリです。seaborn を使うと、どのような散布図表示が可能なのか、確認してみましょう。

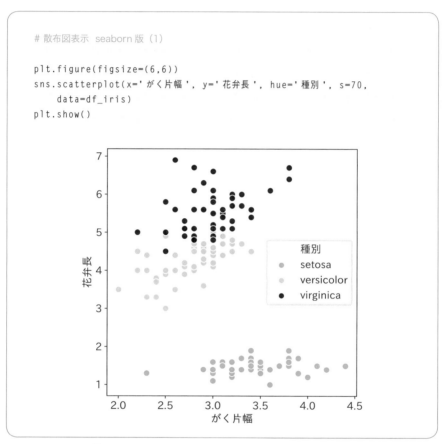

```
# 散布図表示  seaborn 版（1）

plt.figure(figsize=(6,6))
sns.scatterplot(x='がく片幅', y='花弁長', hue='種別', s=70,
    data=df_iris)
plt.show()
```

コード 4-1-10　seaborn の scatterplot 関数を使った散布図表示

　matplotlib の scatter 関数との最大の違いは、hue というパラメータを指定することで、色分け表示ができる点です。色分け表示することで、二つのグループがそれぞれ別の花の種類から構成されていることがわかりました。matplotlib でも色分け表示はできるのですが、コードは複雑になります[8]。

----
[8] matplotlib を使った色分け散布図表示は、3 章のコード 3-7と 3-8 に実装があるので参考にしてください。

pairplot 関数による散布図表示

seaborn では、より高度な散布図表示関数として pairplot 関数があります。次にこの関数を使って散布図表示をしてみましょう。

```
# 全散布図同時表示

sns.pairplot(df_iris, hue=" 種別 ")
plt.show()
```

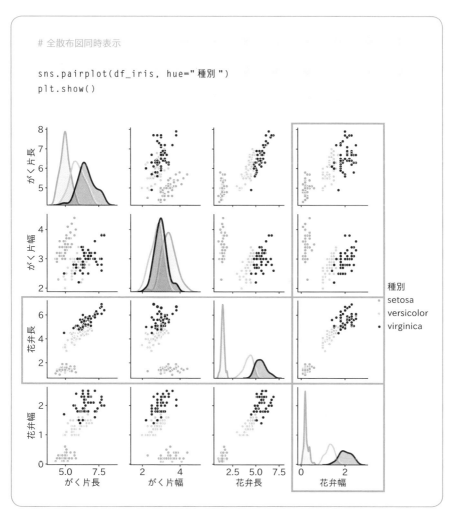

コード 4-1-11　pairplot 関数による散布図表示

このコードが pairplot 関数呼び出しの実装例とその結果です。scatterplot 関数と比較して、情報量が格段に多いことがわかります。

その理由は、pairplot 関数に 3 次元以上のデータを渡した場合、すべての組

4章

機械学習モデル開発の重要ポイント

み合わせの2変数に関して散布図を表示してくれるからです。図の左上から右下にかけての対角線の部分は、二つの変数が同じ場合で、実質的に1変数なのですが、その場合は図からわかる通り、1変数としてのデータ分布を色分け表示してくれます。

　例えば、今対象にしている4入力変数のうち、どの2変数が最もうまくグループ分けできるかを知りたいとします。pairplot関数の実行結果から、「花弁長」と「花弁幅」の二つがよさそうだとわかります。

jointplot関数による散布図表示

　次に、seabornの別の関数jointplotを使って散布図を表示してみましょう。コード4-1-12がその実装と結果です。

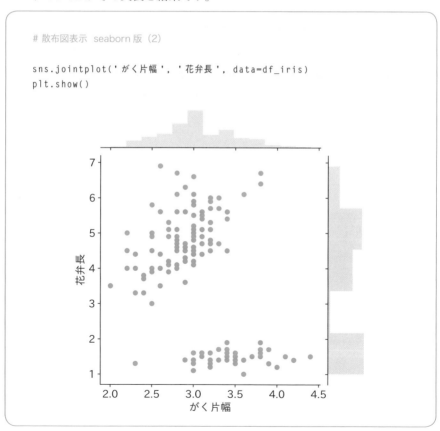

```
# 散布図表示 seaborn版（2）

sns.jointplot('がく片幅', '花弁長', data=df_iris)
plt.show()
```

コード4-1-12　seabornのjointplot関数を使った散布図表示

今回は、散布図の外側に二つのヒストグラムが表示されています。入力の2変数をそれぞれ独立した変数として扱い、それぞれに対してコード4-1-6と同じヒストグラムを表示しています。このように散布図と二つのヒストグラムを同時に表示するのがjointplot関数の機能です。

箱ひげ図

次に説明するのは**箱ひげ図**の表示です。最初に、見慣れない言葉である「箱ひげ図」がどういうものであるか、図4-1-4を用いて説明します。

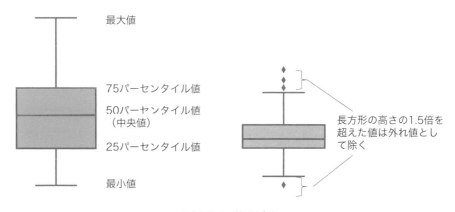

図 4-1-4　箱ひげ図

図4-1-4の左側が典型的な箱ひげ図です。この図で重要な役割を果たすのが、コード4.1.4で説明した最小値、最大値、25パーセンタイル値、50パーセンタイル値、75パーセンタイル値の五つの統計的な値です。箱ひげ図で主要な図形（箱に該当）となる長方形は、25パーセンタイル値と75パーセンタイル値で囲まれた領域です。また、50パーセンタイル値（中央値）を示すため、その長方形の中に横線が書かれます。また、「ひげ」に該当する上下二つの線は、それぞれ最小値と最大値を示すものです。

図4-1-4の右側は、外れ値の扱いを示しています。箱ひげ図では、長方形の高さの1.5倍を超える値は「外れ値」として扱い、箱ひげ図から除外します。上部の三つの点は、この理由で「外れ値」になったため、「ひげ」としては表現されません。このような形でデータの状況を視覚的に表すことにより、「今注目

している項目はおおよそどのあたりの値を持つものなのか」が確認できるようになるのです。

データフレームを使った箱ひげ図表示

それでは、ライブラリ関数を使って実際に箱ひげ図を表示します。最初に確認するのは、データフレームの boxplot 関数を使った表示方法です。実装はコード 4-1-13 になります。

```
# 箱ひげ図表示 matplotlib 版

# グラフ描画領域の調整
plt.figure(figsize=(6,6))

# 箱ひげ図の描画
df_iris.boxplot(patch_artist=True)
plt.show()
```

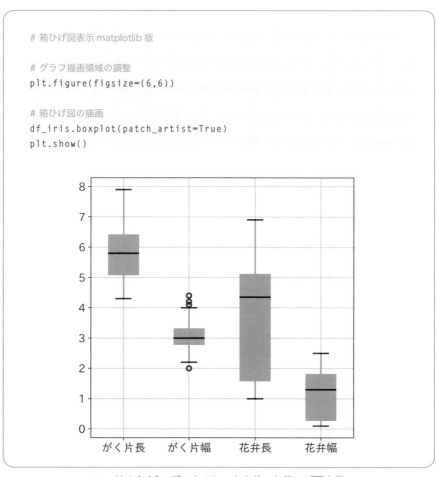

コード 4-1-13　データフレームを使った箱ひげ図表示

boxplot 関数を呼び出すときに指定しているオプション patch_artist=True

は、図の長方形を塗りつぶすために指定しています。

　図から、左から2番目の「がく片幅」に外れ値があったことがわかります。また左から3番目の「花弁長」は、他の三つと比較してバラツキが非常に大きいこともわかります。

seaborn を使った箱ひげ図表示

　同じデータで seaborn を使って箱ひげ図を表示するとどうなるか、確認してみます。seaborn の boxplot 関数を利用するためには、元データを「variable（項目名）」「value（値）」の形式に直す必要があります。この処理はデータフレームの melt 関数で実施します。具体的な実装は次のコード 4-1-14 のようになります。

```
# melt 関数によるデータの事前加工
w = pd.melt(df_iris, id_vars=['種別'])

# 加工結果の確認
display(w.head())
```

	種別	variable	value
0	setosa	がく片長	5.1000
1	setosa	がく片長	4.9000
2	setosa	がく片長	4.7000
3	setosa	がく片長	4.6000
4	setosa	がく片長	5.0000

コード 4-1-14　melt 関数によるデータ事前加工

　結果を見ると、データフレームのデータが「種別」「variable（項目名）」「value（値）」の3項目の形式に書き換えられています。seaborn の boxplot 関数では、箱ひげ図の表示自体は「variable（項目名）」「value（値）」の二つの項目のみで可能なのですが、「種別」の列をあえて追加しているのは、この「種別」で箱ひげ図を書き分けるのが目的です。実際の実装がコード 4-1-15 になります。

```
# seaborn による箱ひげ図表示

# hue パラメータを追加し、花の種類で箱ひげ図を書き分ける
plt.figure(figsize=(8,8))
sns.boxplot(x="variable", y="value", data=w, hue=' 種別 ')
plt.show()
```

コード 4-1-15　seaborn を使った箱ひげ図表示

　今度は、花の種別により詳細な箱ひげ図が表示されました。

　この図を見ると、先ほどデータフレームの箱ひげ図で、見た目のバラツキが大きいように見えた項目「花弁長」は、実は、種類の違う花でデータの傾向がまったく違うことが理由で、同じ種類の花の間ではバラツキは標準的だったことがわかります。これが、seaborn の箱ひげ図で初めて見いだせる知見になります。

4.2　データ前処理

　学習データの状況を確認できたら、次のステップはデータの前処理になります。本節では、学習データを機械学習モデルに入力できるようにするため、どのような加工が必要なのかを順に説明します。

対象データの選択とデータ読み込み

　本節でも前節に引き続き「タイタニック・データセット」を使います。いろいろな種類のデータ項目があり、データ前処理の説明がしやすいからです。データ項目の説明を再度掲載しておきます。

生存（survived）：（0 ＝死亡、1 ＝生存）
等室（pclass）：（1 ＝ 1 等船室　2 ＝ 2 等船室　3 ＝ 3 等船室）
性別（sex）：（male ＝男性、female ＝女性）
年齢（age）
兄弟配偶者数（sibsp）：同乗しているきょうだいと配偶者の合計数
両親子供数（parch）：同乗している両親と子供の合計数
料金（fare）
乗船港コード（embarked）：（C=Cherbourg、Q=Queenstown、S=Southampton）
等室名（class）：（First ＝ 1 等船室　Second ＝ 2 等船室　Third ＝ 3 等船室）
男女子供（who）：（man ＝男　woman ＝女　child ＝子供）
成人男子（adult_male）：True / False
デッキ（deck）：船室番号の頭文字（A から G）
乗船港（embark_town）：Southampton/Cherbourg/Queenstown
生存可否（alive）：yes / no
独身（alone）：True / False

　Notebook の冒頭には、「タイタニック・データセット」を読み込む処理がありますが、これは4.1節とまったく同じなので、コードの解説を省略し、その後の処理から解説を始めることにします。

4章　機械学習モデル開発の重要ポイント

91

4.2.1　不要な項目の削除

　最初に不要なデータ項目を削除します。タイタニック・データセットの場合、実は「等室」(pclass) と「等室名」(class)、「乗船港コード」(embarked) と「乗船港」(embarked_town)、「生存」(survived) と「生存可否」(alive) はそれぞれ同じことを意味しています。

　機械学習モデルを作る上でのノウハウの一つとして、**同じ情報量のデータ項目が複数あると、精度はかえって落ちる**ということがあります[1]。そこで、上記の3組のデータ項目については、一方を削除してもう一方のみを残すことにします。

　残す項目の基準ですが、等室（1、2、3）と等室名（First、Second、Third）の場合、順序関係があると考えられます。このような場合、数値で順序を表せているので数値の方を残します。取り得る値が2値で、片方が0/1ならそちらを優先します（生存と生存可否）。2値の場合、最終的に0/1に変換することになるからです。それ以外の場合はどちらでもよいので、実装のしやすさと人間のわかりやすさを考慮して都度考えます（乗船港コードと乗船港）。今回は、後ほど説明する OneHot エンコーディングをした後の項目名を短くするため、短い乗船港コードの方を選択しました。

　項目の削除には、データフレームの drop 関数を利用します。実装としては、コード 4-2-1 のようになります。

```
# 余分な列削除

#「等室名」(「等室」と同じ)
df1 = df_titanic.drop('等室名', axis=1)

#「乗船港」(「乗船港コード」と同じ)
df2 = df1.drop('乗船港', axis=1)
```

---

[1] データサイエンスの世界で「多重共線性」と呼ばれることのある事象です。

```
# 「生存可否」（「生存」と同じ）
df3 = df2.drop('生存可否', axis=1)

# 結果確認
display(df3.head())
```

	生存	等室	性別	年齢	兄弟配偶者数	両親子供数	料金	乗船港コード	男女子供	成人男子	デッキ	独身
0	0	3	male	22.0000	1	0	7.2500	S	man	True	nan	False
1	1	1	female	38.0000	1	0	71.2833	C	woman	False	C	False
2	1	3	female	26.0000	0	0	7.9250	S	woman	False	nan	True
3	1	1	female	35.0000	1	0	53.1000	S	woman	False	C	False
4	0	3	male	35.0000	0	0	8.0500	S	man	True	nan	True

コード 4-2-1　余分な項目の削除

コード 4-2-1 で出てくる axis=1 の意味について簡単に説明します。データフレームや NumPy では、表形式のデータに対する操作が数多くあります。その場合、処理が行に沿ったもの（縦方向）である場合 axis=0 を、列に沿ったもの（横方向）である場合 axis=1 を指定します。今回の例では、削除対象の列名を横方向に検索します。なので、方向を示すパラメータは axis=1 となります。今説明した内容を図 4-2-1 にも示しました。

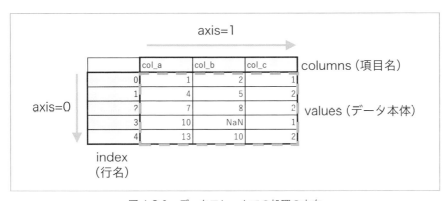

図 4-2-1　データフレームでの処理の方向

4.2.2 欠損値の対応

前処理として重要な次のタスクは、欠損値の対応です。タイタニック・データセットで具体的な実装方法を確認していきます。まず、余分な項目を削除した段階で、改めて各項目の欠損値を調べます。

```
# 欠損値確認
display(df3.isnull().sum())

生存              0
等室              0
性別              0
年齢            177
兄弟配偶者数         0
両親子供数          0
料金              0
乗船港コード         2
男女子供           0
成人男子           0
デッキ           688
独身              0
dtype: int64
```

コード 4-2-2　欠損値の確認とその結果

項目「年齢」「乗船港コード」「デッキ」の三つに欠損値がありました。

このうち、「乗船港コード」に関しては、欠損データは 2 件だけです。この学習データは全体で 891 件ありますので、この全体の数から見ると少ない比率です。このような場合は、欠損値対策として行ごと削除するという方針を取ります。

次に「年齢」ですが、欠損の数が 177 件と、全体の 891 件と比較してもかなり多いです。これらの行を全部取ってしまうと、データの件数が減ってモデルの精度に影響しそうです。そこで、行ごと削除するのでなく、値を補う方針とします。この例題の「年齢」のように数値データで最もよく利用されるデータの補い方は、該当項目の平均値を利用することです（中央値を利用することもあります）。今回は平均値を利用するという方針にします。

三つめの項目「デッキ」に特に多くの欠損値があるようです。全体の半分以

上が欠損値なので、やはり行ごと削除でなく、なんらかの値を補う方針になります。デッキに関しては欠損していない場合の項目値がどうなっているかvalue_counts関数で調べてみます。

```
display(df3['デッキ'].value_counts())

C    59
B    47
D    33
E    32
A    15
F    13
G     4
Name: deck, dtype: int64
```

コード 4-2-3　項目「デッキ」の項目値の確認結果

今度は数値でなく、アルファベットのAからGまでの値でした。このような場合、欠損値を意味する仮のコード（例えばN）を割り当てるのが一般的な方法です。以上の方針をまとめると次のようになります。

乗船港コード：欠損行数が2行と少ない → 行ごと削除する
年齢：数値データであり、欠損行数が177行とかなり多い
　　　→ データの平均値で代用
デッキ：ラベル値データであり、欠損行数が688行と相当多い
　　　→ 欠損を意味するダミーコードを振って全行を処理対象にする

この方針に基づいた実装をコード 4-2-4 に示します。

```
# 乗船港コード：欠損行数が2件と少ない
# -> 行ごと削除する

# dropna 関数を利用する
df4 = df3.dropna(subset = ['乗船港コード'])
```

```
# 年齢：数値データであり欠損行数が 177 行とかなり多い
# -> 他データの平均値で代用

# 平均値の計算
age_average = df4['年齢'].mean()

# fillna 関数の利用
df5 = df4.fillna({'年齢': age_average})

# デッキ：ラベル値データであり欠損行数が 688 行と相当多い
# -> 欠損を意味するダミーコードを振って全行を処理対象とする

# (ダミーコードは 'N' とする)
df5['デッキ'] = df5['デッキ'].astype(object)
df6 = df5.fillna({'デッキ': 'N'})
```

コード 4-2-4　欠損値の処理

欠損値がある行を削除する場合は dropna 関数を、平均値で代用する場合と
ダミーコード 'N' で埋める場合[2] は fillna 関数を利用しています。

最終的な状態をコード 4-2-5 で確認します。対応を取った三つの項目を含め、
すべての項目で欠損値がなくなったことが確認できます。

```
# 結果確認
display(df6.isnull().sum())

display(df6.head())

生存            0
等室            0
性別            0
年齢            0
兄弟配偶者数        0
```

---

[2] 項目「デッキ」はカテゴリ型と呼ばれる特殊なデータ型なので、このままの状態では
新しいコード値「N」を振ることができません。新しいコード値の指定が可能なように
astype(object) 関数でデータ型を変換しています。

```
両親子供数      0
料金           0
乗船港コード    0
男女子供        0
成人男子        0
デッキ         0
独身           0
dtype: int64
```

	生存	等室	性別	年齢	兄弟配偶者数	両親子供数	料金	乗船港コード	男女子供	成人男子	デッキ	独身
0	0	3	male	22.0000	1	0	7.2500	S	man	True	N	False
1	1	1	female	38.0000	1	0	71.2833	C	woman	False	C	False
2	1	3	female	26.0000	0	0	7.9250	S	woman	False	N	True
3	1	1	female	35.0000	1	0	53.1000	S	woman	False	C	False
4	0	3	male	35.0000	0	0	8.0500	S	man	True	N	True

コード 4-2-5　欠損値処理後のデータ確認

4.2.3　2値ラベルの数値化

　タイタニック・データセットの項目のうち「性別」は male/female の2通り
の文字列の値を取っています。このように限られた種類の文字列値を取る入力
項目のことを**ラベル値**と呼びます。ラベル値のデータはこのままの状態で機械
学習モデルの入力にすることができません。そこで、「**ラベル値を数値データに
変換する**」という作業が、機械学習モデル構築で必要な前処理の一つとなります。
　「性別」の場合、取り得る値は male/famale の2通りです。このように、2通
りのパターンしか取らないラベル値を2値ラベルと呼びます。2値ラベルの場合、
数値への置き換え方法は比較的簡単で、通常 1/0 という数値で置き換えます。
　本項では2値ラベルを置き換える実装方法について説明します。次項では、
より複雑な3種類以上の値を取る場合（多値ラベルと呼びます）の対応方法を
説明します。

　今、取り扱っている加工中のタイタニック・データセット（df6）で、2値
ラベルの値を取っている項目は、「性別」（male/female）、「成人男子」（True/

False)、「独身」(True/False) の3項目です。例えば、最初の項目「性別」の
場合であれば

male → 1
female → 0

の置き換えをすべての行に対してすればよいことになります。

このような処理はデータフレームの map 関数を使うと簡単にできます。具体
的な実装をコード4-2-6に示しました。

```
# 辞書 mf_map の定義
mf_map = {'male': 1, 'female': 0}

# map 関数を利用して数値化
df7 = df6.copy()
df7['性別'] = df7['性別'].map(mf_map)

# 結果確認
display(df7.head())
```

	生存	等室	性別	年齢	兄弟配偶者数	両親子供数	料金	乗船港コード	男女子供	成人男子	デッキ	独身
0	0	3	1	22.0000	1	0	7.2500	S	man	True	N	False
1	1	1	0	38.0000	1	0	71.2833	C	woman	False	C	False
2	1	3	0	26.0000	0	0	7.9250	S	woman	False	N	True
3	1	1	0	35.0000	1	0	53.1000	S	woman	False	C	False
4	0	3	1	35.0000	0	0	8.0500	S	man	True	N	True

コード 4-2-6　2値ラベルの0/1値への置き換え

まず、Python のデータ形式の一つである「辞書[3]」を定義します。「{'male':1,
'female'：0}」と変換前の値を辞書の「キー」('male' と 'female') に、変換後の
値を辞書の「値」(1と0) に設定します。こうやって準備した辞書を map 関数
の引数として呼び出します。これで、すべての行の項目値が変換されます。
_____
[3] 辞書については、サポートサイトに用意した「C1.1 Python 入門」で解説しています。

項目「成人男子」と「独身」に関しても同じやり方で置き換えます。こちらの実装と結果はコード4-2-7に示しました。

```
# 辞書 tf_map の定義
tf_map = {True: 1, False: 0}

# map 関数を利用して数値化
df8 = df7.copy()
df8['成人男子'] = df8['成人男子'].map(tf_map)

# map 関数を利用して数値化
df9 = df8.copy()
df9['独身'] = df8['独身'].map(tf_map)

# 結果確認
display(df9.head())
```

	生存	等室	性別	年齢	兄弟配偶者数	両親子供数	料金	乗船港コード	男女子供	成人男子	デッキ	独身
0	0	3	1	22.0000	1	0	7.2500	S	man	1	N	0
1	1	1	0	38.0000	1	0	71.2833	C	woman	0	C	0
2	1	3	0	26.0000	0	0	7.9250	S	woman	0	N	1
3	1	1	0	35.0000	1	0	53.1000	S	woman	0	C	0
4	0	3	1	35.0000	0	0	8.0500	S	man	1	N	1

コード4-2-7　2値ラベルの0/1値への置き換え（2）

今度は、元のデータがTrue / Falseの論理値でした。この場合、データフレームのastype関数を使って1/0に変換することも可能ですが、コード4-2-7ではコード4-2-6と同様に、辞書を使って変換しました。

コード4-2-7の最終的な出力を見ると、「性別」「成人男子」「独身」の3項目の値がすべて1/0になっていることがわかり、目的が実現できていることが確認できました。

機械学習モデル開発の重要ポイント

One-Hot エンコーディング

　次に、種類が 3 個以上ある、多値ラベルを数値化する方法を説明します。直感的には多値ラベルの場合も、個々のラベルに例えば 0, 1, 2 など複数の数値を割り当てれば実現できそうに思えます。しかし、通常の機械学習モデルでは、この方法をとらず、後ほど説明する「**One-Hot エンコーディング**」という方法を用います。なぜ、わざわざ回りくどい方法を用いるのでしょうか?

　この理由を説明するために、「ネズミ」「キリン」「ゾウ」の 3 種類の動物を数値化することを考えてみます。数値の特徴は大小関係が自動的に決まることです。実際、一部の機械学習モデルでは、数値化した値がある基準値より大きいか小さいかでグループ分けすることがあります[4]。では、このことも頭に入れて「ネズミ」「キリン」「ゾウ」に 0, 1, 2 を割り当てる場合、どの動物にどの数値を割り当てるべきか考えてみます。他の二つより小さいので、「ネズミ」=0 は問題なく決まりそうです。では、2 番目は?

　2 番目は重さを基準にすればキリンですし、高さを基準にすればゾウになります。つまり考え方・視点で順番が変わってしまい、いつでも通用する数字は決められません。

　これが、One-Hot エンコーディングを用いる理由になります。逆に、「低」「中」「高」など、多値ラベルでありながら、絶対的な順序関係がある場合は、One-Hot エンコーディングを用いない場合もあります。

　図 4-2-2 を見てください。これが、One-Hot エンコーディングの基本的な考え方になります。One-Hot エンコーディングでは、項目の値が何種類あるかに応じて、データの項目数(次元数)を増やします。**それぞれのラベルに対応した列を新しく作り、該当する項目は値 1 を、関係ない項目は値 0 を割り当てます**[5]。こうすることで、「ネズミ」「キリン」「ゾウ」の大小関係を特に気にする必要がなくなります。

---

[4] 後ほど紹介する「決定木」というアルゴリズムでは、この方法が用いられます。
[5] このようにして作られた新しい仮想的な変数のことを「ダミー変数」と呼びます。

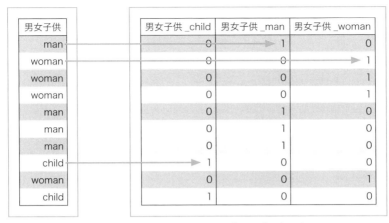

図 4-2-2　One-Hot エンコーディングの考え方

　ただし、この方法には注意点があります。機械学習モデルでは、入力のデータ項目数があまり多すぎると学習がうまくいかない傾向があります[6]。例えば、機械学習のある入力項目で、項目値が 1000 種類ある場合、そのまま One-Hotエンコーディングをするといきなり 1000 次元の入力があるのと同じことになり、学習がうまくいかない危険性が出てくるのです。また、学習がうまくいくにしても、項目数が増えることでより多くの学習データが必要になるということはいえます。そのため、機械学習で最も重要でコストのかかるタスクである「学習データ収集」の負荷が高くなってしまうのです。

　このことは、2 章で説明した処理パターンのあてはめからだけでは出てきませんが、機械学習モデルを実装する上でうまくいくかどうかを決める重要な要素になります。業務専門家も意識する必要があります。

　前置きが長くなりました。それでは Python のコードで、One-Hot エンコーディングを実装してみましょう。

get_dummies 関数の利用

　実際の One-Hot エンコーディングにはデータフレームの get_dummies 関数を利用します。最初に、コード 4-2-8 を見てみましょう。

----

[6] この事象は機械学習では「次元の呪い」といわれることがあります。

```
# get_dummies 関数の利用サンプル

w = pd.get_dummies(df9['男女子供'], prefix='男女子供')
display(w.head(10))
```

	男女子供_child	男女子供_man	男女子供_woman
0	0	1	0
1	0	0	1
2	0	0	1
3	0	0	1
4	0	1	0
5	0	1	0
6	0	1	0
7	1	0	0
8	0	0	1
9	1	0	0

コード 4-2-8　get_dummies 関数利用サンプル

　get_dummies 関数の引数は、データフレームの特定の列（今回の例では「男女子供」）です。また、オプション引数として prefix があり、自動的に生成される列名の頭に指定された文字列を付加する形になります。このオプションは、複数の列を One-Hot エンコーディングし項目値が重複する可能性があるときに、列名をユニークにするのに有効です。結果の表を見ると、意図した One-Hot エンコーディング後の表が出力されていることがわかります。

　実際の学習データでは、こうやってエンコーディングした列を学習データに追加し、さらに元のデータを削除する必要があります。この一連の処理は、パターン化できるので、関数が定義できそうです。この目的で作った関数 enc の実装がコード 4-2-9 になります。

```
# get_dummies 関数でカテゴリ値を one hot vector に展開する関数を定義
# df 対象データフレーム
# column 対象列

def enc(df, column):
    # One Hot Vector 生成
    df_dummy = pd.get_dummies(df[column], prefix=column)
    # 元列の削除
    df_drop = df.drop([column], axis=1)
    # 削除したデータフレームと、One Hot 生成列を連結
    df1 = pd.concat([df_drop,df_dummy],axis=1)
    return df1
```

コード 4-2-9　One-Hot エンコーディング用の関数定義

　それでは、今定義した enc 関数を使って、実際に学習データを One-Hot エンコーディングしてみましょう。最初に項目「男女子供」を対象にします。

　まず、この項目の値がどうなっているか、いつものように value_counts 関数で確認します。

```
# 項目値の確認
display(df9['男女子供'].value_counts())

man       537
woman     269
child      83
Name: 男女子供 , dtype: int64
```

コード 4-2-10　項目「男女子供」の値の確認

　man, woman, child の三つの値があることがわかりました。次にこの項目に対して enc 関数をかけた結果を確認します。

```
# One-Hot エンコーディング

# 男女子供,
df10 = enc(df9, '男女子供')

# 結果確認
display(df10.head())
```

	生存	等室	性別	年齢	兄弟配偶者数	両親子供数	料金	乗船港コード	成人男子	デッキ	独身	男女子供_child	男女子供_man	男女子供_woman
0	0	3	1	22.0000	1	0	7.2500	S	1	N	0	0	1	0
1	1	1	0	38.0000	1	0	71.2833	C	0	C	0	0	0	1
2	1	3	0	26.0000	0	0	7.9250	S	0	N	1	0	0	1
3	1	1	0	35.0000	1	0	53.1000	S	0	C	0	0	0	1
4	0	3	1	35.0000	0	0	8.0500	S	1	N	1	0	1	0

コード 4-2-11　項目「男女子供」に enc 関数かけた結果

　意図したように、元の項目「男女子供」がなくなって、代わりに One-Hot エンコーディングされた新しい三つの項目が増えていることがわかります。他の二つの項目である、「乗船港コード」と「デッキ」についても同じ処理をしましょう。そのための実装と、結果をコード 4-2-12 に示します。

```
# One-Hot エンコーディング

# 乗船港コード
df11 = enc(df10, '乗船港コード')

# デッキ
df12 = enc(df11, 'デッキ')

# 結果確認
display(df12.head())
```

	生存	等室	性別	年齢	兄弟配偶者数	両親子供数	料金	成人男子	独身	男女子供_child	男女子供_man	男女子供_woman	乗船港コード_C
0	0	3	1	22.0000	1	0	7.2500	1	0	0	1	0	0
1	1	1	0	38.0000	1	0	71.2833	0	0	0	0	1	1
2	1	3	0	26.0000	0	0	7.9250	0	1	0	0	1	0
3	1	1	0	35.0000	1	0	53.1000	0	0	0	0	1	0
4	0	3	1	35.0000	0	0	8.0500	1	1	0	1	0	0

	乗船港コード_Q	乗船港コード_S	デッキ_A	デッキ_B	デッキ_C	デッキ_D	デッキ_E	デッキ_F	デッキ_G	デッキ_N
0	0	1	0	0	0	0	0	0	0	1
1	0	0	0	0	1	0	0	0	0	0
2	0	1	0	0	0	0	0	0	0	1
3	0	1	0	0	1	0	0	0	0	0
4	0	1	0	0	0	0	0	0	0	1

コード 4-2-12 「乗船港コード」と「デッキ」を One-Hot エンコーディング

コード 4-2-12 の結果を見ると、入力項目はすべて数値データになっています。これで、機械学習用のデータ加工がほぼ整ったことになります。

4.2.5 正規化

機械学習では、学習用の入力データはあまり大きな値でなく、絶対値が 1 前後の数値（おおよそ−1 から 1 の範囲の値）の方が精度が高くなることがわかっています[7]。そこで、学習直前の段階で、モデルの入力データを変換することが行われます。このような操作のことを**正規化**といいます。正規化には、よく使われる手法として normalization と standardization があります。それぞれの変換内容と変換の式は次の通りです。

----

[7] この手法は、アルゴリズムによって有効な場合とそうでない場合があります。線形回帰、ロジスティック回帰、サポートベクターマシンなどの手法では有効です。逆に決定木などのアルゴリズムでは不要です。

normalization

　入力変数 x を、最小値が 0、最大値が 1 になるように、1 次関数を使って変換します。

　具体的な変換式は以下の通りです。

　x の最大値を x_max、最小値を x_min としたとき

$$\hat{x} = \frac{x - x\_min}{x\_max - x\_min}$$

　この変換式の結果、$x = x\_max$ のときに 1 の値を、$x = x\_min$ の時に 0 の値を取ることは、数式にあてはめると確認できるはずです。

standardization

　入力変数 x が、平均 0、分散 1 の正規分布になるように、1 次関数を使って変換します。

　具体的な計算式は　x の平均を m、標準偏差を σ とした時に以下の通りです。

$$\hat{x} = \frac{x - m}{\sigma}$$

　二つのどちらの方式を選択するかですが、normalization は外れ値の影響を受けやすいので、外れ値を含んでいる可能性がある場合は、standardization を選択した方が無難です。

　逆に、例えば画像データのように最大値と最小値が事前にわかっている場合は、normalization を使うことが多いです。本書のサポートサイトの「追加事例 2　画像による判別（多値分類）」の実習では、normalization を使って前処理をします。

　今、加工を進めているタイタニック・データセットに対しても、「年齢」と「料金」に対して standardization をかけてみましょう。

```
# standardization

df13 = df12.copy()
from sklearn.preprocessing import StandardScaler
stdsc = StandardScaler()
df13[['年齢', '料金']] = stdsc.fit_transform(df13[['年齢', '料金']])

# 結果確認
display(df13.head())
```

	生存	等室	性別	年齢	兄弟配偶者数	両親子供数	料金	成人男子	独身	男女子供_child	男女子供_man	男女子供_woman	乗船港コード_C
0	0	3	1	-0.5896	1	0	-0.5002	1	0	0	1	0	0
1	1	1	0	0.6448	1	0	0.7889	0	0	0	0	1	1
2	1	3	0	-0.2810	0	0	-0.4866	0	1	0	0	1	0
3	1	1	0	0.4134	1	0	0.4229	0	0	0	0	1	0
4	0	3	1	0.4134	0	0	-0.4841	1	1	0	1	0	0

	乗船港コード_Q	乗船港コード_S	デッキ_A	デッキ_B	デッキ_C	デッキ_D	デッキ_E	デッキ_F	デッキ_G	デッキ_N
0	0	1	0	0	0	0	0	0	0	1
1	0	0	0	0	1	0	0	0	0	0
2	0	1	0	0	0	0	0	0	0	1
3	0	1	0	0	1	0	0	0	0	0
4	0	1	0	0	0	0	0	0	0	1

コード 4-2-13　standardization の実装

　standardization の実装には scikit-learn のライブラリ StandardScaler を利用しました。コード 4-2-13 の結果を見ると、「年齢」と「料金」の列の値が−1 から 1 の間に収まっていて、意図した結果になっていることがわかります。

4.2.6　その他のデータ前処理

　データ前処理でこれ以外によく利用される手法として「離散化」があります。離散化は、例えば「年齢」のような数値データを「10 代」「20 代」のようなラ

ベル値に分類することです。本書の例題では利用しなかったので実装付きの解
説は省略します。

　それ以外にも様々な手法があります。例えば、企業の年間売上のように、企
業の規模により様々な値を取り得る数値は対数を取るとよい場合があります。
また、周期的に変化することがわかっている数値に対しては三角関数が有効な
場合があります。場合によっては複数の入力データを組み合わせて新しい入力
データを作ると精度の良いモデルができる場合もあります。こうした高度な前
処理は「**特徴量エンジニアリング**」と呼ばれ、データサイエンティストのタス
クのうち、最も高度なタスクと言われています。このような高度なテクニック
はおいおい学ぶとして、本書の読者はまずは、この 4.2 節で説明した前処理を
理解できれば必要最小限の対応は可能と考えてください。

4.3　アルゴリズム選択

　本節では、実業務で利用されることの多い処理パターンである「分類」を対象に、よく利用される代表的なアルゴリズムとその選び方を紹介します。この領域はとても奥の深い領域で、詳しく説明すると、それだけでゆうに1冊の本ができてしまいます。本書では、細かい数学的な内容には立ち入らず、代表的なアルゴリズムの選び方を紹介し、選んだアルゴリズムに合わせてどのような前処理が必要になるかを解説していきます。

　なお、「機械学習モデルをブラックボックスとして取り扱う」という本書全体の方針からすると、「本節の内容は理解していなくても最低限のモデル構築は可能」ともいえます。本節の後の「4.4節　評価」「4.5節　チューニング」さえ理解して、結果として精度の高いモデルができれば、必ずしもモデル内部の仕組みは理解していなくても構わないです。

　本節の内容を難しく感じたら、いったん飛ばして読み進めるようにしてください。その場合も「4.4節　評価」には業務専門家が知っておくべき重要なポイントがありますので、必ず読むようにしてください。

4.3.1　分類の代表的なアルゴリズムとその特徴

　表4-3-1を見てください。これは本節で紹介する分類の代表的アルゴリズムを整理したものです。初めて見る言葉も多いと思いますが、次項以降で解説していくので、まずはざっと見てください。

アルゴリズム名	実装方式	特徴
ロジスティック回帰	損失関数型	「シグモイド関数」の出力を確率とみなす。境界は直線
サポートベクターマシン（カーネル）		カーネルトリックという方法で、直線以外の境界を実現
ニューラルネットワーク		隠れ層を追加することで直線以外の境界を実現
決定木	決定木型	特定の項目値を基準にしたグループ分けを複数回実施
ランダムフォレスト		学習データのサブセットから複数の決定木を作り、多数決で決定
XGBoost		分類がうまくいかなかったデータから分類するモデルを作り、精度を向上

表4-3-1　本節で取り扱う分類のアルゴリズム

この表で注目してほしいのは「実装方式」の欄です。損失関数型と決定木型^(けっていぎ)の二つがあります。前節のデータ前処理で解説した正規化は損失関数型では有効なテクニックですが、決定木型では不要です。このように必要な前処理にも違いが出てくるので、モデルをブラックボックスとして利用する場合でも、二つの実装方式の違いは押さえておいてください。それぞれ簡単に説明します。

損失関数型

　モデルの構造が数学的な関数として決まっていて、関数のパラメータを最適化することが学習に該当します。例えば表4-3-1に挙げた「ロジスティック回帰」では、1次関数の「$u = w_0 + w_1 x_1 + w_2 x_2$」を使い、$(w_0, w_1, w_2)$という三つのパラメータを最適化します。

　最適化の方法を具体的に説明すると、モデルの精度が良いほど値が小さくなる（すべて正解なら値はゼロになる）「**損失関数**」を定義し、数学的手法でこの値が最小になるようなパラメータ値を求めます。処理イメージを図4-3-1に示しました。

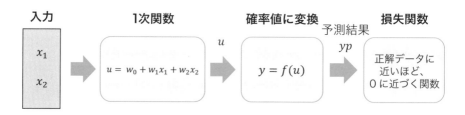

入力

x_1
x_2

1次関数

$u = w_0 + w_1 x_1 + w_2 x_2$

u

確率値に変換

$y = f(u)$

損失関数

予測結果
yp

正解データに
近いほど、
0に近づく関数

学習：1次関数の係数(w_0, w_1, x_2)の最適化

図4-3-1　損失関数型アルゴリズムの概念図

　表4-3-1に挙げた「サポートベクターマシン」はさらに、「線形」と「カーネル」の2種類があります。Pythonのコーディングでは同じクラス（ライブラリ）でパラメータを変えるだけで使い分けられるのですが、振る舞いが大きく異なります。本書では代表的なカーネルの方だけを紹介します。

決定木型

　特定の項目に閾値を定め、その値より大きいか小さいかでグループ分けをする方式です（図4-3-2）。

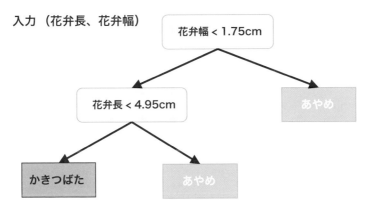

図4-3-2　決定木型アルゴリズムの概念図

　どの項目値をどの閾値でグループ分けするか、そのルールを決めていくのが学習になります。表4-3-1で決定木の下にあるランダムフォレストとXGBoostの二つは決定木の改良版で、複数の決定木を組み合わせてモデルの精度を向上させます。

　損失関数型に関しては、入力変数の値が極端に大きかったり、逆に小さかったりした場合、アルゴリズムがうまく働かないことがあります。そのため、前述の正規化を事前にした方がよいでしょう。逆に決定木型では、単に値の大小だけで分類をしていくので、正規化のようなスケールの調整は不要です。

　分類型の機械学習アルゴリズムには、この他にも「単純ベイズ[1]」「k近傍法[2]」など、ここで整理した二つの実装方式のいずれにもあてはまらないものがあります。しかし、本書で扱う、表形式の「構造化データ」が対象なら、表4-3-1に挙げたモデルでほとんどカバーできます。まずは表の6種類のアルゴリズム

---

[1] 単純ベイズは、スパムメールの分類など、テキスト系データの分類に利用されることが多いです。
[2] 古くからあるアルゴリズムで「近くの点を調べ、一番多いクラスに自分を分類する」という方式です。

を理解するようにしてください。

サンプルコードで用いるデータ

本節で紹介していくアルゴリズムの選び方を解説するために、典型的な入力データを3通り用意します。3章と同様にイメージを持ちやすくする目的で、入力データは2次元とします。(x, y) という2次元データに対して、それぞれ、○か×を予測するようなモデルが対象です。

3種類の入力データを scikit-learn のライブラリを使って生成する実装がコード4-3-1です。その結果を散布図として表示したものがコード4-3-2になります。

```python
# ライブラリインポート
from sklearn.datasets import make_moons
from sklearn.datasets import make_circles
from sklearn.datasets import make_classification

# 線形分離型
X1, y1 = make_classification(n_features=2, n_redundant=0,
    n_informative=2, random_state=random_seed,
    n_clusters_per_class=1, n_samples=200, n_classes=2)

# 三日月型（線形分離不可）
X2, y2 = make_moons(noise = 0.05, random_state=random_seed,
    n_samples=200)

# 円形（線形分離不可）
X3, y3 = make_circles(noise = 0.02, random_state=random_seed,
    n_samples=200)

# 3種類のデータを DataList に保存
DataList = [(X1, y1), (X2, y2), (X3, y3)]

# N：データの種類数
N = len(DataList)
```

コード 4-3-1　サンプルデータの生成

```
# 散布図表示
plt.figure(figsize=(15,4))

# カラーマップ定義
from matplotlib.colors import ListedColormap
cmap = ListedColormap(['#0000FF', '#000000'])

for i, data in enumerate(DataList):
    X, y = data
    ax = plt.subplot(1, N, i+1)
    ax.scatter(X[:,0], X[:,1], c=y, cmap=cmap)

plt.show()
```

コード 4-3-2　サンプルデータの散布図表示

コード 4-3-2 の結果を見ながら、三つのサンプルデータの解説をします。

最初のデータは「線形分離可能」と呼ばれ、直線を引くことでグループ分けが可能なタイプです。ただ、よく見るとわかるように、境界付近では若干データが混在していて、完全にきれいには分類できないようになっています。このような値に対して、それぞれのアルゴリズムがどのような振る舞いをするかが確認すべきポイントの一つとなります。

2 番目のデータは、直線ではグループ分けできないタイプです。「線形分離不可」と呼ぶことがあります。

3 番目のデータは、より複雑で、境界線が同心円状になっています。こちらも「線形分離不可」のタイプとなります。実業務で使われる学習データでは、2 番目と 3 番目のような複雑な状態でなく、「線形分離可能」な種類のものもかなりあります。しかし、一部には複雑なデータがあるのも確かで、そのようなデー

113

タに対応可能かどうかというのも、アルゴリズムの選択ポイントの一つとなります。

散布図・分類結果表示関数

次の 4.3.3 節以降では、各アルゴリズムの特徴を説明した後で、それぞれのアルゴリズムでサンプルデータの分類モデルを作った場合の分類結果を色分けして表示します。

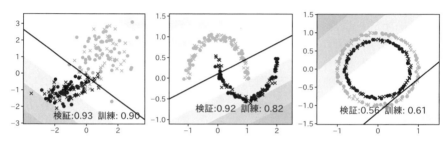

図 4-3-3　散布図・分類結果表示関数の出力サンプル

図 4-3-3 が、本書で独自に実装した関数 plot_boundaries の出力サンプルです。かなり複雑な関数でその実装内容を説明するのは本書の範囲を超えるので、解説は省略します。代わりに上の図の見方と表示関数内部でどういう処理をしているかを説明します。

・3 種類のサンプルデータは、それぞれ青・黒 100 個ずつの 2 次元の点から構成されています
・表示関数はまず 100 個ずつの点を訓練用と検証用の 50 個ずつに分割します（3.3.4 項「データ分割」に相当）
・訓練データは「×」で、検証データは「○」で散布図を表示します
・表示関数呼び出しの前に 3.3.5 項「アルゴリズム選択」はすでに済んでいて、そのアルゴリズムは関数の引数として渡されます
・引数で渡されたアルゴリズムを利用して、3.3.6 〜 3.3.8 項の「学習」、「予測」、「評価」をすべて表示関数の内部で実行します
・評価の結果得られる精度は、検証データに対するものと訓練データに対する

ものを個別に求めて、結果は「検証 0.92 訓練 0.91」の形式で表示します
・それぞれの地点（x, y）がどちらの分類先に該当するかを青・グレーで色分け
　表示します
・さらに各点でのモデルの確信度の大きさを濃淡で表現します。濃い部分は確
　信度が高い（確率値が 0 または 1 に近い）こと、薄い部分は確信度が低い（確
　率値が 0.5 に近い）ことを示します
・決定境界を表示できるアルゴリズムでは決定境界を太線で表示します[3]

　表示関数の出力のうち、検証データと訓練データそれぞれに対する精度を比
較することで、過学習[4]の有無がわかります。訓練データの精度に比べて、検
証データの精度があまり良くない場合、過学習が発生して汎用性のあまりない
モデルになっていると考えられます。

4.3.3　ロジスティック回帰

　最初に紹介するのはロジスティック回帰です。このアルゴリズムの大まかな
流れを図 4-3-4 に示しました。

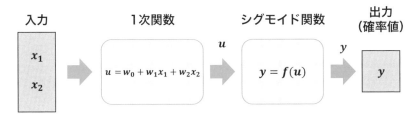

図 4-3-4　ロジスティック回帰の概要

ステップ 1　入力変数を 1 次関数にかけて中間の値 u を計算します。
ステップ 2　1 次関数の計算結果 u を「シグモイド」と呼ばれる関数にかけま
　　　　　　す。この関数は 0 から 1 までの値を取るので、結果は確率値と

---

[3] 一部のアルゴリズムでは決定境界を求められないため、青・グレーの色分けだけをします。
[4] 「過学習」については、3.3.4 項の「データ分割」で説明しました。忘れている読者はそのペー
ジに戻って復習してください。

解釈できます。

ステップ3　確率値 y の値が 0.5 より大きい場合は値 1 を、0.5 より小さい
場合は値 0 を予測結果とします。

　数学的に多少高度になるので、ここではシグモイド関数がどのような関数な
のかは説明しません。代わりに、グラフを表示して定性的な確認をします。

```python
# シグモイド関数の定義
def sigmoid(x):
    return 1/(1 + np.exp(-x))

# x のデータ準備
x = np.linspace(-5, 5, 101)

# y のデータ準備
y = sigmoid(x)

# グラフ表示
plt.plot(x, y, label=' シグモイド関数 ', c='b', lw=2)

# 凡例表示
plt.legend()

# 方眼表示
plt.grid()

# グラフ描画
plt.show()
```

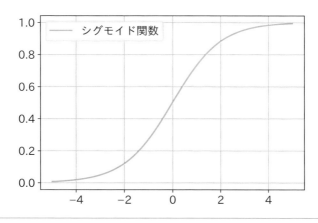

コード 4-3-3　シグモイド関数のグラフ

　ここで重要なシグモイド関数の性質を以下に記載します。

・値が単調に増え続けている（数学的には「単調関数」と呼びます）
・値が 0 から 1 の間を取っている
・グラフは点対称な形になっていて、対象の中心は x=0, y=0.5 の点

　これらの性質から、シグモイド関数をかけた結果は確率値として扱えます。入力データが負の大きな値だと確率は 0 に近づき、正の大きな値だと確率は 1 に近づきます。

　それでは、事前に準備したサンプルデータを使い、ロジスティック回帰で分類モデルを作ったときの分類結果の様子を見てみましょう。その実装と結果をコード 4-3-4 に示します。

```
# ロジスティック回帰の散布図・分類結果表示

# アルゴリズムの選択
from sklearn.linear_model import LogisticRegression
algorithm = LogisticRegression(random_state=random_seed)

# アルゴリズムの持つパラメータの表示
print(algorithm)
```

```
# 表示関数の呼び出し
plot_boundaries(algorithm, DataList)

LogisticRegression(C=1.0, class_weight=None, dual=False, fit_in↴
tercept=True,
    intercept_scaling=1, l1_ratio=None, max_iter=100,
    multi_class='auto', n_jobs=None, penalty='l2',
    random_state=123, solver='lbfgs', tol=0.0001, verbose=0,
    warm_start=False)
```

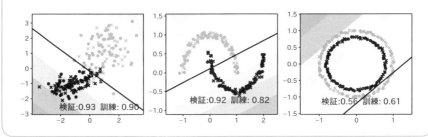

コード 4-3-4　ロジスティック回帰の散布図・分類結果表示

　本項で紹介するロジスティック回帰をはじめ、それぞれのアルゴリズムは、多くのチューニングパラメータを持っています。これから紹介する例では、極力話を単純にするため、パラメータは可能な限りデフォルト値のままにしました。しかし実際には、どのような種類のパラメータがあるのかも確認する目的で、アルゴリズムそのものを print 文にかける処理も実施しています。表示関数 plot_boundaries の内部処理と、グラフの見方は前述の通りです。

　3 種類のサンプルデータのうち、左端の線形分離可能なタイプに関しては、検証データ・訓練データともにほぼ同等の精度が出ていて、汎用性の高いモデルができていると考えられます。これに対して、右端の例では、そもそもデータの構造が直線でのグループ分けに向いていないため、良い境界線を見つけることができず、精度も 55 〜 60% 程度と低い結果になっています。

4.3.4 サポートベクターマシン（カーネル）

4.3.3項で説明したように、分類の境界線を直線で区切ろうとすると、サンプルデータの2番目、3番目のような分布の学習データはうまく分類できません。この課題への解決策の一つとして考えられたのが、本項で紹介するサポートベクターマシンと呼ばれるアルゴリズムで用いられる「カーネル法」[5] です。その考え方の概略を、図4-3-5を使って説明します。

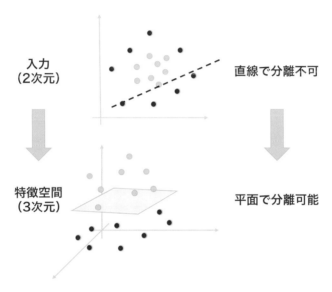

入力
（2次元）

直線で分離不可

特徴空間
（3次元）

平面で分離可能

図4-3-5　カーネル法の考え方

　例によってイメージを持ちやすくするため、入力データは2次元とします。今、やりたいのは、直線で青と黒のグループを分離することです。しかし、図4-3-5の上のようなデータは直線ではうまく分離できません。そこで、この点を3次元の世界に拡張してみます。仮に図4-3-5の下のように、2次元の点の配置を3次元の点に変えられたとすると、平面[6]で二つのグループに分けられます。これがカーネル法の一番基本的な考え方です。

---

[5] サポートベクターマシンのカーネル法もさらに詳細なアルゴリズムに細分化されます。本書ではその中で一番典型的な「ガウスカーネル法」を取り上げます。
[6] 一般化すると入力データが N 次元の場合、N 次元超平面。

具体的にどのような方法で次元を拡張するかには、いくつかのアルゴリズムがあり、ガウスカーネル、多項式カーネル、シグモイドカーネルなどと呼ばれています。この中で最もよく利用されるのはガウスカーネルで、scikit-learn のライブラリから利用する場合 kernel='rbf' のオプションを付けて呼び出します[7]。
　それでは、先ほど同様三つのサンプルデータに対してガウスカーネルのサポートベクターマシンでどのような決定境界ができるか、確認してみましょう。コード 4-3-5 に実装とその結果を示します。

```
# SVM（カーネル）の散布図・分類結果表示

# アルゴリズムの選択
from sklearn.svm import SVC
algorithm = SVC(kernel='rbf')

# アルゴリズムの持つパラメータの表示
print(algorithm)

# 表示関数の呼び出し
plot_boundaries(algorithm, DataList)

SVC(C=1.0, break_ties=False, cache_size=200, class_weight=None, ⌐
coef0=0.0,
    decision_function_shape='ovr', degree=3, gamma='scale', kern⌐
el='rbf',
    max_iter=-1, probability=False, random_state=123, shrinking=⌐
True, tol=0.001,
    verbose=False)
```

コード 4-3-5　サポートベクターマシン（カーネル）の散布図・分類結果表示

---

[7] scikit-learn では SVC クラスのデフォルトカーネルは 'rbf' です。このため次のコード 4-3-5 で kernel オプションを指定しなくても同じ結果になります。

ロジスティック回帰と比較して、結果が驚くほど変わったのがわかります。特に注目していただきたいのは、ロジスティック回帰でうまくいかなかった、真ん中と右端の結果です。どちらもデータの特性に対応したきれいな決定境界になっています。これがサポートベクターマシン（ガウスカーネル法）を用いた効果になります。

4.3.5　ニューラルネットワーク

　図4-3-6を見てください。これが表4-3-1で損失関数型の3番目として挙げたニューラルネットワークの構造を模式的に描いたものです。

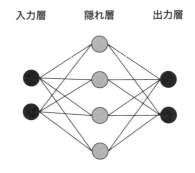

入力層　　　　隠れ層　　　　出力層

図4-3-6　ニューラルネットワークの構造図

　ニューラルネットワークとはその名の通り、脳の神経細胞（ニューロン）のネットワークを模して作られたアルゴリズムです。図4-3-6の丸にあたる部分が一つひとつの神経細胞に該当し、細胞間の結合を介して学習が進む形になります[8]。上の図では、隠れ層のノードは1層のみですが、この層を2層、3層とより複雑にしていったものがディープラーニングです。隠れ層が1層のみのものに限ってニューラルネットワークと呼ぶこともありますが、本書では隠れ層の数にかかわらず、まとめてニューラルネットワークと呼ぶことにします。

　層を増やすと、より複雑なモデルを作ることができ、本節でずっと使ってい

---

[8] 実は、数学的な仕組みでいうと、前述のロジスティック回帰モデルに隠れ層ノードを増やしたものに相当します。

るサンプルデータの二つめや三つめのような、線形分離不可な学習データに対しても、うまく適合できるようになります。

　ニューラルネットワークのモデルの実装には、通常 TensorFlow や Keras などディープラーニング用のライブラリを利用することが多いですが、今まで使ってきた scikit-learn でも実装可能です。今まで試した3種類のデータに対してニューラルネットワークのモデルで、どのような予測ができるのか、これから試してみます。

```
# ニューラルネットワークの散布図・分類結果表示

# アルゴリズムの選択
from sklearn.neural_network import MLPClassifier
algorithm = MLPClassifier(random_state=random_seed)

# アルゴリズムの持つパラメータの表示
print(algorithm)

# 表示関数の呼び出し
plot_boundaries(algorithm, DataList)

MLPClassifier(activation='relu', alpha=0.0001, batch_size='auto
', beta_1=0.9,
    beta_2=0.999, early_stopping=False, epsilon=1e-08,
    hidden_layer_sizes=(100,), learning_rate='constant',
    learning_rate_init=0.001, max_fun=15000, max_iter=200,
    momentum=0.9, n_iter_no_change=10, nesterovs_momentum=True,
    power_t=0.5, random_state=123, shuffle=True, solver='adam',
    tol=0.0001, validation_fraction=0.1, verbose=False,
    warm_start=False)
```

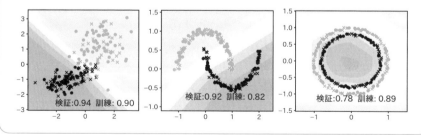

コード 4-3-6　ニューラルネットワークの散布図・分類結果表示

コード 4-3-6 が、実装とその結果です。二つめ、三つめの図を見ると、確か
に境界線は直線ではなくなっていますが、まだ元のデータに十分適合している
とはいえません。そこで、ニューラルネットワークのパラメータのうち、隠れ
層のノード数を（100, 100）に変更してみます。これは隠れ層を 2 階層にした
ことを意味します。実装とその結果をコード 4-3-7 に示しました。

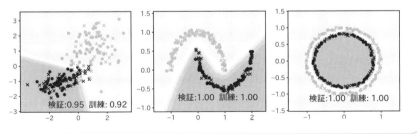

```
# ニューラルネットワークの散布図・分類結果表示

# アルゴリズムの選択
# 隠れ層ノード数 = (100,100)
from sklearn.neural_network import MLPClassifier
algorithm = MLPClassifier(hidden_layer_sizes=(100,100),
    random_state=random_seed)

# アルゴリズムの持つパラメータの表示
print(algorithm)

# 表示関数の呼び出し
plot_boundaries(algorithm, DataList)

MLPClassifier(activation='relu', alpha=0.0001, batch_size='auto
', beta_1=0.9,
    beta_2=0.999, early_stopping=False, epsilon=1e-08,
    hidden_layer_sizes=(100, 100), learning_rate='constant',
    learning_rate_init=0.001, max_fun=15000, max_iter=200,
    momentum=0.9, n_iter_no_change=10, nesterovs_momentum=True,
    power_t=0.5, random_state=123, shuffle=True, solver='adam',
    tol=0.0001, validation_fraction=0.1, verbose=False,
    warm_start=False)
```

コード 4-3-7　ニューラルネットワーク（隠れ層 2 層）の散布図・分類結果表示

結果は上の図の通りで、特に二つめ、三つめのデータに対しては、検証デー

タに対してもほぼ100%の精度が出ました。これは、過学習ではない、汎用性の高いモデルができたことを意味していて、ニューラルネットワークのモデル（ディープラーニングモデル）の汎化能力の高さを示していると考えられます。

4.3.6　決定木

損失関数型の3種類のアルゴリズムの説明が終わったので、決定木型に移りましょう。最初に説明するのは「決定木」アルゴリズムです。

決定木の仕組みを説明するには、決定木そのものをグラフで表示するのが一番わかりやすいです。その確認をするため、ちょっと長いのですが、下記のコード4-3-8と4-3-9を実行してみましょう[9]。

```python
# 追加ライブラリの import
import seaborn as sns

# サンプルデータの読み込み
df_iris = sns.load_dataset("iris")

# 2種類の花に絞り込み
df2 = df_iris[50:150]

# データ分離
X = df2.drop('species', axis=1)
y = df2['species']
```

コード4-3-8　アイリス・データセットの読み込み（2種に絞り込み）

```python
# 学習
from sklearn.tree import DecisionTreeClassifier
algorithm = DecisionTreeClassifier(random_state=random_seed)
algorithm.fit(X, y)
```

---

[9] このサンプルコードで項目名の日本語化をしていないのは、この後の決定木ツリー表示が日本語に対応していないためです。

```
# 決定木のツリー表示
from sklearn import tree
with open('iris-dtree.dot', mode='w') as f:
    tree.export_graphviz( algorithm, out_file=f,
        feature_names=X.columns, filled=True, rounded=True,
        special_characters=True, impurity=False, proportion=False
    )
import pydotplus
from IPython.display import Image
graph = pydotplus.graphviz.graph_from_dot_file('iris-dtree.dot')
graph.write_png('iris-dtree.png')
Image(graph.create_png())
```

コード 4-3-9　決定木のツリー表示

　コード 4-3-8 では、4.1.2 節で紹介した「アイリス・データセット」を読み込み、元々あった 3 種類の花を 2 種類に絞り込んでいます。さらに、コード 4-3-9 では、このデータを学習データにして決定木のモデルを作り、その内部の分岐の様子をグラフ化しています。

　コード 4-3-9 は複雑なので実装の 1 行 1 行の意味はわからなくて結構です。今はその出力結果のみに注目してください。

　まず、一番上の白色の四角に注目します。3 行目の value の項目は二つのグループの値がいくつずつ含まれているかを示しています。[50, 50] なので、初期状態では 50 個ずつ含まれていることがわかります。アイリス・データセット

では petal_length（花弁長）、petal_width（花弁幅）、sepal_length（がく片長）、sepal_width（がく片幅）の四つの入力項目があります。

このうち、最初に petal_width（花弁幅）に着目し、その値が 1.75 より大きいかどうかで最初のグループ分けをしているというのが、1 行目の意味です。上から 2 列目の二つの四角では value の値はそれぞれ [49, 5] と [1, 45] になっています。つまり、この最初のグループ分けですでに、かなりの部分はきれいに分けられていることがわかります。

以下の処理も同様で、分けられたサブグループに対して、対象項目と閾値を設定し、その値より大きいかどうかでより詳細なグループ分けをしていきます。これが決定木の基本的な処理方式です。もし、人間が「アイリス・データセットからグループ分けのルールを考えろ」と言われたら、恐らくこれとほぼ同様の仕組みを考えるはずです。そういう意味で、人間にわかりやすいアルゴリズムということができます。

では、この仕組みのどこが機械学習なのでしょうか？　判断対象の項目と基準の閾値の選択を自動的にする点が、機械学習の部分になります。実は、この判断基準を決めるための方式にもいくつかあり、scikit-learn のライブラリでは、criterion というパラメータで指定します。デフォルトは 'gini' でこれは「**ジニ不純度**」を意味しています（計算方式の名称としては「**CART**」と呼ばれています）。もう一つ、'entropy' というパラメータも指定できて、これは情報理論の「**エントロピー**」を意味しています。ここは数学的な話になるので、深く理解する必要はありません。その代わり、この後で説明するパラメータ max_depth は重要なので、理解に努めてください。

決定木のアルゴリズムの大まかなイメージは持てたと思うので、いつもの三つのサンプルデータを対象に実際のモデルを作ってみましょう。なお、ここから先のモデルでは、モデルの性質上決定境界表示ができないので、境界線を非表示にしています [10]。

---

[10] このロジックは plot_boundaries 関数（が呼び出す plot_boundary 関数）の中で、if hasattr(algorithm, "decision_function") の分岐により実装しています。

```
# 決定木の散布図・分類結果表示

# アルゴリズムの選択
from sklearn.tree import DecisionTreeClassifier
algorithm = DecisionTreeClassifier(random_state=random_seed)

# アルゴリズムの持つパラメータの表示
print(algorithm)

# 表示関数の呼び出し
plot_boundaries(algorithm, DataList)

DecisionTreeClassifier(ccp_alpha=0.0, class_weight=None, criter⤸
ion='gini',
    max_depth=None, max_features=None, max_leaf_nodes=None,
    min_impurity_decrease=0.0, min_impurity_split=None,
    min_samples_leaf=1, min_samples_split=2,
    min_weight_fraction_leaf=0.0, presort='deprecated',
    random_state=123, splitter='best')
```

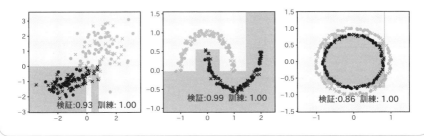

コード 4-3-10　決定木の散布図・分類結果表示

　今まで紹介してきたアルゴリズムの決定境界と比較して、決定木に関して次のような性質があることがわかります。

・サポートベクターマシン（カーネル）同様、同心円状の決定境界にも対応できる
・サポートベクターマシン（カーネル）の境界線がなだらかな曲線だったのに対して、決定木の境界線は、長方形の矩形領域を組み合わせた図形となる[11]

----
[11] この事実は今まで説明したアルゴリズムから直感的にわかると思います。

・例外値に対してもむりやり適合するルールを作るので、境界線が不自然な図
　形になる場合がある

　最後の性質は、決定木をアルゴリズムとしてモデルを作る際に特に気をつけ
るべき点です。このように、例外値に過剰に対応したモデルを作ってしまうこ
とを「**過学習**」と呼び、機械学習で最も気をつけるべきことだからです。**過学**
習が発生すると、学習に使わなかったデータに対する精度は逆に悪くなります。
例えば、コード 4-3-10 の結果のうち、左端の図に注目すると、訓練データに対
しては精度 100%であるのに対して、検証データの精度は 93%とあまりよくあ
りません。これは過学習が発生していると考えられます。決定木では、**ツリー**
の階層を深くすればするだけこのような過学習の危険が生じます。そこで、階
層の深さの最大値をあらかじめ指定することが、この対策の一つになります。
そのためのパラメータが **max_depth** です。

　では、上の例を題材にこのことを実際に試してみましょう。今度は、ライブ
ラリの初期設定で、max_depth=3 の指定をした後、まったく同じ形で学習と決
定境界の描画をしてみます。実装はコード 4-3-11 です。

```
# 決定木の散布図・分類結果表示（max_depth=3 の場合）

# アルゴリズムの選択
from sklearn.tree import DecisionTreeClassifier
algorithm = DecisionTreeClassifier(max_depth=3,
    random_state=random_seed)

# アルゴリズムの持つパラメータの表示
print(algorithm)

# 表示関数の呼び出し
plot_boundaries(algorithm, DataList)
```

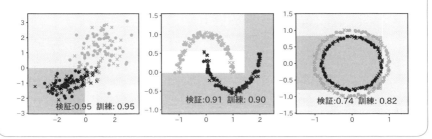

```
DecisionTreeClassifier(ccp_alpha=0.0, class_weight=None, criter⤸
ion='gini',
    max_depth=3, max_features=None, max_leaf_nodes=None,
    min_impurity_decrease=0.0, min_impurity_split=None,
    min_samples_leaf=1, min_samples_split=2,
    min_weight_fraction_leaf=0.0, presort='deprecated',
    random_state=123, splitter='best')
```

コード 4-3-11　決定木（max_depth=3）の散布図・分類結果表示

コード 4-3-11 の結果を見ると、左のデータに対して、訓練データの精度は95％に落ちていますが、検証データの精度が逆に 95％に向上しているのがわかります。これは、**過学習が少なくなり、モデルの汎用性が高くなった**ことを意味します。一方で、右端のデータに対しては、境界のでき方が不十分で、その結果検証データに対する精度も 86％から 74％に下がっています。このようにmax_depth はデータに応じてケースバイケースで最適なものを決めていく必要があるのです。これは、決定木以外のアルゴリズムのチューニングパラメータに対してもいえる話となります。

4.3.7　ランダムフォレスト

前項の例題でわかるように、決定木はどのような性質のデータにも柔軟に対応できる点が特徴ですが、過学習が起きやすいのが欠点です。この欠点を補うために考えられた方式が、ランダムフォレストです。その基本的な考え方は、「弱分類器」と呼ばれる簡易的な分類器をたくさん作り、それぞれの分類器の分類結果を集計して多数決で最終的な判断をするということになります。

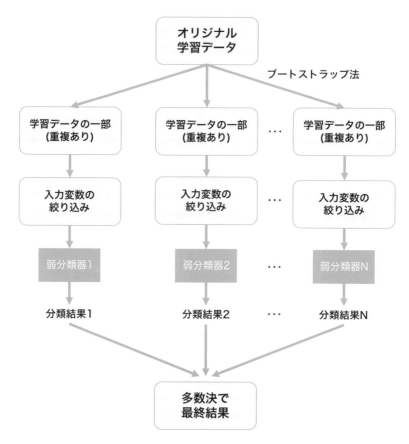

図 4-3-7　ランダムフォレストのアルゴリズム

　ランダムフォレストの具体的なアルゴリズムを示したのが図 4-3-7 です。

　最初のステップは、オリジナルデータからのサンプリングデータを N セット（ここで N は弱分類器の数）作ることです。サンプル時にデータ重複を認めて取り出す方法をブートストラップ法[12] と呼んでいて、ここではこの方法を用います。次のステップとして、各セットで、分類に使う変数をあえてランダムに絞り込み、この状態で N セットの決定木を作ります。当然、ここでできた一つひとつの分類器は、精度の低いものになります。そのためここでできた個別の

------

[12] この手法は、一つのサンプルデータから擬似的にバラツキのある複数のデータセットを作り出すため統計学でよく用いられています。

分類器は**弱分類器**と呼ばれているのですが、この**弱分類器の結果を全部寄せ集めて多数決を取ると、全体としては精度の良い分類ができる**ことがわかっています。これがランダムフォレストの仕組みです。一見すると回りくどい方法なのですが、こうすることで単純な決定木と比較して過学習に強いモデルができるのです。

　それでは、いつも使っているサンプルデータを使い、ランダムフォレストで学習をしてみましょう。実装とその結果は、コード 4-3-12 に示しました。

```
# ランダムフォレストの散布図・分類結果表示

# アルゴリズムの選択
from sklearn.ensemble import RandomForestClassifier
algorithm = RandomForestClassifier(random_state=random_seed)

# アルゴリズムの持つパラメータの表示
print(algorithm)

# 表示関数の呼び出し
plot_boundaries(algorithm, DataList)

RandomForestClassifier(bootstrap=True, ccp_alpha=0.0, class_wei ⮒
ght=None,
    criterion='gini', max_depth=None, max_features='auto',
    max_leaf_nodes=None, max_samples=None,
    min_impurity_decrease=0.0, min_impurity_split=None,
    min_samples_leaf=1, min_samples_split=2,
    min_weight_fraction_leaf=0.0, n_estimators=100,
    n_jobs=None, oob_score=False, random_state=123,
    verbose=0, warm_start=False)
```

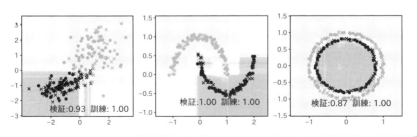

コード 4-3-12　ランダムフォレストの散布図・分類結果表示

それぞれの図に関して、グレーとブルーの境界という観点で図を見ると、自然な境界線になっていることがわかります。これが、ランダムフォレストを用いた効果です。

4.3.8 XGBoost

決定木系のアルゴリズムの最後に XGBoost を紹介します。XGBoost は eXtreme Gradient Boosting の略で 2014 年に発表されたアルゴリズムです。近年は、「Kaggle」などの機械学習モデルのコンテストで数多く用いられています。具体的なアルゴリズムは複雑で、本書の範囲を超えてしまうので、簡単な実装イメージだけを説明します。

XGBoost を非常に簡単に説明すると、「**アンサンブル**」と呼ばれる複数の決定木を使って分類をするモデルの中で、「**バギング**」と呼ばれる手法と「**ブースティング**」と呼ばれる手法を組み合わせたものということになります。バギングとは、一つ前に紹介したランダムフォレストに代表されるように、お互いに関係のない弱分類器を並列に作ってその結果の多数決で最終的な分類を行う方法です。

一方のブースティングも、複数の分類器を使う点ではバギングと同じです。最大の違いは、バギングが**複数の分類器が互いに無関係に学習**するのに対して、ブースティングは**一つ前の分類器の結果を基にして次の分類器の学習**をする点です。

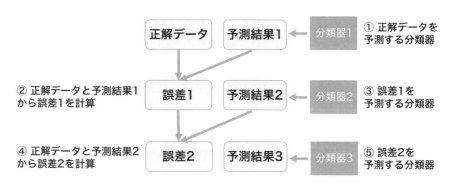

図 4-3-8　ブースティングのアルゴリズム概要

　図4-3-8を見てください。最初の分類器は、通常の方法で学習します。ここでできた分類器は、正解データとの違いがあります。そこで正解データと予測結果の誤差を計算できます。次の分類器は、ここで求められた「誤差1」を予測することを目的に学習します。このような形で何度か分類器を作り、その結果を重み付けして加算することで、最終的な分類器を作ります[13]。

　実際のXGBoostの学習原理は、これよりはるかに複雑ですが、概念的にはこのような手法で学習を進めていくものであることを理解してください。それでは、いつものサンプルデータを使って実際に学習結果を見てみましょう。実装と結果はコード4-3-13になります。

機械学習モデル開発の重要ポイント

```python
# XGBoost の散布図・分類結果表示

# アルゴリズムの選択
import xgboost
algorithm = xgboost.XGBClassifier(random_state=random_seed)

# アルゴリズムの持つパラメータの表示
print(algorithm)

# 表示関数の呼び出し
plot_boundaries(algorithm, DataList)

XGBClassifier(base_score=0.5, booster='gbtree', colsample_bylevel=1,
    colsample_bynode=1, colsample_bytree=1, gamma=0,
    learning_rate=0.1, max_delta_step=0, max_depth=3,
    min_child_weight=1, missing=None, n_estimators=100, n_jobs=1,
    nthread=None, objective='binary:logistic', random_state=123,
    reg_alpha=0, reg_lambda=1, scale_pos_weight=1, seed=None,
    silent=None, subsample=1, verbosity=1)
```

[13] ブースティングの中でも、このように次第に小さくなる重み付きで分類器を作る方法を勾配ブースティングと呼び、ロジスティック回帰やニューラルネットワークで用いられる「勾配降下法」と似た手法です。XGBoostは、勾配ブースティングによる分類器の一種となります。

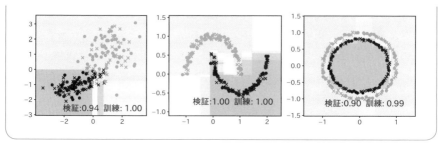

コード 4-3-13　XGBoost の散布図・分類結果表示

　XGBoost は多くのパラメータを持っていて、その値が適切でないと必ずしも良い精度が出ないことがあります。今回の例の場合、右端のサンプルではこの理由であまり良い精度になりませんでしたが、他の二つのデータでは、検証データに対しても良い精度が出ていることがわかります。

4.3.9　アルゴリズムの選択方法

　以上、分類という処理パターンを対象に、いろいろなアルゴリズムを紹介してきました。ここまで読んだ読者は、「結局どのアルゴリズムを使えばよいのか」を知りたいと思います。

　この問いに対して簡単な答えはありません。ただ、以下の観点が基準になることが多いです。

モデルの判断根拠を知りたい

　一つ重要なアルゴリズム選択の基準になるのが、この点です。今まで紹介したアルゴリズムのうち、ロジスティック回帰と決定木に関しては、モデルの構造が単純なため、「モデルがなぜその結果を出したか」を人間が追いかけることが容易です。機械学習モデルを利用するタスクによっては、この点が重視されることがあり、その場合、今挙げた二つのアルゴリズムは有力な候補になります。

高精度のモデル

　一方で「理由はわからなくてよいからできるだけ正確に予測をしたい」というケースもあります。その場合にはサポートベクターマシン（カーネル）や、

ニューラルネットワーク、ランダムフォレスト、XGBoost といったアルゴリズムが選ばれることが多くなります。

　この場合、同じデータに対して複数のモデルを横並びに作って精度を比較し、一番良い結果のものを選ぶ方法が標準的です。その具体的な方法としては、4.5節で説明する「**交差検定法**」や「**グリッドサーチ**」という手法が用いられます。

学習時間

　実習で使ったサンプルデータは、データ件数や項目数が少ないため、あまり学習時間の違いを意識することがありません。しかし、実プロジェクトで扱う学習データは、場合によっては件数が数千万件、あるいは項目数が数百・数千になるケースもあります。このようなケースでは学習にどの程度の時間がかかるかも、アルゴリズム選択の基準となり得ます。仕組みの単純な「ロジスティック回帰」と「決定木」が学習時間も短いことが多く、学習時間という観点では有利です。

　以上の観点を表の形でまとめると、表4-3-2のようになります。実プロジェクトでは、この表なども参考にアルゴリズムを選択するようにしてください。

アルゴリズム名	実装方式	精度	説明性	学習時間
ロジスティック回帰	損失関数型	△	あり	速い
サポートベクターマシン（カーネル）		○	なし	遅い
ニューラルネットワーク		◎	なし	遅い
決定木	決定木型	△	あり	速い
ランダムフォレスト		○	なし	遅い
XGBoost		◎	なし	遅い

表 4-3-2　それぞれのアルゴリズムの特徴

章　機械学習モデル開発の重要ポイント

135

4.4 評価

機械学習モデルを作るフローの中で重要な役割を持つのが評価です。本節では、最もよく利用される分類の処理パターンを題材に、いくつかの評価手法の内容とその利用場面を解説します。「混合行列」「適合率」「再現率」など、機械学習モデルを実業務で活用する際に欠かせない重要な概念がたくさん出てくるので、少し難しいですが、しっかり理解するようにしてください。さらに、最後の 4.4.6 項では回帰の処理パターンでの評価方法も簡単に説明します。

本節では、例題として 3 章で取りあげた乳がん疾患予測モデルを再度利用します。

4.4.1 混同行列

分類の処理パターンには、**精度（Accuracy）** という評価方法があり、**予測結果の正解率**を意味していると 3.3.8 項で説明しました。本項では、分類の処理パターンで、より詳細にモデルを評価する際に必須の概念である「**混同行列**」を説明し、Python のコードで実際に表示させてみます。

混同行列（Confusion Matrix）

3 章で実習した乳がん疾患予測モデルの復習をします。学習データの件数は良性が 357 件、悪性が 212 件でした。最初に作った 2 入力変数のモデルは精度が 87.72% でした。

しかし、このモデルを業務観点で詳しく考えてみると、**できるだけ多くの悪性を検知することが大きな目的**であり、それと比べると、数の多い**良性を良性と予測することの重要性は低い**ことがわかります。さらに、予測が違っていたケースを考えると、「**モデルは悪性と予測したが正解は良性だった**」場合と、「**モデルは良性と予測したが正解は悪性だった**」の 2 パターンがあり、後者の方が致命的だと考えられます。

モデルの予測結果には「悪性」と「良性」、正解データには「悪性」と「良性」と、それぞれ 2 パターンがあるので、予測結果と正解データの組み合わせは全

部で4パターンあります。検証データを対象に、**4パターンそれぞれの件数を集計し表の形で整理**すると、単に精度（正解率）だけを考えるより意味のある検証ができそうです。

この考えに基づいて作られた表が**混同行列（Confusion Matrix）**です。後ほど実装も示しますが、3章の実習結果を対象とした混同行列は表4-4-1のようになります[1]。

		予測結果	
		良性	悪性
正解データ	良性	101	2
	悪性	19	49

表4-4-1　乳がん疾患予測モデルの混同行列

表4-4-1の各項目の数字を文字で置き換え、より一般的に表現すると、次の表4-4-2のようになります。

		予測結果	
		陰性	陽性
正解データ	陰性	TN	FP
	陽性	FN	TP

表4-4-2　一般化した混同行列

この表で、「陽性」（positive）とは「モデルで見つけたいこと」と考えてください。乳がんデータセットの場合だと「悪性」に該当します。「陰性」（negative）はその逆の場合で、乳がんデータセットだと「良性」ということになります[2]。

この表で示されるTP、FP、FN、TNはそれぞれの組み合わせの件数です。意味は次の通りです。

---

[1] 混同行列の書き方には「予測結果を上にする」「予測結果を左にする」の2通りの流儀があります。例えば英語版のWikipediaでは、表4-4-1とは逆に「予測結果が左」のパターンで書かれています。本書は標準的に利用するscikit-learnが「予測結果が上」パターンなので、その流儀に従います。混乱のもとなので、混同行列の表を見る時は常にこの点に注意してください。
[2] 日常の言葉遣いでは「良いこと」を正（positive）、「悪いこと」を負（negative）とすることが多いと思います。機械学習の世界では「検知したい異常」が陽性（positive）になるので、結果的に意味が逆になることがあります。混同しないよう注意が必要です。

TP（True Positive）：モデルの予測結果が陽性（positive）で正解（True）だっ
た件数

FP（False Positive）：モデルの予測結果が陽性（positive）で不正解（False）
だった件数

FN（False Negative）：モデルの予測結果が陰性（negative）で不正解（False）
だった件数

TN（True Negative）：モデルの予測結果が陰性（negative）で正解（True）
だった件数

　TP とか FN とか、覚えにくい記号なのですが、図 4-4-1 のように「2 番目の
文字が予測結果、1 番目の文字が予測結果の正否」と覚えてください[3]。

図 4-4-1　「TP」の意味

　混同行列は分類の評価で一番基本となる表です。しっかり理解するようにし
てください。

混同行列の実装

　それでは、Python のコードで混同行列の表を実際に作ってみましょう。その
ためには機械学習モデルを作って、検証データに対する予測結果を取得する必
要があります。そこで、大急ぎで 3 章の実習を復習します。
　コード 4-4-1 は「乳がん疾患データセット」を取得して、「データ分割」をす
るまでです。

---

[3] 「予測結果が後ろ」「予測結果の正否が前」と、日本人の発想と順番が逆のため覚えにくい
のかもしれません。

```
# データ読み込みからデータ分割まで

# ライブラリの import
from sklearn.datasets import load_breast_cancer

# データのロード
cancer = load_breast_cancer()

# 入力データ x
x = cancer.data

# 正解データ y
# 良性：0 悪性：1に値を変更する
y = 1- cancer.target

# 入力データを 2 次元に絞り込み
x2 = x[:,:2]

# (4) データ分割
from sklearn.model_selection import train_test_split
x_train, x_test, y_train, y_test = train_test_split(x2, y,
    train_size=0.7, test_size=0.3, random_state=random_seed)
```

コード 4-4-1　3 章の復習「データ分割」まで

3 章のコードとは違う点が二つあります。

一つめの違いは、学習データのデータ形式です。3 章では「データ確認」を詳しく行うため、読み込んだ直後の NumPy 配列の学習データをデータフレームに変換しました。今回は最短コースで予測結果を出すため、データフレーム化を省いて NumPy 形式のデータ（コード 4-4-1 では x2 と y）で一気に学習・予測をします。こういうモデルの作り方もできるのです。

もう一つは「y = 1 - cancer.target」というコードです。オリジナルのデータセットでは、正解データの値は「良性：1」「悪性：0」でした。単に値を予測して精度を評価するだけなら、どちらが 1 でもよいのですが、これからの議論では 2 値の値を、先ほどの「陽性」（positive）と「陰性」（negative）に区別します。通常は検出したい方を「陽性 =1」としますが、ここで検出したいのは「悪性」の方です。それで、1 - cancer.target というコードで 1 と 0 を反転させて、

章 機械学習モデル開発の重要ポイント

「悪性」＝「陽性」＝1 という関係になるようにしています。

次のコード 4-4-2 では、「アルゴリズム選択」から「評価」までを実行します。

```
# アルゴリズム選択から評価まで

# アルゴリズム選択（ロジスティック回帰）
from sklearn.linear_model import LogisticRegression
algorithm = LogisticRegression(random_state=random_seed)

# 学習
algorithm.fit(x_train, y_train)

# 予測
y_pred = algorithm.predict(x_test)

# 評価
score = algorithm.score(x_test, y_test)

# 結果確認
print(f'score: {score:.4f}')

score: 0.8772
```

コード 4-4-2　3章の復習「アルゴリズム選択」から「評価」まで

コード 4-4-2 については、3章で説明済みなので解説は省略します。

この段階で、検証データに対する正解データが y_test に、予測結果が y_pred に入っている形になります。ここまで準備ができたら、scikit-learn のライブラリを利用して簡単に混同行列を作れます。実装はコード 4-4-3 になります。

```
# 混同行列の計算

# 必要ライブラリの取り込み
from sklearn.metrics import confusion_matrix

# 混同行列の生成
#   y_test: 検証データの正解データ
#   y_pred: 検証データの予測結果
matrix = confusion_matrix(y_test, y_pred)
```

```
# 結果確認
print(matrix)

[[101   2]
 [ 19  49]]
```

コード 4-4-3　混同行列の計算と表示

　confusion_matrix 関数の利用方法はとても簡単で、正解データ y_test と予測結果 y_pred の二つのパラメータを渡すだけです。結果は NumPy の 2 次元配列で返ってくるので、print 関数でそのまま表示できました。

　しかし、単なる数値行列の表示だけでは、わかりにくいし、間違いも起きそうです。そこで、本書では表 4-4-1 とそっくりの結果を返す関数 make_cm を定義しました。

　その実装がコード 4-4-4 です。

```
# 混同行列表示用関数

def make_cm(matrix, columns):
    # matrix numpy 配列

    # columns 項目名リスト
    n = len(columns)

    # '正解データ' を n 回繰り返すリスト生成
    act = ['正解データ'] * n
    pred = ['予測結果'] * n

    # データフレーム生成
    cm = pd.DataFrame(matrix,
        columns=[pred, columns], index=[act, columns])
    return cm
```

コード 4-4-4　混同行列整形出力用関数

データフレームに2階層のインデックスを作ることによって複雑な表示を可能にしていますが、本題と関係ないので詳細な解説は省略します。

この関数を呼び出して混同行列を整形して表示したのがコード4-4-5です。

```
# make_cm を使った混同行列の表示
cm = make_cm(matrix, ['良性', '悪性'])
display(cm)
```

		予測結果	
		良性	悪性
正解データ	良性	101	2
	悪性	19	49

コード4-4-5　混同行列の表示

make_cm関数の利用方法は簡単で、コード4-4-3で取得した混同行列のNumPy配列と、表示させたい項目名のリスト['良性', '悪性']を渡すだけです。最終的に冒頭の表4-4-1とまったく同じ結果が得られました。

4.4.2　精度・適合率・再現率・F値

前項では、「混同行列」という分類の評価で一番基準になる手法を、Pythonでの実習を通して詳しく解説しました。本項では、混同行列で定義されたTP、FP、FN、TNという四つの要素を基に、どのような目的の時に、どのような評価方法を用いるべきなのかを解説します。

なお、以下の説明で「正解数」や「全体件数」は通常、「検証データ」を対象にしたものになります。「訓練データ」の方は評価の対象にならないので注意してください。

精度（Accuracy）

まず、3章で評価のところ（3.3.8項）で解説した**精度（Accuracy）**について、混同行列に基づいて改めて確認してみましょう。

精度（Accuracy）とは、正解率のことであり、より厳密には、モデルによる**「正解数」を「全体件数」で割った比**と定義できます。

		予測結果	
		良性	悪性
正解データ	良性	101	2
	悪性	19	49

表 4-4-1　乳がん疾患予測モデルの混同行列（再掲）

今回の混同行列（表 4-4-1）を見ると「全体件数」は

$(101+2+19+49) = 171$ 件

です。

一方「正解数」は、表 4-4-1 で色のついた対角線の部分の合計なので

$(101+49) = 150$ 件

となります。

従って精度（Accuracy）はこの場合、「正解数」/「全体件数」= 150/171 で計算できるはずです。実際 150/171 = 0.87719.. なので、3章で計算した精度 87.72% と辻褄が合っています。

		予測結果	
		陰性	陽性
正解データ	陰性	TN	FP
	陽性	FN	TP

表 4-4-2　一般化した混同行列（再掲）

今、具体的な数字で計算したことを、数式として定式化してみましょう。表 4-4-2 のように一般化した四つの変数（TP、FP、FN、TN）に置き換えます。

（全体件数）= TP+FP+FN+TN

（正解数）　= TP+TN

143

となります。この二つの式をそれぞれ分母と分子にすると、次の精度（Accuracy）の公式が作れます。

$$\text{精度 (Accuracy)} = \frac{(\text{正解数})}{(\text{全体件数})} = \frac{\text{TP} + \text{TN}}{\text{TP} + \text{FP} + \text{FN} + \text{TN}}$$

この式が分類における精度（Accuracy）[4] の定義です。

検知したい対象が特定の値であるモデル

今までの説明で、混同行列と精度の関係については、理解できたと思います。

一見すると、モデルの評価は精度だけで十分なようにも思えますが、実際はそうではありません。どのような場合に精度だけでは不十分なのか、以下の表4-4-3の例を見てください。

		予測結果	
		良性	悪性
正解データ	良性	95	0
	悪性	5	0

		予測結果	
		良性	悪性
正解データ	良性	87	8
	悪性	3	2

表4-4-3　比率がアンバランスな学習データで作ったモデルの混同行列

表4-4-3は、今までと同様に乳がん疾患を判定するモデルの結果なのですが、大きく前提を変えています。それは、全体件数100件のうち、検知したい「悪性」の件数が全体の1/20の5件と極めて少ないという点です。

分類のモデルにおいて、検知したい対象（陽性、positive）の件数が、そうでない対象（陰性、negative）の件数と比較して極端に少ないことはよくある話です。例えば、営業の成約予測や、商品の欠陥検知などです。

表4-4-3は、このように正解データの比率がアンバランスな状態の学習デー

---

[4] 厳密には「2値分類における精度」になります。

タで学習したモデルの検証結果になります。ここで精度（Accuracy）だけを見ると、上のモデルは精度95％、下のモデルは精度89％です。では、上のモデルの方が良いのでしょうか？ そんなことはありません。二つの混同行列をよく見ると、今、検知したい値である「悪性」を、上のモデルは1件も検知できていません。

　実は、上は「すべての入力に対して良性と予測する」という、いわば「何も考えていない」モデルだったのです。それに比較すると、下のモデルは誤りこそ数多くありますが、見つけたい「悪性」を2件は見つけている点で、上のモデルより優れています。

　このように「特定の予測結果（今の例では悪性）」に注目した時に、どの程度正確に予測できているかを調べる指標値が、これから説明する**適合率（Precision）**、**再現率（Recall）**、**F値**です。特に予測結果の比率がアンバランスな時に重要な意味を持ちます。

適合率（Precision）

　適合率とは、**モデルが「陽性」と予測した対象のうち、本当に「陽性」だった割合**がどの程度だったかを示す値です。式で表すと次のようになります。

$$適合率 (Precision) = \frac{TP}{TP + FP}$$

　適合率が役に立つユースケースとしてわかりやすい例が、5.1節で紹介する「営業成約予測モデル」です。表4-4-4に、5.1節で紹介する予測結果を先取りして記載しました。

		予測結果	
		失敗	成功
正解データ	失敗	15593	376
	成功	1341	775

表4-4-4　営業成約予測モデルの混同行列

　このモデルでは、予測結果により営業対象の顧客を絞り込み、営業効率を向上させることが目的です。正解データでカウントすると「失敗」が1万5969件

（15593＋376）、「成功」が2116件（1341＋775）なので、検証データで何も絞り込まずにランダムに営業した時の成功率は11.7％＝2116/（15969＋2116）になります。

　これに対して、モデルで対象顧客を絞り込んだ後、営業した場合の成功率は67.3％＝775/（775＋376）

です。絞り込みによって、大幅に業務を効率化できることがわかります。そして今、実際の数値で計算した、**「モデルが絞り込んだ顧客に対して営業した場合の成功率」**が**「適合率」**に該当します。

再現率（Recall）

　再現率とは、**本当に陽性だったデータのうち、どの程度をモデルで「陽性」と検知できたか**を示す指標です。式で表すと次のようになります。

$$再現率（Recall）= \frac{TP}{TP + FN}$$

　再現率が役に立つユースケースとしてわかりやすい例が、今回取りあげている乳がん疾患のモデルです。先ほどの表4-4-3では、悪性（陽性）を一つも検知しない（何もしない）モデルと、5件の悪性のうち2件を検知するモデルを取りあげました。それぞれの再現率は0％と40％です。後者は先ほど示したように精度は劣りましたが、再現率では勝ります。このユースケースでは、再現率でモデルの優劣を判断すればよいわけです（ただし40％しか疾患を発見できないモデルは実用にはなりませんが）。

　今度は表4-4-4に示した営業成約予測モデルで、再現率の意味を考えてみましょう。このモデルでの再現率は、検証データの中で実際に成約している顧客2116人（1341＋775）のうち、営業すべきと予測できた顧客775人が占める割合なので、計算すると33.6％になります。

　例えば、今回のモデルで成約すると予測した顧客にアプローチしても、まだ営業要員が余っていたします。この場合、多少営業した時の成功率（適合率）は落ちても、もっと多くの顧客にアプローチして、成約する数を増やしたいというニーズが出てきます。つまりこのモデルでも、潜在成約顧客の掘り起こし比率を示す、再現率が大事な指標になり得るのです。

F値（F-score）

　「業務的に重要な陽性の値が存在し、その予測結果を重視したい。しかし適合率や再現率のどちらか一方を見るのではなく、両者をバランス良く改善させたい」というような要件もありえます。このような場合に利用されるのが**F値**（F-score）です。F値とは、適合率と再現率の中間くらいになるように計算した値です。この値を最大にするモデルが「適合率と再現率をバランス良く最適化している」と見なせるのです。F値の具体的な計算式は、以下の通りです[5]。

$$ \mathrm{F1} = \frac{2 \cdot (適合率) \cdot (再現率)}{(適合率) + (再現率)} $$

指標値の使い分けについて

　精度、再現率、適合率、F値のそれぞれについて、どのような場合に使うか簡単に説明してきましたが、改めて使い分け方を整理します。

精度（Accuracy）：

　正解データの陽性と陰性の数のバランスが良く、業務的にも「どちらの値が重要」という区分けがない場合は「精度（Accuracy）」を用います。例えば、(4.1.2項で紹介した)「アイリス・データセット」を対象にアヤメの花を分類するモデルを作る場合などが該当します。逆に陽性の検出が業務的に重要な場合、特に正解データの比率がアンバランスな場合は精度ではなく、この後で説明する三つの指標のいずれかを用いた方が適切です。

適合率（Precision）：

　陽性の予測結果がどの程度正確かが業務効率に直結する場合は、適合率で評価するのが適切です。具体例として営業成約予測モデルの例があることはすでに説明しました。その他の例は5.1節で説明します。

---

[5] 一見すると意味がわからない式ですが、実は数学的には「調和平均」と呼ばれる計算をしています。本書の範囲を超えるので、関心ある読者は別書籍を参照してください。

再現率（Recall）：

　故障など**問題のある事象を洗い出したい（陽性を漏れなく見つけたい）**時には、再現率で評価することが適切です。具体例として病気疾患の検知や、営業要員が多い場合の営業成約予測モデルで有効であることは説明しました。それ以外の利用例については、5.1 節最後のコラムで説明します。

F 値（F-score）：

　予測結果の陽性が業務的に重要なので精度を用いたくないですが、適合率か再現率に特化するのでなく、両方をバランス良く評価したい場合に用います。

Python による適合率・再現率・F 値の計算

　本項の最後に、今紹介した三つの指標値を Python で実際に求めてみます。今まで見てきたように複雑な計算ではないので、数式をコーディングして直接出すこともできますが、scikit-learn のライブラリを使う方が簡単なので、その方式を用いることにします。コード 4-4-6 がその実装です。結果を見ると、先ほど説明した F 値が、適合率と再現率のちょうど中間程度の値になっていることも確認できます。

```python
# 適合率・再現率・F 値の計算

# ライブラリの取り込み
from sklearn.metrics import precision_recall_fscore_support

# 適合率・再現率・F 値の計算
precision, recall, fscore, _ = precision_recall_fscore_support(
    y_test, y_pred, average='binary')

# 結果の確認
print(f' 適合率: {precision:.4f}')
print(f' 再現率: {recall:.4f}')
print(f'F 値:   {fscore:.4f}')

適合率: 0.9608
再現率: 0.7206
F 値:   0.8235
```

コード 4-4-6　適合率・再現率・F 値の計算

この場合も、混同行列を調べたコード4-4-3の場合と同様に、正解データy_testと予測結果y_predの値のみから、三つの指標値を計算できます。パラメータの「average='binary'」は、モデルが2値分類であることを意味しています。

今まで説明したように、適合率と再現率は、どちらの予測結果を陽性(positive)の値にするかで結果が違ってきます。このライブラリでは、陽性の値はpos_labelパラメータで指定するのですが、デフォルト値が1なので、今の例題では指定する必要がありません。

		予測結果	
		良性	悪性
正解データ	良性	101	2
	悪性	19	49

表 4-4-1　乳がん疾患予測モデルの混同行列（再掲）

計算の基になる個々の件数について表4-4-1を再掲したので、できれば、今まで説明した計算式と結果が一致することを確認してみてください。

4.4.3　確率値と閾値

確率値と閾値の関係

図4-4-2を見てください。分類のモデルでは、予測結果の実体が確率値で、その値が0.5より大きいか小さいかで、0か1かを出力しているアルゴリズムが多いです[6]。

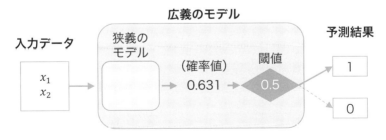

図 4-4-2　分類のモデルの閾値

---

[6] そうでないアルゴリズムも存在します。前節で説明したアルゴリズムの中では決定木がそれに該当します。

図 4-4-2 では閾値が 0.5 なので、確率値が 0.631 の時、予測結果は「1」になりますが、閾値を 0.7 に変えると「0」に変わります。

本項では、作ったモデルの確率値を抽出し、閾値を変更することで、モデルの出力結果をコントロールする方法を説明します。本項で説明した方法は 5.1 節の実習で実際に利用することになるので、よく理解するようにしてください。

閾値を変更すると、前項で説明した、適合率と再現率はどのように変化するのでしょうか? 図 4-4-3 にその様子を示しました。

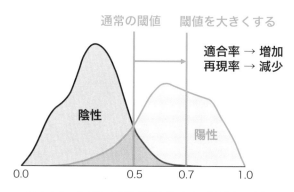

図 4-4-3　モデルの分類閾値と適合率・再現率の関係

図 4-4-3 は、正解データ y の値が 0 と 1 の場合、二つをグループ分けした後、それぞれの確率値を横軸にして、データ数をグラフにしたものです。青色の曲線が陽性（y=1）、黒色の曲線が陰性（y=0）の分布です。

では、この図の分布を前提とした場合に、閾値を 0.5 から 0.7 に変更すると、どうなるでしょうか?

まず、グラフから閾値 = 0.5 の時にかなり紛れ込んでいた灰色のデータがほとんどなくなることが読み取れます。これは、前項で定義した評価値でいうと、**適合率が増加**することを意味します。

もう一つ、閾値を変更した影響は青色のデータの方にも及びます。元々かなりの割合を占めていた閾値より右の青色のデータ領域がかなり狭くなります。これは、前項で定義した評価値でいうと、**再現率が減少**したことを意味します。

つまり、適合率と再現率の間にはトレードオフの関係があります。閾値を変更することで一方の評価値を上げるすることもできますが、それはもう一方の

評価値を下げる結果になるのです。

　しかし、デフォルト値が0.5だからといって、この値をいつも使う必要はありません。業務要件によって最適な値を決めて、その設定を含めて「モデル」として扱って構わないのです。具体的な考え方と実装方法については、この後で説明します。

確率値の取得

　では、今まで机上で説明した、分類のモデルが内部的に持つ確率値をPythonで実際に計算していきましょう。実装はコード4-4-7です。

```
# 確率値の取得
y_proba = algorithm.predict_proba(x_test)
print(y_proba[10:20,:])

[[0.7889 0.2111]
 [0.0812 0.9188]
 [0.8383 0.1617]
 [0.9391 0.0609]
 [0.369  0.631 ]
 [0.9451 0.0549]
 [0.9399 0.0601]
 [0.9494 0.0506]
 [0.9617 0.0383]
 [0.9836 0.0164]]
```

コード4-4-7　確率値の取得

　分類のアルゴリズムには、予測のためのpredict関数以外に、確率値を取得できるpredict_proba関数が用意されているものがあります。predict_proba関数の呼び出し結果は、入力変数のデータ件数をN件とすると、N行2列のNumPy配列になっています。NumPyの最初の列は予測結果0に対する確率値、2番目の列は予測結果1に対する確率値を示しています。

```
            [[0.7889  0.2111]
             [0.0812  0.9188]
             [0.8383  0.1617]
             [0.9391  0.0609]
             [0.369   0.631 ]
             [0.9451  0.0549]
             [0.9399  0.0601]
             [0.9494  0.0506]
             [0.9617  0.0383]
             [0.9836  0.0164]]
```

図 4-4-4　predict_proba 関数の戻り値

　分類のモデルの場合、y=0 の確率値と y=1 の確率値を足すと全体で 1 になる
はずです。図 4-4-4 の各行でそういう結果になっていることを確かめてみてく
ださい。今回、判断したいのは陽性（y=1）の結果です。そこで、確率値のうち、
右の列を抽出する処理をします。実装はコード 4-4-8 になります。

```
# positive(1) の確率値の取得
y_proba1 = y_proba[:,1]

# 結果確認
print(y_test[10:20])
print(y_pred[10:20])
print(y_proba1[10:20])

[0 1 1 0 1 0 0 0 0 0]
[0 1 0 0 1 0 0 0 0 0]
[0.2111 0.9188 0.1617 0.0609 0.631  0.0549 0.0601 0.0506 0.0383  ⌐
0.0164]
```

コード 4-4-8　確率値の確認

　コード 4-4-8 では、ここまでの結果を確認するため、正解データ y_test と予
測結果 y_pred、それに今抽出した y_proba1 という三つの組み合わせの中から、
11 番目からの 10 個分を表示してみました。y_pred の値だけ見ると、12 番目
も 15 番目も値が 1 であることしかわかりません。しかし y_proba1 の値を見る

と 12 番目の確率値は 0.9188、15 番目の確率値は 0.631 なので、12 番目の方が確信度が高いことがわかります。

例えば、上の例で、閾値を 0.7 まで大きくすると、15 番目の予測結果は 0 に変わります。12 番目の予測結果は 1 のままです。これが閾値を変更してモデルの予測結果を変えるための基本的な考え方になります。

閾値を変更してモデルの予測結果を変えることを、実際にコード 4-4-9 で試してみます。

```
# 閾値を変化させる
thres = 0.5
print((y_proba1[10:20] > thres).astype(int))

thres = 0.7
print((y_proba1[10:20] > thres).astype(int))

[0 1 0 0 1 0 0 0 0 0]
[0 1 0 0 0 0 0 0 0 0]
```

コード 4-4-9　閾値を調整して予測結果を変える

コード 4-4-9 では、y_proba1[10:20] という、先ほど値を確認した配列を、閾値（thres）0.5 と 0.7 でそれぞれ比較しています。比較結果の配列（True または False の値を取っています）に対して astype（int）の関数をかけると、True は 1 に、False は 0 に変換されます。

最終的な出力結果を見ると、thres=0.5 の場合は、y_pred とまったく同じになっています。thres=0.7 の場合は 1 カ所青枠で囲んだ部分だけ、先ほどと結果が異なります。変わったのは確率値が 0.631 だった場所であり、確かに閾値が 0.7 なら 0 になると確認できました。

今、確認したことを pred 関数として定義してみます。三つめのパラメータとして閾値を受け取る関数で、実装はコード 4-4-10 です。

```
# 閾値を変更した場合の予測関数の定義
def pred(algorithm, x, thres):
    # 確率値の取得 ( 行列 )
    y_proba = algorithm.predict_proba(x)

    # 予測結果 1 の確率値
    y_proba1 =  y_proba[:,1]

    # 予測結果 1 の確率値 > 閾値
    y_pred = (y_proba1 > thres).astype(int)
    return y_pred
```

コード 4-4-10　閾値付き予測関数 pred の定義

この関数が意図した動きになることをコード 4-4-11 で実際に確認してみます。

```
# 閾値 0.5 で予測結果取得
pred_05 = pred(algorithm, x_test, 0.5)

# 閾値 0.7 で予測結果取得
pred_07 = pred(algorithm, x_test, 0.7)

# 結果確認
print(pred_05[10:20])
print(pred_07[10:20])

[0 1 0 0 1 0 0 0 0 0]
[0 1 0 0 0 0 0 0 0 0]
```

コード 4-4-11　予測関数 pred の動作確認

閾値が 0.5 と 0.7 のどちらの場合もコード 4-4-9 の結果と一致しました。こ
れで、元々の目標であった「閾値を変更して予測結果を調整する」関数を実装
できたことになります。

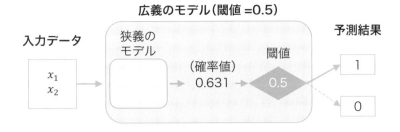

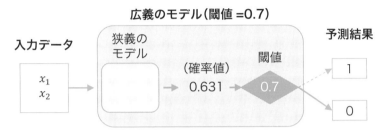

図 4-4-5　閾値を設定可能なモデル

　図 4-4-5 を見てください。今作った pred 関数は、図 4-4-2 でも示していた「広義のモデル」の内部にあった定数の閾値（菱形の中の値 0.5）を、外部から指定できる形にしたことになります。

　この手法は、5.1 節で実際に活用することになります。

4.4.4　PR 曲線と ROC 曲線

　閾値を変化させた時の精度の変化をプロットして、できた曲線によりモデルの性能を調べる手法として PR 曲線と ROC 曲線があります。本項では、曲線の描画方法を実習で確認しつつ、この二つの曲線でできる図形の面積を調べることで、モデルの性能を評価する方法を学びます。

PR 曲線

　前項の最後で説明したように、モデル内の確率値を使って閾値を変更させていくと、モデルの適合率と再現率は変化していきます。図 4-4-3 でその状況を再度確認してください。

ここで、閾値を変化させた時の適合率と再現率の値をグラフの中でプロットして、できた曲線によりモデルの精度を評価しようという考え方が出てきました。この時の曲線のことを **PR 曲線（Precision-Recall Curve）** と呼びます。

　早速実習のモデルを使って PR 曲線を描いてみましょう。最初のステップは上で説明した「閾値を変化させた時の適合率と再現率の値を取得」することです。実装はコード 4-4-12 になります。

```python
# ライブラリの導入
from sklearn.metrics import precision_recall_curve
# 適合率、再現率、閾値の取得
precision, recall, thresholds = precision_recall_curve(
    y_test, y_proba1)
# 結果をデータフレームにする
df_pr = pd.DataFrame([thresholds, precision, recall]).T
df_pr.columns = ['閾値', '適合率', '再現率']
# 閾値 0.5 の周辺を表示
display(df_pr[52:122:10])
```

	閾値	適合率	再現率
52	0.1473	0.7901	0.9412
62	0.2027	0.8310	0.8676
72	0.3371	0.9344	0.8382
82	0.5347	0.9608	0.7206
92	0.7763	0.9756	0.5882
102	0.9025	1.0000	0.4559
112	0.9829	1.0000	0.3088

→ コード 4-4-6 の結果と一致

コード 4-4-12　PR 曲線用配列の生成

　scikit-learn の precision_recall_curve 関数は、正解データ y_test と予測の確率値 y_proba1 を引数に、適合率、再現率とその時の閾値の配列を同時に戻してくれます。このコードでは、その結果をデータフレーム化した後、T というプロパティで転置行列[7]化し、さらに列タイトルを追加しています。

　結果については、閾値 0.5 の時を含む行を 10 行刻みで抽出し、display 関数で表示しました。82 行目がちょうど閾値が 0.5 の時です。この時の適合率 0.9608

----

[7] 行と列をすべて入れ替えた行列のことを転置行列と呼びます。

と再現率 0.7206 はコード 4-4-6 で調べた結果と一致しています。閾値をこの値より大きくすると、再現率は小さくなり、適合率は増加傾向にあることがわかります（検証データの内容によってはそうならないこともあります）。

　これで PR 曲線を描画するための準備は整いました。次のコード 4-4-13 が描画の実装となります。

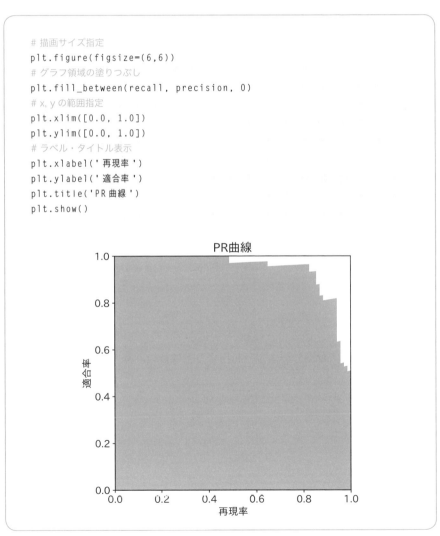

```python
# 描画サイズ指定
plt.figure(figsize=(6,6))
# グラフ領域の塗りつぶし
plt.fill_between(recall, precision, 0)
# x, y の範囲指定
plt.xlim([0.0, 1.0])
plt.ylim([0.0, 1.0])
# ラベル・タイトル表示
plt.xlabel('再現率')
plt.ylabel('適合率')
plt.title('PR曲線')
plt.show()
```

コード 4-4-13　PR 曲線の描画

通常だとグラフ描画には plot 関数を用いますが、今回はその代わりに fill_between 関数を利用しました。この関数はその名の通り、グラフ領域を塗りつぶして表示してくれる関数です。

上のグラフで重要なのは、塗りつぶされた領域の面積です。この面積が 1 に近いほど、モデルの精度が高いことが知られており、この面積の値がモデルの性能を示す指標の一つになるからです。

```
# PR 曲線下面積の計算
from sklearn.metrics import auc
pr_auc = auc(recall, precision)
print(f'PR 曲線下面積: {pr_auc:.4f}')

PR 曲線下面積: 0.9459
```

コード 4-4-14　PR 曲線の面積の計算

scikit-learn では、面積を計算する auc 関数 [8] も用意されているので、実際に試したのがコード 4-4-14 です。

計算結果は 0.9459 となりました。一般的に面積が 0.9 以上であればモデルとして性能が良いとされているので、このモデルは優秀といえます。

ROC 曲線

次に紹介する ROC[9] 曲線は、「閾値を変化させた時のモデルの変化をプロットする」という考え方は同じですが、利用する指標値の計算方法が違います。

---

[8] auc とは area under the curve の略です。
[9] ROC とは Receiver Operating Characteristic の略です。第 2 次大戦の時に米国のレーダーの研究から生まれた概念だそうです。

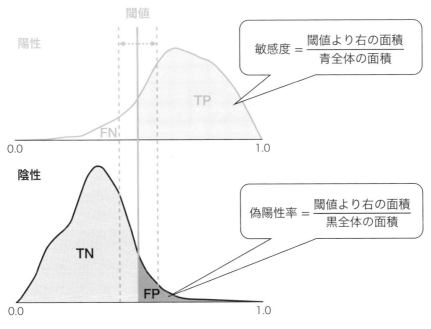

図 4-4-6　敏感度と偽陽性率

　図 4-4-6 を見てください。ここで「敏感度」と「偽陽性率」の二つの指標を定義します。正解データが陽性（青）と陰性（黒）の二つのグループにデータを分け、それぞれモデルの確率値を基に度数分布のグラフを作ります。この図の上の敏感度は、陽性のグラフの面積中で、閾値より大きな部分の割合に当たります。偽陽性率は陰性の中での同じ部分の割合です。これを計算式で示すと次の通りです（TP などについては表 4-4-2 を参照）。

$$敏感度 = \frac{\text{TP}}{\text{TP} + \text{FN}}$$

$$偽陽性率 = \frac{\text{FP}}{\text{FP} + \text{TN}}$$

　計算式を比べるとわかりますが、敏感度とは今までに扱った再現率とまったく同じものです[10]。閾値を変えると、敏感度、つまり再現率が変化することは、

PR 曲線を描く際にすでに確認しました。同じように、偽陽性率も変化していくことがわかると思います。PR 曲線の時と同様に、閾値を変化させながら、敏感度と偽陽性率の変化の様子をプロットしたものが、ROC 曲線ということになります。

　この曲線も実習を通じて確認していきましょう。最初のステップは PR 曲線の時と同様に、敏感度と偽陽性率の実際の変化を調べることです。実装はコード 4-4-15 になります。

```
# ROC 曲線用配列の生成

# ライブラリの導入
from sklearn.metrics import roc_curve

# 偽陽性率、敏感度と閾値の取得
fpr, tpr, thresholds = roc_curve(
    y_test, y_proba1,drop_intermediate=False)

# 結果をデータフレームにする
df_roc = pd.DataFrame([thresholds, fpr, tpr]).T
df_roc.columns = ['閾値', '偽陽性率', '敏感度']

# 閾値 0.5 の周辺を表示
display(df_roc[21:91:10])
```

	閾値	偽陽性率	敏感度
21	0.9829	0.0000	0.3088
31	0.9025	0.0000	0.4559
41	0.7763	0.0097	0.5882
51	0.5347	0.0194	0.7206
61	0.3371	0.0388	0.8382
71	0.2027	0.1165	0.8676
81	0.1473	0.1650	0.9412

コード 4-4-15　ROC 曲線用配列の生成

----

[10] 一つの数式に複数の名前がつくとはややこしい限りですが、機械学習の慣例なので、本書でもそれに従います。

ROC 曲線を描画するための roc_curve 関数が用意されていて、正解データ y_test とモデル出力の確率値 y_proba1 を引数にこの関数を呼び出して配列を作る点は、PR 曲線の時とまったく同じです。

「drop_intermediate=False」というパラメータを指定するところだけが違います。このパラメータを指定しない場合でも、結果の曲線は同じなのですが、閾値を変えても変化が見えない時に途中の閾値が省略されてしまいます。閾値の変化と結果の関係を詳しく見たいので、この設定をしました。

結果の表を見ると、今回の場合、閾値を下げるほど、偽陽性率と敏感度がともに増加したことがわかります。

これでグラフ描画の準備ができたので、いよいよ ROC 曲線を表示します。実装はコード 4-4-16 です。

```
# ROC 曲線の描画

# 描画サイズ指定
plt.figure(figsize=(6,6))

# 点線表示
plt.plot([0, 1], [0, 1], 'k--')

# グラフ領域の塗りつぶし
plt.fill_between(fpr, tpr, 0)

# x, y の範囲指定
plt.xlim([0.0, 1.0])
plt.ylim([0.0, 1.0])

# ラベル・タイトル表示
plt.xlabel('偽陽性率')
plt.ylabel('敏感度')
plt.title('ROC 曲線')
plt.show()
```

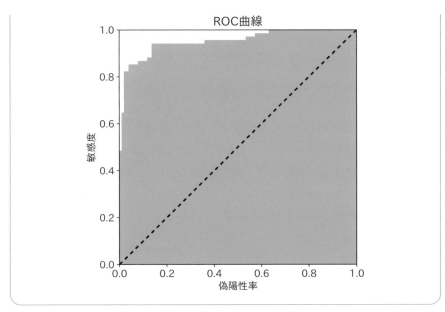

コード 4-4-16　ROC 曲線の描画

　今回は、グラフの中で点（0, 0）と点（1, 1）を結んだ点線も表示しています。この点線は、最悪ケースのモデルを示しています。モデルの予測結果が陽性と陰性の分類にまったく役に立たない場合、理論上 ROC 曲線はこの点線と同じになるのです。逆に、精度が 100％のモデルの場合は、ROC 曲線は点（0, 1）を通る形となり、正方形全体が塗りつぶされます。最悪 = 0.5、最善 = 1.0 の範囲の中で、塗りつぶされた領域の広さによりモデルの性能を調べられるのです。

　では、この面積の計算も実際にやってみましょう。実装はコード 4-4-17 になります。

```
# ROC 曲線下面積の計算
roc_auc = auc(fpr, tpr)
print(f'ROC 曲線下面積：{roc_auc:.4f}')

ROC 曲線下面積：0.9522
```

コード 4-4-17　ROC 曲線下面積の計算

　今回は 0.9522 という面積の値が出ました。一般的に、ROC 曲線下の面積の

値と、モデルの性能の間には、表4-4-6のような関係があるといわれています。この表に従うと、PR曲線の時と同様、ROC曲線でも今回のモデルは高性能と判断できそうです。

ROC曲線下面積	性能
0.9-1.0	高性能
0.7-0.9	中性能
0.5-0.7	低性能

表4-4-6　ROC曲線下面積の値とモデルの性能の関係

　最後にROC下面積とモデルの良さの関係を確認するため、3章の最後に作った乳がん疾患判定の改良版モデル（入力変数の数をオリジナルの30個にしたもの）で、ROC曲線を描画してみます。

　コードは今まで説明した話の繰り返しになるので、結果のみ示します。

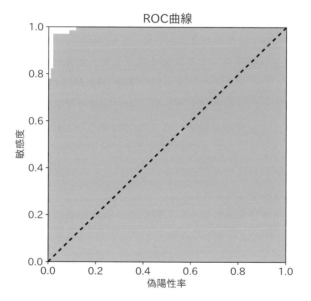

図4-4-7　高性能なモデルのROC曲線

```
# ROC AUC の計算
roc_auc = auc(fpr, tpr)
print(f'ROC 曲線下面積：{roc_auc:.4f}')

ROC 曲線下面積：0.9937
```

コード 4-4-18　高性能なモデルの ROC 面積値

　確かに先ほどと比較して曲線が正方形に近づき、面積値も 1 に近くなっていることがわかります。

入力項目の重要度

　今までは、「モデルがどの程度正確に予測ができるか」を調べるための様々な手法を説明してきました。本項で説明する**入力項目の重要度**というのは、それとはまったく異なる観点で、**「予測をするにあたってどの項目がどの程度関与しているか」**を調べる手法になります。

　例えば複数のセンサーデータを入力するとして、ある機械の故障を予測するモデルができたとします。もし、センサー B の出力が、故障予測モデルに最も関与していることがわかったら、センサー B に関連する部品が最も注意すべきものになります。その部品を改善することで故障が起きにくくなるかもしれません。このように、入力データ間の予測モデルへの関与度を知ることは、業務改善の施策の手がかりになることが多いのです。そのような知見を得ることが、この種の分析の目的となります。

　重要度は、アルゴリズムによって取得できる場合とできない場合があります。4.3 節で紹介したアルゴリズムのうち、ロジスティック回帰のように内部構造が 1 次関数になっているものは、1 次関数の係数が重要度に大きく影響します。アルゴリズムの一覧を示した表 4-3-1 のうち、「決定木型」と呼ばれる種類のアルゴリズムでは、モデルの内部変数[11] を調べることで重要度を調査できます。本項では、この決定木型アルゴリズムの代表としてランダムフォレストを取りあ

---

[11] もう一歩先の議論としてこの内部変数はどのように設定されているかということがありますが、おおまかにいうと、どの変数が何回判断に使われているかが基準になっています。

164

げ、その場合の重要度を実習で確認していきます。

　重要度の調査をするには、対象の機械学習モデルを作る必要があります。その実装が次のコード 4-4-19 です。

```
# ランダムフォレストのモデルを作るまで

# サンプルデータの読み込み
import seaborn as sns
df_iris = sns.load_dataset("iris")
columns_i = ['がく片長', 'がく片幅', '花弁長', '花弁幅', '種別']
df_iris.columns = columns_i

# 入力データ x
x = df_iris[['がく片長', 'がく片幅', '花弁長', '花弁幅']]

# 正解データ y
y = df_iris['種別']

# アルゴリズムの選択（ランダムフォレスト）
from sklearn.ensemble import RandomForestClassifier
algorithm = RandomForestClassifier(random_state=random_seed)

# 学習
algorithm.fit(x, y)

RandomForestClassifier(bootstrap=True, ccp_alpha=0.0, class_wei ⇗
ght=None,
    criterion='gini', max_depth=None, max_features='auto',
    max_leaf_nodes=None, max_samples=None,
    min_impurity_decrease=0.0, min_impurity_split=None,
    min_samples_leaf=1, min_samples_split=2,
    min_weight_fraction_leaf=0.0, n_estimators=100,
    n_jobs=None, oob_score=False, random_state=123,
    verbose=0, warm_start=False)
```

コード 4-4-19　ランダムフォレストのモデルを作るまで

　コード 4-4-19 では最短コースの機械学習モデルを作っています。「アイリス・データセット」を読み込み、訓練データと検証データへの分割も省略して全学

習データを利用して、ランダムフォレストのモデルを作りました。

準備が整ったので、次に各項目の重要度を調べます。実装はコード 4-4-20 です。

```python
# 重要度ベクトルの取得
importances = algorithm.feature_importances_

# 項目名をキーに Series を生成
w = pd.Series(importances, index=x.columns)

# 値の大きい順にソート
u = w.sort_values(ascending=False)

# 結果確認
print(u)

花弁長      0.4611
花弁幅      0.4257
がく片長    0.0874
がく片幅    0.0257
dtype: float64
```

コード 4-4-20　各入力項目の重要度を調べる

重要度は、feature_importances_ という属性名で取得できます。この一覧を、項目名をキーに Series 変数にセットし、大きい順にソートするとリストができ、それを表示したのが上の結果です。

次に今取得した重要度の項目別リストをグラフで表示してみましょう。実装はコード 4-4-21 です。

```
# 重要度の棒グラフ表示

# 棒グラフ表示
plt.bar(range(len(u)), u, color='b', align='center')

# 項目名表示（90度回転）
plt.xticks(range(len(u)), u.index, rotation=90)

# タイトル表示
plt.title('入力変数の重要度')

plt.show()
```

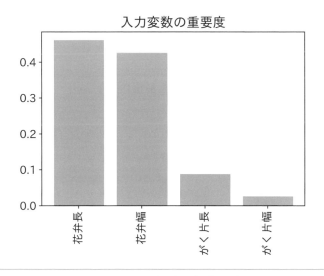

コード 4-4-21　重要度の棒グラフ表示

　グラフを見ると、このアルゴリズムでは「花弁長」が最も重視され、逆に「がく片幅」はほとんど予測に寄与していないことがわかります。

　参考までに、同じことを決定木とXGBoostに対して行った結果についてグラフのみ示します（コードはサンプルNotebookに含まれています）。

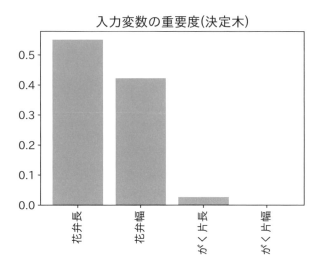

図 4-4-8　決定木による重要度分析結果

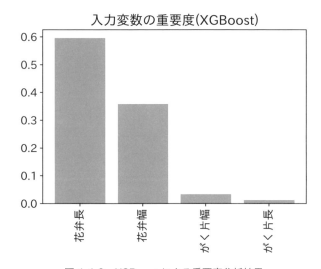

図 4-4-9　XGBoost による重要度分析結果

コード 4-4-21 の結果と図 4-4-8、図 4-4-9 を見比べるとすべてのモデルに共通で

・花弁長、花弁幅がこの順で重視されている

・がく片幅とがく片長はほとんど判断に利用されていない

という結果になりました。この結果から、今回の学習データの場合「**ほとんどの判断は花弁長と花弁幅で行われている**」と結論付けられます。

　入力項目の重要度分析は、ユースケースによってはモデルの精度自体より重要な場合があります。例えば、商品の欠陥や機器の故障を予測するモデルを作ったとします。このモデルの重要度を分析すると、欠陥や故障の原因を推測でき、どこにコストをかけると品質が改善するかの手がかりになるのです。

　5章の5.1節と5.2節で、重要度分析の一例を紹介します。

4.4.6　回帰のモデルの評価方法

　今まで、「分類」という処理パターンを対象にいろいろな評価の方法を見てきました。もう一つの代表的な「教師あり学習」の処理パターンである「回帰」に関してはどのような評価方法があるのでしょうか？ 本項では、そのテーマについて解説していきます。

分類と回帰のモデルの違い

　本題に入る前に、そもそも分類と回帰のモデルは何が違っていたのか、確認してみましょう。図4-4-10に違いを示しました。

図 4-4-10　分類と回帰のモデルの違い（次ページに続く）

回帰のモデル（数値）

入力

年
月
曜日
休日
：

天気
降水量

モデル

出力（数値）

自転車貸し出し数

図 4-4-10　分類と回帰のモデルの違い（前ページからの続き）

　図 4-4-10 の一つめが一番よく利用される分類である 2 値分類のモデル、二つめが回帰のモデルです。入力の方はまったく同じで、出力が「0 または 1 という決まった値を取る」（分類）か「数値を取る」（回帰）かで違います。

回帰の評価の難しさ

　最初に回帰の評価で難しい点について説明します。分類の場合、結局のところ結果は「あっている」か「はずれている」かの 2 通りでした。いろいろな観点はあるにせよ、正解データも予測結果も 1 か 0 かのどちらかなので、いろいろな種類の「割合」を簡単に計算できました。

　しかし、回帰は「値」を予測する処理パターンなので、このような簡単な割り切りはできず、「正解データと予測結果の差を評価する」必要が出てきます。そして、差の平均値を評価する場合、そもそもの予測結果がどの程度の大きさかも考慮に入れないと、その値が良いものであるかどうかも判断できません。例として、「人間の身長を予測するモデル」と「アリの体長を予測するモデル」を考えてみましょう。モデルの平均誤差が 1cm だった時、人間の身長が対象なら相当高性能ですが、アリの体長だと実用上役に立たないでしょう。

　これから紹介する「**決定係数**」（R^2 値）は、予測結果の大きさを気にせずに使える、回帰では代表的な評価値です。まずは、この評価値の使い方に慣れてから、より高度な評価値を用いるのがよいでしょう。

決定係数

　決定係数は、予測結果と正解データがすべてのデータでぴったり一致する理

想的な予測結果の場合、1になるような評価値です。どの入力データでも予測結果が同じになる「何もしないモデル」の場合、その値は0になります。通常が1から0の値を取り[12]、1に近いほどモデルの性能が高いことを示します。

決定係数の計算式に関してはやや複雑で、本書の範囲を超えるので省略します。関心ある読者は、他の専門書を参考にしてください。

本項では、深い話には触れず、ライブラリの使い方と、どの程度の性能でどの程度の決定係数になるのかの感覚をつかむ目的で以降の実習を行います。

実習Notebookの本項用コードでは、「ボストン・データセット」と呼ばれる回帰のモデル作成でよく使われるデータセットを用いて、次の2種類のモデルで学習・予測までを行っています。

algorithm1:「ボストン・データセット」の入力項目のうち、特定の項目（RM）のみを用いて学習・予測を実施。予測結果をy_pred1として取得。
algorithm2:「ボストン・データセット」の全13入力項目を用いて学習・予測を実施。予測結果をy_pred2として取得。

本節の本題からはずれますし、回帰の実装についてもまだ解説していませんので、ここまでの実装の説明は省略します。

最終的に正解データ（y）、予測結果1（y_pred1）、予測結果2（y_pred2）の一部を表示している時点（コード4-4-22）から説明を始めます。

```
# 結果確認
print(f'y[:5] {y[:5]}')
print(f'y_pred1[:5] {y_pred1[:5]}')
print(f'y_pred2[:5] {y_pred2[:5]}')

y[:5] [24.   21.6 34.7 33.4 36.2]
y_pred1[:5] [25.438  20.3028 33.6333 31.4608 33.9829]
y_pred2[:5] [26.6479 22.2483 34.0721 34.315  35.4908]
```

コード4-4-22　正解データと予測結果の内容表示

---

[12] 状況次第では負の値となることもありえます。

コード4-4-22では、正解データ y と予測結果 y_pred1 および y_pred2 の一部の値を表示しています。今まで実習でやってきた分類との唯一の違いは、正解データが 24 あるいは 21.6 といった、数値データになっている点です。分類のモデルでは y の値は 0 または 1 という決められた値のみでした。

予測 y_ptred1 と y_pred2 にも、正解データに対応して数値データが出力されていることがわかると思います。これから、この二つの予測結果が正解データにどの程度近いかを調べていくことになります。

評価方法としては、次の二つの方法を用いることにします。

一つは、x 軸に正解データ、y 軸を予測結果とした散布図を描画する方法です。すべての予測結果が正解データにぴったり一致した理想的な結果の場合、散布図のすべての点は y=x の直線上にのるはずです。逆に、この直線から個々の点がどの程度離れているかを見ることで、視覚的にモデルの性能がわかるはずです。

もう一つは、先ほど説明した「決定係数」を算出して、その値を基に判断する方法になります。

散布図による確認方法

最初に散布図による確認方法を実習します。この方法を用いる場合に重要なのは、散布図上に y=x のグラフを補助線として描画することです。個々の点がこの線にどの程度近いかが、モデルの性能の判断基準になるからです。そこで補助線を引くための準備として正解データ y の最大値と最小値を調べ、NumPy形式で y_range に保存することにします。実装はコード4-4-23になります。

```
# y の最大値と最小値の計算
y_range = np.array([y.min(), y.max()])

# 結果確認
print(y_range)

[ 5. 50.]
```

コード 4-4-23　正解データの最大値と最小値の確認

この準備ができたら、散布図と補助線を同時に描画します。最初は 1 入力変

数で予測した結果である y_pred1 に対して描画してみましょう。実装と結果は
コード 4-4-24 になります。

```python
# 散布図による結果確認（1 入力変数）

# 描画サイズ指定
plt.figure(figsize=(6,6))

# 散布図
plt.scatter(y, y_pred1)

# 正解データ＝予測結果の直線
plt.plot(y_range, y_range, 'k--')

# ラベル・タイトル
plt.xlabel(' 正解データ ')
plt.ylabel(' 予測結果 ')
plt.title(' 正解データと予測結果の散布図表示 (1 入力変数 )')

plt.show()
```

コード 4-4-24　正解データと予測結果の散布図表示（1 入力変数）

173

点線に近いところにある点が多く、ある程度正しい予測はできていそうな感じです。参考までに、13 入力変数を用いたもう一つの予測結果も散布図で表示してみます。こちらは、結果のみ図 4-4-11 に示します。

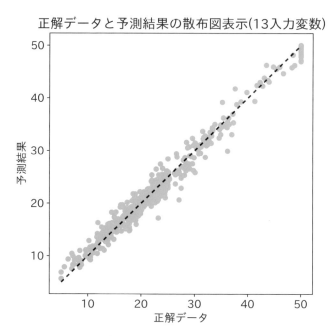

図 4-4-11　正解データと予測結果の散布図表示（13 入力変数）

　1 入力変数を用いた前の散布図と比較すると、ほとんどの点が、補助線の点線のすぐ近くにあり、かなり性能が良さそうなことがわかります。このことを、決定係数を計算して実際に確認してみます。

決定係数による確認方法

　決定係数も、他の指標と同様に scikit-learn のライブラリで簡単に計算できます。今回は、コードも短いので、次のコード 4-4-25 に、y_pred1 と y_pred2 の両パターンの結果を一気に示します。

```
# r2 score の計算（1入力変数）
from sklearn.metrics import r2_score
r2_score1 = r2_score(y, y_pred1)
print(f'R2 score(1入力変数): {r2_score1:.4f}')

R2 score(1入力変数): 0.7424

# r2 score の計算（13入力変数）
r2_score2 = r2_score(y, y_pred2)
print(f'R2 score(13入力変数): {r2_score2:.4f}')

R2 score(13入力変数): 0.9720
```

コード 4-4-25　決定係数による回帰のモデル評価

　決定係数（R^2値）は最初のケースで 0.7424、2番目のケースで 0.9720 でした。それぞれ、散布図の結果と比較すると妥当な値といえるでしょう。特に二つめは相当良いモデルができたと考えられます。

　なお、回帰の評価指標としては、本項で説明した決定係数の他に、MAPE（平均絶対誤差率）や RMSE(Root Mean Square Error)、MAE(Mean Absolute Error)といった手法もあります。ただ、利用方法も難しいので、本書では解説しません。関心のある読者は他の専門書を参考にしてください。

4.5 チューニング

本章最後のトピックはチューニングです。ここまでの話で、AI（機械学習モデル）で100%の精度は出ないことはわかったと思います。一方で、作ったモデルの精度の良さが、AIによる業務改善の度合いに直結することも理解できたでしょう。モデルの精度を上げるためのタスクが、本節で取りあげるチューニングになります。チューニングもそれぞれの処理パターンに応じた技術があるのですが、本節では今までと同様、分類の処理パターンに対象を絞って解説します。

このタスクはデータサイエンティストの仕事の内容そのものといってもよいタスクで、1冊の本でもすべてを書き切れないくらい奥の深い世界です。本節では、その基本的な部分を紹介します。重要なポイントを簡潔にまとめたので、ここに書かれていることを理解し実践するだけで、モデルの精度は格段に違ってくるはずです。そして、本節で得られた知見を、より深い世界に広げるための足がかりとしてください。

項	カテゴリ	内容
4.5.1	対象	アルゴリズム選択
4.5.2		ハイパーパラメータ最適化
4.5.3	方法	交差検定法
4.5.4		グリッドサーチ
4.5.5	-	その他のチューニング手法

表 4-5-1　本節の内容

表4-5-1に本節で説明する内容をまとめました。チューニングに関しては「何をチューニングするのか」（対象）という話と、「どのようにチューニングするのか」（方法）の話に分けられます。表4-5-1では、個々のチューニングタスクが、どちらに該当するのかを整理してあります。

　　アルゴリズムの選択

　今までの実習を通じて、機械学習では同一の処理パターンを実現する様々な
アルゴリズムが存在し、またアルゴリズムにより精度が異なることがわかった
と思います。そこで、チューニングの最初のステップは**適切なアルゴリズムの
選択**となります。経験を積んでくると、入力データの性質や要件から向いてい
るアルゴリズムの当たりを付けられるようになってきますが、誰にでもできて
わかりやすいのは、同じ学習データに対して、複数のアルゴリズム候補を横並
びにしてモデルを作り、精度を比較する方法です。

　それでは、このテーマで実習を始めましょう。いつものようにサンプルデー
タを読み込んだ後で、具体的な実装を始めます。

サンプルデータの読み込み

　本節の実習では、3章で用いた「乳がん疾患データ」を利用します。データは、
訓練データ90%、検証データ10%の比率で分割することとします。データ準
備のための実装はコード4-5-1、4-5-2の通りです。すべて解説済みなので、説
明は省略します。

```python
# サンプルデータの読み込み
# (乳がん疾患データ)

# データのロード
from sklearn.datasets import load_breast_cancer
cancer = load_breast_cancer()

# 入力データ：x (30次元)
# 正解データ：y
x = cancer.data
y = cancer.target
```

コード 4-5-1　サンプルデータの読み込み

```
# サンプルデータの分割

# データ分割のパラメータ
test_size = 0.1

# データ分割
from sklearn.model_selection import train_test_split
x_train, x_test, y_train, y_test = train_test_split(x, y,
    test_size=test_size, random_state=random_seed,
    stratify=y)

# 分割後サイズ確認
print(x.shape)
print(x_train.shape)
print(x_test.shape)

(569, 30)
(512, 30)
(57, 30)
```

コード 4-5-2　サンプルデータの分割

複数アルゴリズムのリストを作成

　データの準備ができたので、比較する複数のアルゴリズムのリストを作成します。実装はコード 4-5-3 です。

```
# 複数アルゴリズムで精度を比較
# 結果が同じになるよう random_state は同一にする

# 線形回帰
from sklearn.linear_model import LogisticRegression
algorithm1 = LogisticRegression(random_state=random_seed)

# サポートベクターマシン（カーネル）
from sklearn.svm import SVC
algorithm2 = SVC(kernel='rbf', random_state=random_seed)
```

```
# 決定木
from sklearn.tree import DecisionTreeClassifier
algorithm3 = DecisionTreeClassifier(random_state=random_seed)

# ランダムフォレスト
from sklearn.ensemble import RandomForestClassifier
algorithm4 = RandomForestClassifier(random_state=random_seed)

# XGBoost
from xgboost import XGBClassifier
algorithm5 = XGBClassifier(random_state=random_seed)

# アルゴリズムのリスト作成
algorithms = [algorithm1, algorithm2, algorithm3, algorithm4,
    algorithm5]
```

コード 4-5-3　複数アルゴリズムのリスト作成

　コード 4-5-3 では、比較するアルゴリズムをそれぞれ初期化し、最後に結果をリストに代入しています。アルゴリズム初期化時のパラメータはほとんどデフォルトですが、結果が紙面と同一になるよう、random_state だけは指定するようにしています[1]。

精度比較

　次に、今用意した複数のアルゴリズムに対して、同じデータを使って学習、予測をし、精度を比較します。実装はコード 4-5-4 です。

---

[1] random_state に関しくは 3.3.5 項で説明しました。乱数の種の値をそろえて結果を紙面と合わせるための手段となります。

```
# 複数アルゴリズムで精度比較
for algorithm in algorithms:

    # 訓練データで学習
    algorithm.fit(x_train, y_train)

    # 検証データで精度測定
    score = algorithm.score(x_test, y_test)

    # アルゴリズム名取得
    name = algorithm.__class__.__name__

    # 精度とアルゴリズム名表示
    print(f'score: {score:.4f}  {name}')

score: 0.9474  LogisticRegression
score: 0.8947  SVC
score: 0.9474  DecisionTreeClassifier
score: 0.9298  RandomForestClassifier
score: 0.9825  XGBClassifier
```

コード 4-5-4　複数アルゴリズム間の精度比較

　上のリストの中で、algorithm.__class__.__name__ というコードが見慣れないと思いますが、アルゴリズムから名称を取得するためのおまじないと思ってください。

　この結果だけ見ると、以下のことがわかります。

・サポートベクターマシンは精度が悪い
・XGBoost は精度が良く検証データに対して 98.25% となっている
・他の三つの候補は似たり寄ったりだが、ロジスティック回帰（Logistic Regression）と決定木（DecisionTreeClassifier）の精度がランダムフォレスト（RandomForestClassifier）よりは良い。

　この見た目の結論が本当に正しいかについては、本節を最後まで読み進めるとわかることになります。

4.5.2　ハイパーパラメータの最適化

チューニングの次のステップは、「**ハイパーパラメータ**」と呼ばれる、各アルゴリズムが持っているパラメータの最適化です。その実際のイメージをわかりやすく経験するため、（実用上の意味はあまりないのですが）今回のテストで一番精度の悪かったサポートベクターマシン（カーネル）が、パラメータのチューニングでどこまで精度が良くなるかを試してみることにします。天下り的に説明すると、サポートベクターマシン（カーネル）の場合、特にパフォーマンスに大きく影響するパラメータは gamma と C になります。最初に gamma の最適値を求め、次に C に最適値を求めてみることにします。

まず、サポートベクターマシン（カーネル）のデフォルトのパラメータ値を print 関数で調べます。実装はコード 4-5-5 です。

```
# デフォルトパラメータの確認
algorithm = SVC(kernel='rbf', random_state=random_seed)
print(algorithm)

SVC(C=1.0, break_ties=False, cache_size=200, class_weight=None,
coef0=0.0,
    decision_function_shape='ovr', degree=3, gamma='scale', ker
nel='rbf',
    max_iter=-1, probability=False, random_state=123, shrinking
=True, tol=0.001,
    verbose=False)
```

コード 4-5-5　サポートベクターマシン（カーネル）のデフォルトパラメータ値

gamma については 'scale' が、C については 1.0 が設定されていることがわかります。scale は、ライブラリ側で最適値を自動で決めるための設定です。

最初に gamma について最適な値を求めてみましょう。コード 4-5-6 がその実装です。

```
# gamma の最適化
gammas = [1, 0.1, 0.01, 0.001, 0.0001, 0.00001]

for gamma in gammas:
    algorithm = SVC(kernel='rbf', gamma = gamma,
        random_state=random_seed)
    algorithm.fit(x_train, y_train)
    score = algorithm.score(x_test, y_test)
    print(f'score: {score:.4f}  gamma: {gamma}')

score: 0.6316  gamma: 1
score: 0.6316  gamma: 0.1
score: 0.6316  gamma: 0.01
score: 0.9474  gamma: 0.001
score: 0.9474  gamma: 0.0001
score: 0.9474  gamma: 1e-05
```

コード 4-5-6　サポートベクターマシンにおける gamma 値のチューニング

　gamma の値のチューニング方法としては、1 を出発点に、順に 1/10 倍して値を小さくし、最適な値を見つける形になります。今回は 0.001、0.0001、1e-05（0.00001 のこと）の時が最適であり、精度は 94.74% と随分良くなりました。ここでは 0.001 を採用することにします。

　次に今決めた gamma の値に対して最適な C の値を求めてみます。実装はコード 4-5-7 です。

```
# C の最適化
# gamma は先ほど調べた最適値 0.001 を採用

Cs = [1, 10, 100, 1000, 10000]
for C in Cs:
    algorithm = SVC(kernel='rbf',
        gamma=0.001, C=C,
        random_state=random_seed)
    algorithm.fit(x_train, y_train)
    score = algorithm.score(x_test, y_test)
    print(f'score: {score:.4f}  C: {C}')
```

```
score: 0.9474  C: 1
score: 0.9298  C: 10
score: 0.9298  C: 100
score: 0.9298  C: 1000
score: 0.9298  C: 10000
```

コード 4-5-7　サポートベクターマシンにおける C 値のチューニング

　C値に関しては、デフォルト値の 1 を出発点に、10 倍ずつしていって最適な
値を求めます。今回はデフォルト値の 1 が最適であることがわかりました。
　今回は、サポートベクターマシンを対象にしたので、gamma 値と C 値がチュー
ニング対象でした。アルゴリズムごとにこのようなパラメータが存在するので、
精度の変化を見ながらそれらのパラメータの最適な値を見つけるのが、ハイパー
パラメータのチューニングの基本的な考え方になります。

　「**何を**」モデルのチューニングでの対象とするのかという話は 4.5.2 節までで
理解できたと思います。次に「**どのように**」チューニングをするのかという方
法論を説明します。
　ここで重要な概念・手法としては「**交差検定法**」と「**グリッドサーチ**」があ
ります。この二つに関しては、ぜひ、目的・意味を含めて理解するようにして
ください。

4.5.3　交差検定法

　最初に 5 種のアルゴリズムを比較したコード 4-5-4 の結果を思い出してくだ
さい。この時、XGBoost の精度が一番良いという、仮の結論を出しましたが、
実はこの結論は正確ではありません。モデルの精度は、検証データに大きく依
存します。ある検証データに対してたまたま良い精度を出したアルゴリズムで
あっても、乱数の種の値を変えて別の検証データに変更すると、あまり精度が
出ない可能性があるのです。検証データのバラツキに依存することなく、精度
を評価できないものでしょうか？
　このような問題に対応するために考えられたのが**交差検定法（cross
validation）**と呼ばれる手法になります。

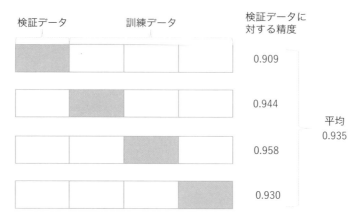

図 4-5-1　交差検定法の考え方

　図 4-5-1 が交差検定法の考え方です。交差検定法では、学習データ全体に対して最初に分割数（cv）を定めます。示した図では cv=4 になっています。この値に応じて、学習データを均等に分割し、それぞれ一つのグループのみを検証用に、残りのグループを訓練用にして学習、評価をします。その結果、cv の数と同じだけの検証データに対する精度値が得られます。この精度値の平均を出すことにより、モデルの平均的な精度が求められます。これで検証データの偏りを気にすることなく、全体的な精度を評価できることになります。

　これからの実習では、最初に（コード 4.5.2 で）分割した検証データ（全体の 90％のデータが含まれているもの）を対象に、cv=3 で分割して、各アルゴリズムを評価することにします。

　コード 4-5-8 が、実際の交差検定の実装です。

```
# 特定のアルゴリズムに対して交差検定を実施

# アルゴリズムの定義
algorithm = SVC(kernel='rbf',random_state=random_seed,
    gamma=0.001, C=1)

# 分割時に正解データの分布が偏らないように StratifiedKFold を利用
from sklearn.model_selection import StratifiedKFold
stratifiedkfold = StratifiedKFold(n_splits=3)

# 交差検定の実施（分割数＝3）
from sklearn.model_selection import cross_val_score
scores = cross_val_score(algorithm , x_train, y_train,
    cv=stratifiedkfold)

# 平均値の計算
mean = scores.mean()

# 結果表示
print(f' 平均スコア：{mean:.4f}　個別スコア：{scores}')

平均スコア：0.9141　個別スコア：[0.8889 0.9181 0.9353]
```

コード 4-5-8　特定のアルゴリズムに対する交差検定

　scikit-learn では cross_val_score 関数が用意されていて、引数に、アルゴ
リズム、x、y、分割数 cv を指定すると、後は自動的に交差検定をしてくれ
ます。cv には 3 のような数字を直接指定してもよいのですが、今回は正解
データの分布に偏りが出ないよう（良性と悪性の割合がほぼ均等になるよう）、
StratifiedKFold という機能を経由して 3 という値を指定しました。

　交差検定の結果は、分割数と同じ要素数の NumPy 配列で返ってきます。三
つのスコアの平均値を mean 関数で求めて、その結果もあわせて表示するよう
にしました。

　このサンプルでは、先ほどパラメータの最適化という形でチューニング済み
のサポートベクターマシン（gamma=0.001、C=1）を対象にしました。3 回の
試行で精度のバラツキはありますが、平均で 91.41％とまずまずの精度が出て
いることがわかります。

交差検定の本来の目的は、アルゴリズム選択やパラメータチューニングでの最適な条件を求めるケースです。実際に交差検定を用いて最適なアルゴリズムを選択してみましょう。

その準備として、4.5.1 項の時と同様に候補のアルゴリズムのリストを作ります。具体的な実装はコード 4-5-9 です。

```python
# 候補アルゴリズムのリスト作成

from sklearn.linear_model import LogisticRegression
algorithm1 = LogisticRegression(random_state=random_seed)

from sklearn.svm import SVC
algorithm2 = SVC(kernel='rbf',random_state=random_seed,
    gamma=0.001, C=1)

from sklearn.tree import DecisionTreeClassifier
algorithm3 = DecisionTreeClassifier(random_state=random_seed)

from sklearn.ensemble import RandomForestClassifier
algorithm4 = RandomForestClassifier(random_state=random_seed)

from xgboost import XGBClassifier
algorithm5 = XGBClassifier(random_state=random_seed)

algorithms = [algorithm1, algorithm2, algorithm3, algorithm4,
    algorithm5]
```

コード 4-5-9 候補アルゴリズムのリスト作成

コード 4-5-9 は、前回のコード 4-5-3 とほぼ同じですが、サポートベクターマシンについては、最適なパラメータ値がわかったのでその値を設定しています。

これで準備ができたので、いよいよ交差検定法を用いて最適なアルゴリズムを見つけます。実装はコード 4-5-10 になります。

```
# 複数アルゴリズムで精度を比較

# 分割時に正解データの分布が偏らないように StratifiedKFold を利用
from sklearn.model_selection import StratifiedKFold
stratifiedkfold = StratifiedKFold(n_splits=3)

from sklearn.model_selection import cross_val_score
for algorithm in algorithms:
    # 交差検定法の実行
    scores = cross_val_score(algorithm , x_train, y_train,
        cv=stratifiedkfold)
    score = scores.mean()
    name = algorithm.__class__.__name__
    print(f' 平均スコア: {score:.4f}  個別スコア: {scores}  {name}')

平均スコア: 0.9453  個別スコア: [0.9357 0.9474 0.9529]  LogisticReg⬎
ression
平均スコア: 0.9141  個別スコア: [0.8889 0.9181 0.9353]  SVC
平均スコア: 0.9062  個別スコア: [0.8713 0.9415 0.9059]  DecisionTre⬎
eClassifier
平均スコア: 0.9629  個別スコア: [0.9649 0.9591 0.9647]  RandomFores⬎
tClassifier
平均スコア: 0.9590  個別スコア: [0.9591 0.9649 0.9529]  XGBClassifier
```

コード 4-5-10　交差検定法でアルゴリズム間の精度の比較

　交差検定法をする cross_val_score 関数の呼び出し方は、前と同じなので説明を省略します。

　今回は、3回の平均値で見た場合、コード 4-5-4 の時はあまり精度が良くなかったランダムフォレスト（RandomForestClassifier）が一番良いという結果になりました。逆に前回2番目に精度の良かった決定木（DecisionTreeClassifier）が一番悪くなりました。

　この結論は、一般的に知られているアルゴリズム間の精度比較結果と合っていて妥当と考えられます。同時に、コード 4-5-4 の実行結果を基に出した仮の結論は、その時の検証データに偏りがあったため、あまり汎用的な結論ではなかったこともわかります。以上が、チューニング実施時に交差検定法をよく用いる理由です。

4.5.4 グリッドサーチ

4.5.2項では、サポートベクターマシンのgammaとCというパラメータについて、2回に分けて最適値を調べました。しかし、この方法で本当に最適なパラメータ値が見つかったのでしょうか？

実はあの方法では見つからない特定のパラメータ値の組み合わせが最適である可能性があります。それを厳密に調べる方法がこれから紹介する**グリッドサーチ**になります。

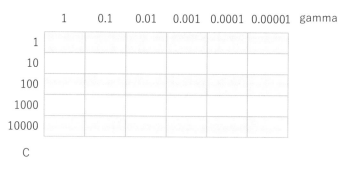

図4-5-2　グリッドサーチの概念図

図4-5-2がグリッドサーチの概念図です。サポートベクターマシンには、重要なパラメータとしてgammaとCの二つがあります。一つずつ最適なパラメータ値を決めるのでなく、本当は図4-5-2のすべての組み合わせ（30通り）で精度を調べないと最適な組み合わせを見つけられないはずです。このように複数のチューニングパラメータがある時に、可能なすべての組み合わせをしらみつぶしに調べる手法をグリッドサーチと呼びます[2]。

今回も早速例題で確認をしてみましょう。グリッドサーチの実装をコード4-5-11に示しました。今回もサポートベクターマシンを題材にしています。

---

[2]「グリッド」とは「格子」という意味なので、グリッドサーチは「格子状にしらみつぶしに調べる」ということになります。

```
# グリッドサーチに交差検定を組み合わせて最適なパラメータを探索
params = {
      'C':[1, 10, 100, 1000, 10000],
      'gamma':[1, 0.1, 0.01, 0.001, 0.0001, 0.00001]
}
algorithm = SVC(random_state=random_seed)

from sklearn.model_selection import StratifiedKFold
stratifiedkfold = StratifiedKFold(n_splits=3)

from sklearn.model_selection import GridSearchCV
gs = GridSearchCV(algorithm, params, cv=stratifiedkfold)
gs.fit(x_train, y_train)

# ベストのモデルを取得し検証データを分類
best = gs.best_estimator_
best_pred = best.predict(x_test)
print(best)

SVC(C=1000, break_ties=False, cache_size=200, class_weight=Non ⇲
e, coef0=0.0,
    decision_function_shape='ovr', degree=3, gamma=1e-05, kerne ⇲
l='rbf',
    max_iter=-1, probability=False, random_state=123, shrinking ⇲
=True, tol=0.001,
    verbose=False)
```

コード 4-5-11　グリッドサーチによる最適パラメータの探索

　ここでは、グリッドサーチだけでなく、先ほど説明した交差検定法も組み合わせて利用してます。scikit-learn の GridSearchCV 関数が、まさにそのための関数です。

　このコードで重要なのが params の変数定義です。ここでは、チューニングパラメータ名と、その候補値のリストを辞書形式で定義しています。このような形で変数を定義するだけで、図4-5-2 で示したすべてのパラメータの組み合わせについて、モデルの精度を調べてくれるのです。

　大変便利な機能ですが、しらみつぶしに調べる点は変わりありません。あまりに多くのチューニングパラメータを同時に指定すると、組み合わせの数が多

くなりすぎて、いつまでたっても答えが得られない状況になるので注意してください。

　GirdSearchCV の変数 gs は、通常のモデル同様に fit 関数を持っていて、この関数を呼び出すと、すべてのパラメータの組み合わせで学習・評価をしてくれます。最適なアルゴリズムは best_estimator_ という属性に保存されています。このアルゴリズムに対して predict 関数をかけると、最適なモデルでの予測結果が得られます。

　最適なモデルのパラメータを見ると、以前 2 回に分けて試した時には見つからなかった gamma=1e-05、C=1000 という値になっています。本当にこれが最適なのか、モデルの精度と、混同行列を表示して確認してみましょう。

　コード 4-5-12 がその実装と結果です。

```
# 精度の取得
score = best.score(x_test, y_test)
print(f'スコア: {score:.4f}')

# 混同行列を出力
from sklearn.metrics import confusion_matrix
print()
print('混同行列')
print(confusion_matrix(y_test, best_pred))

スコア: 0.9825

混同行列
[[20  1]
 [ 0 36]]
```

コード 4-5-12　グリッドサーチを利用して見つけた最適モデルの評価結果

　間違いは検証データの計 57 件中 1 件だけ、検証データ全体に対する精度も98.25％と高い精度になっていることがわかります。パラメータ値の候補をリストアップするだけで、後は Python が自動的に最適な組み合わせを見つけてくれるので、チューニング時に有効な手法だとわかると思います。

　今まで説明してきたのは、学習データは与えられたものとして、その先を工夫することで、モデルの精度を良くするアプローチでした。学習データのうち、特に入力データ自体に手を加えてモデルの精度を抜本的に良くするアプローチも存在し、こうしたタスクを総称して**「特徴量エンジニアリング」**と呼んでいます。4.2 節のデータ前処理で説明した、欠損値の処理、多値ラベルの One-Hot エンコーディング、正規化などもこの処理に入ります。

　より高度な処理としては、複数の入力項目を組み合わせて新しい項目を作り、その計算結果も入力項目の一つにする方法などがあります。例えばクレジットカード会社では、ポイントプログラムに入会して最初に 1 万ポイントを利用するまでの日数（顧客初動）が解約に強い影響を持つという事例があります。設備監視の IoT 分析でも、毎秒送られているデータそのものでなく、60 秒移動平均や前日同時刻との差などの変数を用意すると予測精度を向上できることが経験的に知られています。これらのタスクは本書の範囲を超えるので、具体的な実習は取りあげませんが、このようなチューニングのアプローチもあるという点は理解するようにしてください。

5章

業務要件と処理パターン

5.1 　営業成約予測（分類）
　　　コラム　欠陥・疾患判定モデルの実現について

5.2 　天候による売り上げ予測（回帰）

5.3 　季節などの周期性で売り上げ予測（時系列分析）
　　　コラム　「アイスクリーム購買予測」で時系列分析

5.4 　お薦め商品の提案（アソシエーション分析）
　　　コラム　「おむつとビール」の都市伝説

5.5 　顧客層に応じた販売戦略（クラスタリング、次元圧縮）

5章 業務要件と処理パターン

　4章を終えて、実業務に即したモデルを作るための準備は完了しました。本章は、いよいよ実際の例題に取り組むことになります。

章 - 節	タイトル	学習方式	処理パターン	技術ポイント
5-1	営業成約予測		分類	評価指標（適合率・再現率）の活用
5-2	天候による売り上げ予測	教師あり	回帰	XGBoost による回帰の実装
5-3	季節などの周期性で売り上げ予測		時系列分析	Prophet による時系列分析
5-4	お薦め商品の提案	教師なし	アソシエーション分析	アプリオリ分析
5-5	顧客層に応じた販売戦略		クラスタリング次元圧縮	クラスタリングと次元圧縮の組み合わせ

表 5-1　5 章で取りあげるテーマ一覧

　表 5-1 に本章で取りあげるテーマをまとめました。2 章で実際に AI プロジェクトを進めるためには、業務要件に対して**機械学習で実現可能な処理パターンをあてはめる**ことが重要だと解説しました。本章では、2 章で取りあげた 6 種類の処理パターンに対して、公開データセットを利用し、実際の Python プログラムを作りながら、モデル作成までの流れを説明します。本章を読み終わった読者は、自分が実現したい AI プロジェクトがどの処理パターンに該当するのか、そしてそれを実現するためにはどのような実装をすればよいか、イメージを持てるようになっているはずです。

5.1 営業成約予測（分類）

最初に取りあげるテーマは、営業成約予測です。顧客に営業活動をしたときに、顧客が実際に商品を購入するかどうかを予測するモデルを作ります。

5.1.1 処理パターンと想定される業務利用シーン

営業成約予測にあてはめる処理パターンは「分類」で、学習方式でいうと教師あり学習に該当します。

営業というのは、ほとんどすべての企業に存在している職種です。営業は人相手の仕事で、一見すると最も AI からかけ離れていそうですが、実は、データを基に分析すると成約確度の高い顧客を絞り込めて営業効率が上がるのです。この辺りのことは、優秀な営業担当者であれば、それこそ「カンと経験」でなんとなくできていたのかもしれません。そのノウハウを機械学習モデルで属人性なく汎用的に使えるようにすることが、本節の AI プロジェクトの目的になります。

このような業務利用シーンの場合、モデルが「成功の見込みあり」と予測した顧客に対して実際に営業活動をした場合、どの程度実際に成功するかの比率が重要です。この比率とは、4.4 節で説明した指標でいうと「適合率」に該当します。つまり、この利用シーンは、**分類の指標の中でも「適合率」が適切**といえます。

一方で、同じ営業成約を予測するような業務利用シーンでも「**再現率**」を併せて考慮すべき場合があります。例えば営業要員が十分にいて、モデルで絞り込んだ顧客だけだとアプローチする対象が足りない場合です。その場合、「成約できる潜在顧客のうち、どれだけ多くの割合にアプローチできるか」を意味する「再現率」も配慮すべきです。本節の事例では、後半の「チューニング」で、こうした場合の対応も実際に検討します。

本節で取り上げる「営業」という業務利用シーンが、機械学習に向いている隠れた理由が二つあります。

一つは**「正解データ」の入手**です。教師あり学習での最大の課題は、「正解データをどうやって得るか」です。この業務利用シーンの場合、営業がうまくいったか、いかなかったかは業務データとして記録されているのが通例です[1]。つまり、特別なシステムの変更なしに、業務データを加工するだけで、正確な正解データが自動的に得られるのです。

　もう一つは、営業という活動自体の成功率がそもそも低いという点です。元々の(営業の)成功率が10%のとき、機械学習の適用によって30%に向上できれば、それで大成功です。機械学習の適用を難しくする「決して100%の精度は望めない」という大きな制約が、営業ではほぼ問題にならないのです。

　こうした理由から「機械学習を最初に適用するなら営業がお薦め」と筆者は考えています。

　「営業成約予測」の応用問題として、次のような業務利用シーンも考えられます。ECサイトを運用しているある企業が、自社の特定の商品Aに対して販売を促進したいという方針を決定したとします。顧客属性を入力データとして、「商品Aを過去に購入した実績の有無」(目的変数)を予測したいとすれば、モデルを作れます。その際、今まで説明したような訓練データと検証データの分割をせず、全顧客データを使って学習・予測を同時に行うのです。するとモデルの予測結果として「商品A購入の可能性が極めて高い顧客リスト」が作成できます。この中には実際に商品Aを購入した顧客もいますが、そうでない顧客も含まれているはずです。後者のグループは、「現在のところ商品A未購入だが、購入するポテンシャルが極めて高い顧客」と考えられます。この顧客層に絞り込んで、商品Aに関する特別なキャンペーンを実施すると、非常に高い成功確率が見込まれます。

　分類という処理パターンをあてはめられそうな業務利用シーンは他にもあります。

　よく検討されるのは、工場の検査で欠陥品を見つける、病気の検査で悪性を見つける、といった検査を目的とした業務利用シーンです。しかし、そうした

---

[1] もし、まだこのデータを記録していないのなら、大至急記録を取り始めるようにしてください。ごくわずかの工数で、AIプロジェクト最大の課題である「正解データの作成」があっという間に実現できます。

業務利用シーンには、機械学習はなかなか適用しづらい面があります。具体的な理由は本節最後のコラムで説明します。また、本書のサポートサイトでは、この業務利用シーンに関する実習付きの解説「追加事例1　欠陥・疾患判定の自動化（2値分類、再現率）」も用意しているので、ぜひご覧ください。

　もう一つ、分類の処理パターンには、「多値分類」と呼ばれる予測結果が三つ以上のグループになるものもあります。多値分類は従来、実業務ではあまり利用されていませんでしたが、ディープラーニングの発達で、画像やテキストといったデータ（非構造化データ）を対象にしたモデルが徐々に利用されるようになってきています。多値分類についても、本書のサポートサイトで「追加事例2　画像による判別（多値分類）」として、手書き数字を認識するモデルの解説を実習付きで用意しています。こちらも併せてご覧ください。

5.1.2　例題のデータ説明とユースケース

　それでは、実習で用いるデータの説明に入りましょう。

　これから5章で取りあげる実習はすべて、題材のデータを公開データセットから取ってきています[2]。本節で取りあげるデータセットは「Bank Marketing Data Set」（銀行営業データセット）と呼ばれるものになります。公開ページの画面とURLを図5-1-1に示しました。

---

[2] 公開データセットについては3章最後のコラムを参照してください。

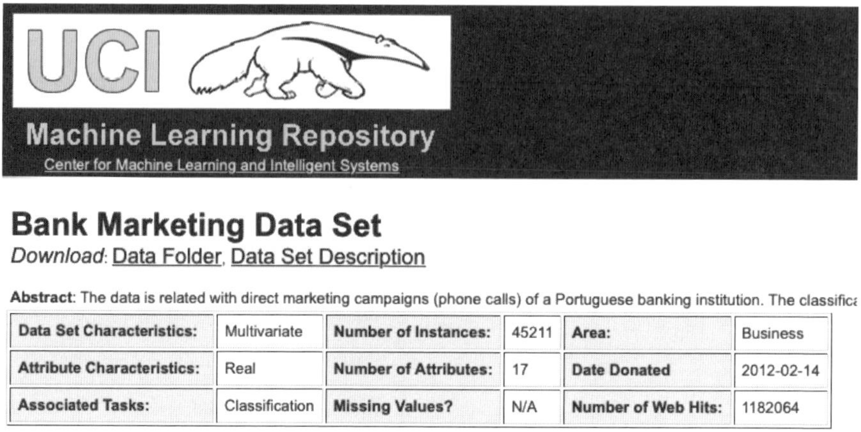
UCI
Machine Learning Repository
Center for Machine Learning and Intelligent Systems
Bank Marketing Data Set
Download: Data Folder, Data Set Description
Abstract: The data is related with direct marketing campaigns (phone calls) of a Portuguese banking institution. The classifica

Data Set Characteristics:	Multivariate	Number of Instances:	45211	Area:	Business
Attribute Characteristics:	Real	Number of Attributes:	17	Date Donated	2012-02-14
Associated Tasks:	Classification	Missing Values?	N/A	Number of Web Hits:	1182064

図 5-1-1　Bank Marketing Data Set の画面
「https://archive.ics.uci.edu/ml/datasets/Bank+Marketing」より。

このデータセットの入力変数と、目的変数（予測したいもの）は以下の通りです。

入力変数：

年齢、職業、婚姻、学歴、債務不履行、平均残高、住宅ローン、個人ローン、連絡手段、最終通話日、最終通話月、最後通話秒数、通話回数（販促中）、前回販促後経過日数、通話回数（販促前）、前回販促結果

目的変数：

今回販促結果

このデータセットは、実際の銀行でテレマーケティングをしている組織の営業結果を公開したものです。入力変数を見ればわかるように、顧客マスターにあるような顧客の属性（年齢や職業）と、顧客に対する営業記録に大別されます。営業記録は、回数のような項目もあるので、顧客マスターとは別の営業記録テーブルを集計して、その結果と顧客マスターを結合してこのデータが作られたのであろうと想像されます。このデータ集計イメージは1章で一度示していますが、改めて提示しておきます。

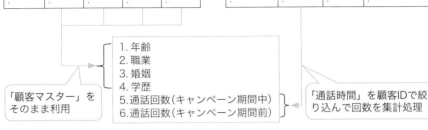

顧客マスター

顧客 ID	年齢	職業	婚姻	学歴
C1000	58	管理職	既婚	大学院
C1234	44	技術者	独身	大学
C1500	33	自営業	既婚	高校
C1999	20	学生	独身	大学
:	:	:	:	:

通話記録

日付	通話時間	顧客 ID	オペレーター ID
18-03-01	30	C1000	O1234
18-04-01	90	C1234	O1234
18-04-02	10	C1000	O2000
18-07-07	120	C1000	O3000
:	:	:	:

1. 年齢
2. 職業
3. 婚姻
4. 学歴
5. 通話回数（キャンペーン期間中）
6. 通話回数（キャンペーン期間前）

「顧客マスター」を
そのまま利用

「通話時間」を顧客IDで絞
り込んで回数を集計処理

図 5-1-2　学習データの集計イメージ（再掲）

業務要件と処理パターン

利用シナリオ

　モデルができ、ある程度の精度が出た段階で、どのような本番利用のシナリオが考えられるでしょうか？

　このユースケースに関しては、すぐに本番利用が可能で、その意味でも非常に実用的です。例えば、Jupyter Notebook 上でモデルに基づく「有望顧客リスト」ができたら、それをそのまま Excel ファイルに出力し[3]、営業担当者に配布すればよいでしょう。データが Excel になっていれば、営業担当者もその日から情報を活用できるはずです。

　精度の評価も容易です。モデルの「適合率」が、ランダムに対象顧客を選んだ場合の成功率と比較してどの程度高いかで、業務効率向上の度合いを容易に数値化できます。

5.1.3　モデルの概要

　今回のモデルの目的は、「今回販促結果」（これから実施する販促の結果）を予測することです（営業が成功した場合は「yes」、失敗した場合は「no」）。正解データはすべて記録として残っていて、学習データとして利用できます。1.3

---

[3] pandas では to_excel 関数があり、出力は簡単に Excel 化できます。

199

節で説明した**処理パターンのあてはめ**でいうと、教師あり学習の「**分類**」になります。モデルの動作イメージは2章でも紹介していますが、改めて示します。

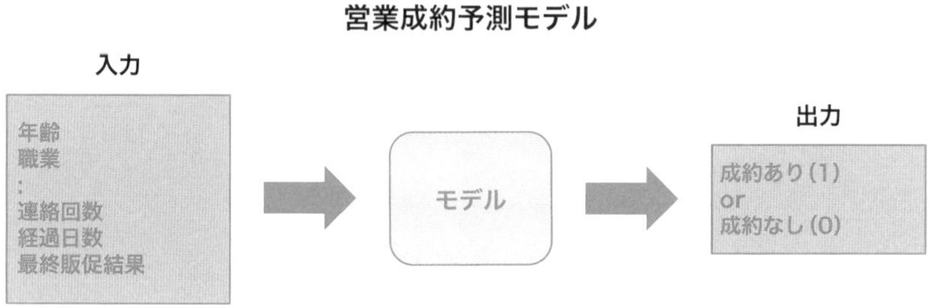

営業成約予測モデル

図 5-1-3　営業成約予測モデルの動作イメージ（再掲）

　後ほど実習の中でも紹介しますが、学習データの件数は全部で4万5211件、このうち営業が成功した件数は5289件で、ランダムに営業対象を選択する場合、成功率は11.7%（=5289/45211）となります。この数字は、モデルを作った後の評価の際に重要になるので、この後も出てきます。

　ここで強調したいのは、分類先グループの個数のバランスです。今回のケースだと成功が11.7%、失敗が88.3%で、目的とする「成功」の比率が少ないアンバランスな形になっています。現実の分類の処理パターンでは、このように目的とするグループの件数が極端に少ないということがむしろ当たり前です。一つ典型的な例を挙げると、商品の欠陥をモデルで見つけるようなケースがあります。こうしたケースは機械学習モデルとしては難しい部類の問題で、評価方法や、学習方法に工夫が必要な場合がある点に注意してください（本節最後のコラムで解説します）。

5.1.4　データ読み込みからデータ確認まで

　ここまででデータの由来と、モデルの業務的な目的までは説明しました。本項からは、実際のコーディングに入ります。

　3.1節で説明したモデルの開発フローの、「データ読み込み」と「データ確認」をまず実装します。

データ読み込み

コード 5-1-1 が、公開データをデータフレームに読み込むまでの処理です。

```
# 公開データのダウンロードと解凍
!wget https://archive.ics.uci.edu/ml/¥
machine-learning-databases/00222/bank.zip -O bank.zip | tail -n 1
!unzip -o bank.zip | tail -n 1

# bank-full.csv をデータフレームに読み込み
df_all = pd.read_csv('bank-full.csv', sep=';')

# 項目名を日本語に置き換える
columns = [
    '年齢', '職業', '婚姻', '学歴', '債務不履行', '平均残高',
    '住宅ローン', '個人ローン', '連絡手段', '最終通話日',
    '最終通話月', '最終通話秒数', '通話回数_販促中',
    '前回販促後_経過日数', '通話回数_販促前', '前回販促結果',
    '今回販促結果'
]
df_all.columns = columns

--2020-06-21 02:44:21--  https://archive.ics.uci.edu/ml/machine▽
-learning-databases/00222/bank.zip
Resolving archive.ics.uci.edu (archive.ics.uci.edu)... 128.195.▽
10.252
Connecting to archive.ics.uci.edu (archive.ics.uci.edu)|128.195▽
.10.252|:443... connected.
HTTP request sent, awaiting response... 200 OK
Length: 579043 (565K) [application/x-httpd-php]
Saving to: 'bank.zip'

bank.zip            100%[===================>] 565.47K  1.78MB/▽
s    in 0.3s

2020-06-21 02:44:22 (1.78 MB/s) - 'bank.zip' saved [579043/579043]

  inflating: bank.csv
```

コード 5-1-1　公開データセットをデータフレームに読み込み

zipファイルをダウンロード、解凍し、read_csv関数でデータフレームに読み込んでいます。一つだけ注意すべき点として、オリジナルデータでは、項目の区切りがカンマではなくセミコロンになっています。このため、read_csv関数で、sep=';' と区切り記号を指定しています。

データ確認

続いて、データフレームの内容を確認します。実装と結果はコード 5-1-2 です。

```
# データフレームの内容確認
display(df_all.head())
```

	年齢	職業	婚姻	学歴	債務不履行	平均残高	住宅ローン	個人ローン	連絡手段
0	58	management	married	tertiary	no	2143	yes	no	unknown
1	44	technician	single	secondary	no	29	yes	no	unknown
2	33	entrepreneur	married	secondary	no	2	yes	yes	unknown
3	47	blue-collar	married	unknown	no	1506	yes	no	unknown
4	33	unknown	single	unknown	no	1	no	no	unknown

	最終通話日	最終通話月	最終通話秒数	通話回数_販促中	前回販促後_経過日数
0	5	may	261	1	-1
1	5	may	151	1	-1
2	5	may	76	1	-1
3	5	may	92	1	-1
4	5	may	198	1	-1

コード 5-1-2　データフレームの内容確認

結果を見ればわかるように、かなりの項目値がテキストデータになっています。これから、前処理でこのデータに手を加えていって、最終的に機械学習モデルの入力とできるような、項目値が数値だけからなるデータに変換していきます。

次に簡単な統計情報でデータの概要を確認します。実装はコード 5-1-3 です。

```
# 学習データの件数と項目数確認
print(df_all.shape)
print()

#「今回販促結果」の値の分布確認
print(df_all[' 今回販促結果 '].value_counts())
print()

# 営業成功率
rate = df_all[' 今回販促結果 '].value_counts()['yes']/len(df_all)
print(f' 営業成功率 : {rate:.4f}')

(45211, 17)


no      39922
yes      5289
Name: 今回販促結果 , dtype: int64

営業成功率 : 0.1170
```

コード 5-1-3　データの確認

コード 5-1-3 では、次のことを調べています。

1. 学習データの件数と項目数。全体で 4 万 5211 件、17 項目であることがわか
   ります。
2. 目的変数「今回販促結果」の値の分布。no（失敗）が 3 万 9922 件、yes（成
   功）が 5289 件であることがわかります
3. 全体件数に対する yes の件数の比率。この比率は営業の成功率を意味します。
   11.70%であることがわかります。

最後に、このデータの欠損値の状況も調べてみましょう。実装はコード 5-1-4
です。

```
# 欠損値の確認
print(df_all.isnull().sum())

年齢                  0
職業                  0
婚姻                  0
学歴                  0
債務不履行               0
平均残高                0
住宅ローン               0
個人ローン               0
連絡手段                0
最終通話日               0
最終通話月               0
最終通話秒数              0
通話回数 _ 販促中          0
前回販促後 _ 経過日数        0
通話回数 _ 販促前          0
前回販促結果              0
今回販促結果              0
dtype: int64
```

コード 5-1-4　欠損値の調査

　欠損値は今回のデータでは一切なく、対応が不要なことがわかりました。

5.1.5　データ前処理とデータ分割

　データを確認できたら、次のステップは「データ前処理」と「データ分割」です。
本項では、その実装を説明します。

データ前処理

　今回の対象データの場合、データ前処理は相当複雑になります。さらに細か
いステップに分割し、順を追って説明することにします。

　最初のステップは、テキストのラベル値を持つ項目を One-Hot エンコーディングする処理です。4.2.4項で説明した enc 関数を利用してこの処理を進めます。実装はコード 5-1-5 になります。

```python
# get_dummies 関数でカテゴリ値を One-Hot エンコーディング

# 項目を One-Hot エンコーディングするための関数
def enc(df, column):
    df_dummy = pd.get_dummies(df[column], prefix=column)
    df = pd.concat([df.drop([column],axis=1),df_dummy],axis=1)
    return df

df_all2 = df_all.copy()
df_all2 = enc(df_all2, '職業')
df_all2 = enc(df_all2, '婚姻')
df_all2 = enc(df_all2, '学歴')
df_all2 = enc(df_all2, '連絡手段')
df_all2 = enc(df_all2, '前回販促結果')

# 結果確認
display(df_all2.head())
```

	年齢	債務不履行	平均残高	住宅ローン	個人ローン	最終通話日	最終通話月	最終通話秒数	通話回数_販促中	前回販促後経過日数
0	58	no	2143	yes	no	5	may	261	1	-1
1	44	no	29	yes	no	5	may	151	1	-1
2	33	no	2	yes	yes	5	may	76	1	-1
3	47	no	1506	yes	no	5	may	92	1	-1
4	33	no	1	no	no	5	may	198	1	-1

	通話回数_販促前	今回販促結果	職業_admin.	職業_blue-collar	職業_entrepreneur	職業_housemaid	職業_management
0	0	no	0	0	0	0	1
1	0	no	0	0	0	0	0
2	0	no	0	0	1	0	0
3	0	no	0	1	0	0	0
4	0	no	0	0	0	0	0

コード 5-1-5　One-Hot エンコーディング処理

コード 5-1-5 を見ればわかるように、この処理は「職業」「婚姻」「学歴」「連絡手段」「前回販促結果」という項目に対して行っています。One-Hot エンコーディングした項目は、例えば「職業_admin.」のように、元の項目ごとに新しい項目ができ、値としては 1 か 0 かを取るようになっています。

前処理 ステップ2

テキストのラベル値を持つ項目でも、値が yes/no の 2 値を取る場合は、4.2.4 項で説明したように、One-Hot エンコーディングは不要で 1/0 の整数値に置き換えれば済みます。今回のデータの場合、項目「債務不履行」「住宅ローン」「個人ローン」「今回販促結果」がこれに該当します。この処理をするのが前処理のステップ2です。具体的な実装はコード 5-1-6 です。

```python
# yes/no を 1/0 に置換

# 2 値 (yes/no) の値を (1/0) に置換する関数
def enc_bin(df, column):
    df[column] = df[column].map(dict(yes=1, no=0))
    return df

df_all2 = enc_bin(df_all2, '債務不履行')
df_all2 = enc_bin(df_all2, '住宅ローン')
df_all2 = enc_bin(df_all2, '個人ローン')
df_all2 = enc_bin(df_all2, '今回販促結果')

# 結果確認
display(df_all2.head())
```

	年齢	債務不履行	平均残高	住宅ローン	個人ローン	最終通話日	最終通話月	最終通話秒数	通話回数_販促中	前回販促後_経過日数
0	58	0	2143	1	0	5	may	261	1	-1
1	44	0	29	1	0	5	may	151	1	-1
2	33	0	2	1	1	5	may	76	1	-1
3	47	0	1506	1	0	5	may	92	1	-1
4	33	0	1	0	0	5	may	198	1	-1

	通話回数_販促前	今回販促結果	職業_admin.	職業_blue-collar	職業_entrepreneur	職業_housemaid	職業_management
0	0	0	0	0	0	0	1
1	0	0	0	0	0	0	0
2	0	0	0	0	1	0	0
3	0	0	0	1	0	0	0
4	0	0	0	0	0	0	0

コード 5-1-6　yes/no を 1/0 に置換

コード 5-1-6 では、enc_bin という関数を利用して、上で説明した処理をしています。データフレームの map 関数と辞書を利用した対応方法については、4.2.3 項で説明しているので、そちらを参照してください。実際に、処理前には yes か no だった項目値がそれぞれ 1 と 0 に置き換わっています。

前処理 ステップ 3

最後に残ったのが、「最終通話月」です。この項目も本来は One-Hot エンコーディングすべきなのですが、そうすると項目数が 12 個に増えてしまいます。月の間の連続性は数字で表現できるので、12 月と 1 月の間が不連続になることに目をつぶれば、1 から 12 までの数値 1 項目で表現できます。具体的な実装がコード 5-1-7 になります。

```
# 月名 (jan, feb,..) を 1,2.. に置換

month_dict = dict(jan=1, feb=2, mar=3, apr=4,
    may=5, jun=6, jul=7, aug=8, sep=9, oct=10,
    nov=11, dec=12)

def enc_month(df, column):
    df[column] = df[column].map(month_dict)
    return df

df_all2 = enc_month(df_all2, '最終通話月')

# 結果確認
display(df_all2.head())
```

	年齢	債務不履行	平均残高	住宅ローン	個人ローン	最終通話日	最終通話月	最終通話秒数	通話回数_販促中	前回販促後_経過日数
0	58	0	2143	1	0	5	5	261	1	-1
1	44	0	29	1	0	5	5	151	1	-1
2	33	0	2	1	1	5	5	76	1	-1
3	47	0	1506	1	0	5	5	92	1	-1
4	33	0	1	0	0	5	5	198	1	-1

	通話回数_販促前	今回販促結果	職業_admin.	職業_blue-collar
0	0	0	0	0
1	0	0	0	0
2	0	0	0	0
3	0	0	0	1
4	0	0	0	0

コード 5-1-7　月名を数字に置換

　今まで説明していない処理ですが、先ほどのコード 5-1-6 では 2 値で置き換えた処理を、多値の置き換えに応用したと考えれば難しい実装ではありません。二つのコードの結果を比較すると、処理前に may となっていた「最終通話月」の値が 5 になっているのがわかります。

　コード 5-1-7 の出力を見ると、すべての項目が数値になったのがわかると思

います。かなり長い道のりでしたが、これでようやく機械学習モデルの入力データにできる形になりました。

データ分割

次のステップは「データ分割」です。実装は、コード 5-1-8 になります。

```
# 入力データと正解データの分割
x = df_all2.drop(' 今回販促結果 ', axis=1)
y = df_all2[' 今回販促結果 '].values

# 訓練データと検証データの分割
# 訓練データ 60% 検証データ 40%の比率で分割する
test_size = 0.4

from sklearn.model_selection import train_test_split
x_train, x_test, y_train, y_test = train_test_split(
  x, y, test_size=test_size, random_state=random_seed,
  stratify=y)
```

コード 5-1-8　データ分割

コード 5-1-8 も 2 段階に分かれています。最初のステップは入力データと正解データへの分割です。データフレームの機能を活用した、よくある処理方法なので、ぜひ覚えるようにしてください。

次のステップは、train_test_split 関数を利用した、訓練データと検証データへの分割です。今回は訓練データと検証データの比率を 60％と 40％にしています。この関数の詳細は 3.3.4 項で説明したので、個々のパラメータの意味はそちらを参照してください。

5.1.6　アルゴリズム選択

データ分割まで終わると、次のステップは「アルゴリズム選択」です。ここでは、4.5 節で紹介した交差検定法を使って、最適なアルゴリズムを調べることにします。最初に候補のアルゴリズムのリストを作ります。具体的な実装はコード 5-1-9 です。

```
# 候補アルゴリズムのリスト化

# ロジスティック回帰（4.3.3）
from sklearn.linear_model import LogisticRegression
algorithm1 = LogisticRegression(random_state=random_seed)

# 決定木（4.3.6）
from sklearn.tree import DecisionTreeClassifier
algorithm2 = DecisionTreeClassifier(random_state=random_seed)

# ランダムフォレスト（4.3.7）
from sklearn.ensemble import RandomForestClassifier
algorithm3 = RandomForestClassifier(random_state=random_seed)

# XGBoost（4.3.8）
from xgboost import XGBClassifier
algorithm4 = XGBClassifier(random_state=random_seed)

algorithms = [algorithm1, algorithm2, algorithm3, algorithm4]
```

コード 5-1-9　候補アルゴリズムのリスト化

　よく利用されるアルゴリズムのうち、サポートベクターマシンについては、処理に時間がかかることと、この後で利用する確率値の関数（predict_proba）が使えないことから、候補からはずしています。

　次にこのリストを利用して、性能の最も高いアルゴリズムを選択します。実装はコード 5-1-10 です。

```
# 交差検定法を用いて最適なアルゴリズムの選択
from sklearn.model_selection import StratifiedKFold
stratifiedkfold = StratifiedKFold(n_splits=3)

from sklearn.model_selection import cross_val_score
for algorithm in algorithms:
    # 交差検定法の実行
    scores = cross_val_score(algorithm , x_train, y_train,
        cv=stratifiedkfold, scoring='roc_auc')
    score = scores.mean()
```

```
        name = algorithm.__class__.__name__
        print(f'平均スコア: {score:.4f}  個別スコア: {scores}  {name}')

平均スコア: 0.8325  個別スコア: [0.8275 0.8287 0.8412]  LogisticReg⤸
ression
平均スコア: 0.6958  個別スコア: [0.6917 0.7023 0.6935]  DecisionTre⤸
eClassifier
平均スコア: 0.9200  個別スコア: [0.9259 0.9196 0.9145]  RandomFores⤸
tClassifier
平均スコア: 0.9222  個別スコア: [0.9246 0.9213 0.9206]  XGBClassifier
```

コード 5-1-10　最適なアルゴリズムの選択

　ここで利用した cross_val_score 関数については、4.5.3 項で説明しました。
そこでは利用していなかったパラメータ scoring について簡単に説明します。
言葉から想像がつくと思いますが、これは、どの計算方法で順位を付けるかを
指定するパラメータで、デフォルトでは accuracy（精度）になっています。今
回のモデルは、正解データ 1 と 0 の比率がアンバランスになっていて、精度だ
け見ても良いアルゴリズムが見つからない可能性があるため、4.4.4 節で紹介し
た ROC AUC 値（ROC 曲線下の面積）を使うことにしました [4]。

　結果は XGBoost が一番でした。この結果に基づいて「学習」以降のステップ
は、XGBoost を用いることにします。

5.1.7　学習・予測・評価

　次のコード 5-1-11 では、「アルゴリズム選択」「学習」「予測」を一気に実行
します。

```
# アルゴリズム選択
# XGBoost を利用
algorithm = XGBClassifier(random_state=random_seed)
```

---

[4] この他に scoring として利用可能なオプションは次の短縮 URL のオンラインマニュアルを
参考にしてください 。 https://bit.ly/3djD48U

211

```
# 学習
algorithm.fit(x_train, y_train)

# 予測
y_pred = algorithm.predict(x_test)
```

コード 5-1-11　アルゴリズム選択・学習・予測の実行

　このコードは特に注意すべき点はないので説明は省略します。

　次に最終的に得られた y の予測結果 y_pred を使って、モデルを「評価」します。具体的には混同行列と、適合率・再現率・F 値を表示します。実装は、コード5-1-12 です。

```
# 評価

# 混同行列を出力
from sklearn.metrics import confusion_matrix
df_matrix = make_cm(
    confusion_matrix(y_test, y_pred), ['失敗', '成功'])
display(df_matrix)

# 適合率,再現率,F値を計算
from sklearn.metrics import precision_recall_fscore_support
precision, recall, fscore, _ = precision_recall_fscore_support(
    y_test, y_pred, average='binary')
print(f'適合率: {precision:.4f}  再現率: {recall:.4f}  F値: {fsco⏎
re:.4f}')
```

		予測結果	
		失敗	成功
正解データ	失敗	15593	376
	成功	1341	775

適合率: 0.6733　再現率: 0.3663　F値: 0.4744

コード 5-1-12　モデルの評価

　結果、適合率は 67.33 ％でした。ランダムにアプローチした場合、11.7 ％し

かなかった営業の成功率が約6倍になったわけで、営業効率という観点では大成功といえます。

これで本節のモデルは完成といえますが、もう少し考えてみます。モデルのチューニングについてです。

今回のモデルで抽出した見込み顧客は合計で1151人（=376+775）でした。営業担当者がたくさんいて、もっと多くの顧客に営業できるという状況だった場合、もう少し判断の基準を甘くして、より多くの候補を挙げたくなるでしょう。次項のチューニングでは、実際にこの方法にアプローチしてみることにします。コード5-1-12では取りこぼしている1341人の顧客をできるだけ数多く営業対象に取り込むことが目標です。

5.1.8　チューニング

通常は「機械学習モデルのチューニング」というと、4.5節で説明したように、アルゴリズムやパラメータの値を調整して、モデルそのものを作り直すタスクを指します。しかしそれ以外に、モデル自体は変えずに、モデルの「閾値」を調整してユーザーが望む結果に近づけるアプローチもあります。4.4.3項で説明したように、ほとんどの分類のモデルは内部で確率値を持っていて、通常はその値が0.5より大きいかどうかで1か0かを出力するようになっています。この確率値をうまく用いると、先ほど問題提起した「もう少し判断の基準を甘くして、より多くの候補を挙げること」が実現できるのです。

今回の例題で具体的に説明していきましょう。

まず、今回のモデルから予測結果の確率値を取り出し、正解データが成功（y=1）と失敗（y=0）にグループ分けして、それぞれの度数分布グラフを表示してみます。実装と結果はコード5-1-13になります。

```
# 確率値の度数分布グラフ
import seaborn as sns

# y=1 の確率値取得
y_proba1 = algorithm.predict_proba(x_test)[:,1]
```

```
# y_test=0 と y_test=1 でデータ分割
y0 = y_proba1[y_test==0]
y1 = y_proba1[y_test==1]

# 散布図描画
plt.figure(figsize=(6,6))
plt.title('確率値の度数分布 ')
sns.distplot(y1, kde=False, norm_hist=True,
    bins=50, color='b', label=' 成功 ')
sns.distplot(y0, kde=False, norm_hist=True,
    bins=50, color='k', label=' 失敗 ')
plt.xlabel(' 確率値 ')
plt.legend()
plt.show()
```

コード 5-1-13　確率値の度数分布グラフの表示

　コード 5-1-13 の度数分布の図に、これからやろうとしていることを模式的に示しました。直線①がデフォルト 0.5 の閾値で、陽性（成功）と陰性（失敗）を分類することを示しています。この値で分類すれば、確かにほとんどのケー

スが「成功」になります。しかし、直線を②のようにもう少し左に移動させても、それほど成功率は悪くならず、切り捨てられる成功ケースが減るだろうということになります。

このためには、閾値をパラメータにした形で予測することが必要です。そのための pred 関数については、4.4.3 項ですでに説明しました。今回は、それをそのまま利用することにします。実装は、コード 5-1-14 です。

```python
# 閾値を変更した場合の予測関数の定義
def pred(algorithm, x, thres):
    # 確率値の取得（行列）
    y_proba = algorithm.predict_proba(x)

    # 予測結果 1 の確率値
    y_proba1 =  y_proba[:,1]

    # 予測結果 1 の確率値 > 閾値
    y_pred = (y_proba1 > thres).astype(int)
    return y_pred
```

コード 5-1-14　閾値を変更した場合の予測関数 pred

次にこの関数を利用して、閾値を 0.05 ずつ減らしたときに、評価指標の「適合率」「再現率」「F 値」がどのように変化するのか調べることにします。実装はコード 5-1-15 です。

```python
# 閾値を 0.05 刻みに変化させて、適合率 , 再現率 , F 値を計算する
thres_list = np.arange(0.5, 0, -0.05)

for thres in thres_list:
    y_pred = pred(algorithm, x_test, thres)
    pred_sum =  y_pred.sum()
    precision, recall, fscore, _ = precision_recall_fscore_support(
        y_test, y_pred, average='binary')
    print(f'閾値: {thres:.2f} 陽性予測数: {pred_sum}¥
 適合率: {precision:.4f} 再現率: {recall:.4f} F 値: {fscore:.4f})')
```

```
閾値: 0.50 陽性予測数: 1151   適合率: 0.6733 再現率: 0.3663   F値: 0.4744)
閾値: 0.45 陽性予測数: 1412   適合率: 0.6402 再現率: 0.4272   F値: 0.5125)
閾値: 0.40 陽性予測数: 1724   適合率: 0.6108 再現率: 0.4976   F値: 0.5484)
閾値: 0.35 陽性予測数: 2053   適合率: 0.5889 再現率: 0.5714   F値: 0.5800)
閾値: 0.30 陽性予測数: 2411   適合率: 0.5649 再現率: 0.6437   F値: 0.6017)
閾値: 0.25 陽性予測数: 2823   適合率: 0.5257 再現率: 0.7013   F値: 0.6009)
閾値: 0.20 陽性予測数: 3364   適合率: 0.4822 再現率: 0.7665   F値: 0.5920)
閾値: 0.15 陽性予測数: 4081   適合率: 0.4347 再現率: 0.8384   F値: 0.5725)
閾値: 0.10 陽性予測数: 5260   適合率: 0.3675 再現率: 0.9135   F値: 0.5241)
閾値: 0.05 陽性予測数: 7523   適合率: 0.2741 再現率: 0.9745   F値: 0.4278)
```

コード 5-1-15　閾値を変化させた時の評価指標の変化

　業務観点での関心事である陽性（この場合は「成功」）の値から見た「適合率」
と「再現率」の間にはトレードオフの関係があることはすでに説明しています
が、コード 5-1-15 の結果からもそのことがわかります。二つの値のバランスが
ちょうどよい地点を見る目安として F 値を使うことも 4.4.2 項で説明しました。
今回は、この考えに沿って、F 値が最適になっている閾値を調べます。上の結
果では、閾値 =0.30 が該当します。

　ここまでの分析結果に基づき、今回は閾値 =0.30 とした結果をモデルの最終
出力とします。この閾値の値で、改めて混同行列などを表示してみます。実装
はコード 5-1-16 です。

```python
# F 値を最大にする閾値は 0.30
y_final = pred(algorithm, x_test, 0.30)

# 混同行列を出力
df_matrix2 = make_cm(
    confusion_matrix(y_test, y_final), [' 失敗 ', ' 成功 '])
display(df_matrix2)

# 適合率 , 再現率 , f1 値を計算
precision, recall, fscore, _ = precision_recall_fscore_support(
    y_test, y_final, average='binary')
print(f' 適合率 : {precision:.4f}   再現率 : {recall:.4f}¥
  F 値 : {fscore:.4f}')
```

		予測結果	
		失敗	成功
正解データ	失敗	14920	1049
	成功	754	1362

適合率： 0.5649　再現率： 0.6437　F値： 0.6017

コード 5-1-16　閾値 0.30 での混同行列

　コードの結果を見ると、ちょうどよい塩梅になっていて、先ほど大きな課題
だった成約できる見込み客の取りこぼしがかなり減り（再現率は 36.63％から
64.37％に増加）、一方でモデルが予想をはずす率もそれほど低くなってはいま
せん（適合率は前回 67.33％で今回は 56.49％）。このようにモデルそのものに
手を加えなくても、解釈（閾値）を工夫するだけで、業務としてはより効果的
な結果を出すことが可能なのです。

5.1.9　重要度分析

　本節の例題の最後のトピックとして、4.4.4 項で説明した入力項目の重要度分
析をしてみることにします。実装は、コード 5-1-17 です。

```python
# 重要度分析

# 重要度ベクトルの取得
importances = algorithm.feature_importances_

# 項目名をキーに Series を生成
w = pd.Series(importances, index=x.columns)

# 値の大きい順にソート
u = w.sort_values(ascending=False)

# トップ 10 のみ抽出
v = u[:10]
```

5章

業務要件と処理パターン

217

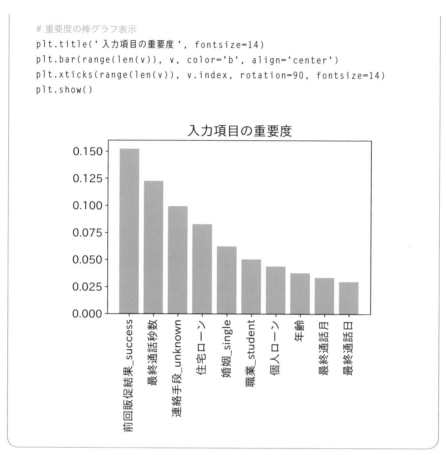

```
# 重要度の棒グラフ表示
plt.title(' 入力項目の重要度 ', fontsize=14)
plt.bar(range(len(v)), v, color='b', align='center')
plt.xticks(range(len(v)), v.index, rotation=90, fontsize=14)
plt.show()
```

コード 5-1-17　入力項目の重要度分析

　コードの実装内容は、4.4.4 項と同じなので詳細は省略します。今回は入力項
目数が多く、そのまま全部表示すると画面が見にくくなるので、トップ 10 だけ
抜き出している点だけが違いです。

　このグラフを読み取るときに一つ注意点があります。各項目の影響度が目的
変数の「営業成功」に向けて、良い方向に作用するのか、悪い方向に作用する
のかは、このグラフだけではわからないという点です。そこで今回の上位 5 項
目について、個別にヒストグラムを描画して、良い方向と悪い方向のどちらに
作用したのか、確認してみることにします。

　最初に、「前回販促結果_success」を調べてみましょう。実装は、コード

5-1-18 になります。

```
column = '前回販促結果_success'

sns.distplot(x_test[y_test==1][column], kde=False, norm_hist=True,
             bins=5,color='b', label='成功')
sns.distplot(x_test[y_test==0][column], kde=False, norm_hist=True,
             bins=5,color='k', label='失敗')

plt.legend()
plt.show()
```

コード 5-1-18　前回販促結果_success の影響分析結果

この結果では右側のグラフを見てください。上部が青色なら良い方向の、灰色なら悪い方向の影響です。今回は良い方向の影響だったとわかります。前回販促で成功した顧客は良い方向の影響があるという結論は非常にリーズナブルです。

次に「最終通話秒数」について同じ分析をしてみます。実装と結果は、コード 5-1-19 です。

```
column = '最終通話秒数'

sns.distplot(x_test[y_test==1][column], kde=False, norm_hist=True,
             bins=50, color='b', label='成功')
sns.distplot(x_test[y_test==0][column], kde=False, norm_hist=True,
             bins=50, color='k', label='失敗')

plt.legend()
plt.show()
```

コード 5-1-19　最終通話秒数の影響分析結果

　青色の方が全体的に右に分布していることがわかります。これは「長く通話している顧客ほど成功の可能性が高い」ことを意味していて、これもリーズナブルな結果です。

　最後に「連絡手段_unkonwn」について、同じ分析をしてみます。実装と結果は、コード 5-1-20 です。

```
column = '連絡手段_unknown'

sns.distplot(x_test[y_test==1][column], kde=False, norm_hist=True,
            bins=5,color='b', label='成功')
sns.distplot(x_test[y_test==0][column], kde=False, norm_hist=True,
            bins=5,color='k', label='失敗')

plt.legend()
plt.show()
```

コード 5-1-20　連絡手段_unknown の影響分析結果

　今度は、この値が1であると悪い方向の影響があることがわかりました。本書のサポートサイトに用意した Notebook 上では他の項目も調べていて、「住宅ローン」と「個人ローン」は悪い方向、「婚姻_single」と「職業_student」は良い方向でした。

　ここで得られた分析結果は、恐らくベテランの営業なら非形式知としてすでに持っている「カンと経験」に該当すると考えられます。さらに、このように入力項目ごとの影響度がわかると、その知見を基に、成約率をより高くする営業的な施策を打ち出せる可能性もあります。これが4.4.4項で説明した「入力項目の重要度分析」の目的だったのです[5]。

----

[5] 4.4.4 項では「アイリス・データセット」を題材にしたので、意味がわかりにくかったと思いますが、今回の例題で、目的が理解できたと思います。

　本節と同じ「分類」をあてはめたい業務利用シーンでも、目的がかなり異なるケースについて説明します。5.1.1 節の最後の方で紹介した、工場の検査で欠陥品を見つける、病院で患者が特定の病気にかかっているかどうかを判断するといったケースです。

　このケースは「全体の中では数が少ない例外 (欠陥や疾患) を漏れなく見つけること」が目的です。評価指標でいえば**「再現率を重視する」**ことになります。

　この「再現率重視」のタイプは、なかなか実業務には適用しづらい面があります。それは**「再現率」の目標値の設定**が難しいからです。機械学習で「100%の精度」は決して実現できません。例えば、病気疾患を機械学習モデルに検知させて 95% の再現率が出たとします。これは相当良い値ですが、では、5% の病気の人を見逃してよいのかという議論を始めると、関係者全員の同意はまず得られないでしょう。

　工場で欠陥品を検査する場合も同様です。再現率が 98% で、かなり精度が高いモデルができたとします。しかし多くの場合、残りの 2% の欠陥を見過ごすことは業務上認められないのです。目標値を 99.5% にして 0.5% の見過ごしは許容することになったとしても、この目標値を機械学習モデルで実現するのは、かなり高いハードルです。目標値として 100% を求めるなら、機械学習は恐らく適用しない方がよいでしょう。

　もう一つ、この種の業務利用シーンで難しい点があります。それは多くの場合、検知したい「陽性」の件数が、そうでない「陰性」の件数と比較してはるかに少なく、またその判断ができる人が限られていることです。これは教師あり学習で最も重要な「正解データ」の入手が困難ということを意味しています。数の少ない陽性側の正解データをどのように集めるかにも配慮が必要です。

　一方で、欠陥品を予測する機械学習モデルを作成すると、5.1.9 節で紹介したような重要度分析をすることで、どの製造条件が欠陥品を作る原因なのかが判明することがあります。その原因を制御できる場合、欠陥品の減少を期待できます。欠陥品予測の業務利用シーンでは、むしろ、こちらを目的とすることの方が多いです。

　以上のような話は、実際には PoC に着手する前に想定できます。欠陥品予測の PoC をする場合は、事前にこうした点を十分検討した上で着手することをお勧めします。

このタイプの業務利用シーンについては、本書のサポートサイトに「追加事例1　欠陥・疾患判定の自動化（2値分類、再現率）」として実習付き解説をアップしてあります。ぜひ参照してください。

次に取りあげる例題は「自転車レンタル予測」です。本節では、「回帰」と呼ぶ教師あり学習の処理パターンを使って、未来の需要を予測するという業務利用シーンに機械学習を適用してみます。

5.2.1 処理パターンと想定される業務利用シーン

回帰とは、分類で取り扱ったような「グループ」でなく**「数値」を予測する処理パターン**のことをいいます。本節では「自転車の貸し出し数」を予測します。自分の仕事に関係なさそうに感じたかもしれませんが、そうではありません。通常の企業活動で、需要が正確にわかると利益が上がるケースは非常に多いのです。

わかりやすい例として、街のケーキ店での売り上げ個数を考えてみましょう。見込み個数を少なく間違えると、開店中に売り切れになって販売機会を逸します。一方で多く間違えると、売れ残りが出て、ケーキのように日持ちしない商品はそのまま損失になります。

もっとスケールの大きな予測としては、テーマパークの来客数があります。見込み来客数は、レストランの仕入れから、スタッフの要員計画までいろいろなところに影響を与えます。正確な来客数が予測できれば、非常に大きな利益を得られるはずです。

コンビニなど小売業における商品の発注も、機械学習の恩恵を受けられる例の一つです。数千種類の商品アイテム一つずつについて、明日何個売れるかを予測するモデルを作るのは大変すぎます。代わりに小売業では、来客数1000人に対して、ある商品が何個売れたかを見積もるPI値（Purchase Index）が算出されています。そこで明日の来客数が3000人だと予想できれば、PI値が「5」のスナック菓子は、15個売れると予測し、それに応じた発注ができるのです。複雑な商品ごとのモデルを数千種類作り分けなくても、店舗ごとの来客数を予測できればシンプルに機械学習を適用できます。

本節の例題は、このような処理パターンの練習問題だと思って読み進めてく

ださい。

例題のデータ説明とユースケース

　実習で利用するデータの説明から始めます。今回利用するのも、前節と同じ
UCI データセットです。その中で、今回は「Bike Sharing Dataset Data Set[1]」（バ
イクシェアリングデータセット）と呼ばれるデータを利用します。図 5-2-1 に
Web ページの画面を示します。

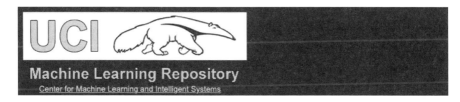

図 5-2-1　Bike Sharing Dataset Data Set の画面
https://archive.ics.uci.edu/ml/datasets/bike+sharing+dataset より。

　このデータセットの入力変数と、目的変数は次の通りです。

入力変数
日付、季節、年、月、祝日、曜日、勤務日、天気、気温、体感温度、湿度、
風速

目的変数
臨時ユーザー利用数、登録ユーザー利用数、全体ユーザー利用数

----

[1] なぜ「Dataset」が二重に出てくるのかは謎です。

225

入力変数ごとのラベル値の割り振りなど、より細かい情報は実習用 Notebook に記載しておきました。Notebook 上にも記載していますが、いくつかの入力変数には実際の値でなく、正規化[2] されたものが入っています。

入力変数の一つに日付が含まれている点にも注意してください。日付をどう扱うかは、後ほどの実習で重要なポイントですので、頭に置いておいてください。

目的変数が 3 種類あるのも、今までの実習と異なる点です。この自転車レンタルの会社には事前に登録した会員がいて、登録会員と非登録会員の両方に貸し出しています。登録会員による利用数が「登録ユーザー利用数」で、非登録会員の利用数が「臨時ユーザー利用数」です。この二つを足したのが最後の「全体ユーザー利用数」になります。

今回のデータは目的変数が三つあるので、3 種類のモデルを作ることも可能です。しかし、実装が煩雑になるので、目的変数を一つに絞り込むことにします。登録ユーザーと臨時ユーザーではユーザー層も違っていそうなので、どちらかに絞り込んだ方が分析・予測がしやすそうです。そこで、数が多くて全体への影響も大きな「登録ユーザー利用数」に絞り込みましょう。他の二つの目的変数を対象としたモデルも、本実習とほとんど同じ方法で実装可能なので、関心のある読者は自分で試してみてください。

自転車の利用数が予測できたとして、それをビジネス上どう役立てるかですが、例えば利用数の予測結果に応じて係員の配置数を変えることで効率化できます。あるいは、見込み利用数が在庫数を上回る場合、予備の自転車を配備することで利用数を増やせます。いずれも予測さえ正確に立てられれば、システム化などは特に考えず、人手で対応できそうです。回帰のモデルは、分類の営業成約予測と並んで、実業務化がしやすい AI 領域といえます。

5.2.3　モデルの概要

今回のモデルの目的は、天気、気温、曜日などその日の条件を基に **1 日の自転車利用数を予測**することです。過去の正解データ（その日何人が自転車を利用したか）は、データとして残っているので、学習に利用できます。つまり「**教**

---
[2] 正規化については 4.2.5 項で説明しています。

師あり学習」に該当します。

ただし、予測したいのはグループでなく数値です。ですから、2章で説明した処理パターンのあてはめでいうと、「**回帰**」に該当します。2章で説明したモデルの動作イメージを図5-2-2として改めて記載します。

図 5-2-2　自転車利用数予測モデル（再掲）

今回の実習のように「回帰」タイプの問題では、入力変数の一つとして「**日付**」が出てくることが多いです。それは、「回帰」という数値を予測するタイプのユースケースは、抽象化すると「1日（または1カ月や1年）あたりのXX数」とまとめることが可能で、その場合「日付」という項目が必ず入力データに入るからです。Pythonやデータフレームでも日付データは扱えるのですが、使い方にちょっとクセがあり、扱いにコツが必要な場合があります。本節では、Pythonでの日付データの扱い方については、特に詳しく説明するので、ぜひこの点をマスターして、自分のユースケースで自在に使いこなせるようにしてください。

5.2.4　データ読み込みからデータ確認まで

要件とデータの説明は終わったので、実習に入ります。今回も最初のステップはデータ読み込みとデータ確認です。

データのダウンロードと解凍

最初にzipファイルをインターネットからダウンロードし、結果ファイルを解凍してCSVファイルを取得します。この実装はコード5-2-1です。

```
# ダウンロード元 URL
url = 'https://archive.ics.uci.edu/ml/¥
machine-learning-databases/00275/¥
Bike-Sharing-Dataset.zip'

# 公開データのダウンロードと解凍
!wget $url -O Bike-Sharing-Dataset.zip | tail -n 1
!unzip -o Bike-Sharing-Dataset.zip | tail -n 1

--2020-06-22 17:59:12--  https://archive.ics.uci.edu/ml/machin ⬎
e-learning-databases/00275/Bike-Sharing-Dataset.zip
archive.ics.uci.edu (archive.ics.uci.edu) を DNS に問いあわせています ⬎
... 128.195.10.252
(以下略)
```

コード 5-2-1　公開データのダウンロードと解凍

head コマンドでファイルの内容を表示

　その後、head コマンドで、csv ファイルの先頭 5 行を確認します。実装はコード 5-2-2 です。

```
# データの状態確認
!head -5 day.csv

instant,dteday,season,yr,mnth,holiday,weekday,workingday,weather
1,2011-01-01,1,0,1,0,6,0,2,0.344167,0.363625,0.805833,0.160446,3
2,2011-01-02,1,0,1,0,0,0,2,0.363478,0.353739,0.696087,0.248539,1
3,2011-01-03,1,0,1,0,1,1,1,0.196364,0.189405,0.437273,0.248309,1
4,2011-01-04,1,0,1,0,2,1,1,0.2,0.212122,0.590435,0.160296,108,14
```

コード 5-2-2　CSV ファイルの内容表示

　ここまでの三つの操作はすべて Python でなく OS コマンドなので、頭に！がついています。ダウンロードしたファイルの内容を表示しているのは、何列目に日付の項目があるのかを確認することが目的です。2 列目ということが、この結果からわかります。

データフレームへの取り込み

　次におなじみの read_csv 関数で CSV ファイルをデータフレームに取り込みます。実装はコード 5-2-3 です。

```
# day.csv をデータフレームに取り込み
# 日付を表す列は parse_dates で指定する
df = pd.read_csv('day.csv', parse_dates=[1])

# データ属性の確認
print(df.dtypes)

instant                    int64
dteday            datetime64[ns]
season                     int64
yr                         int64
mnth                       int64
holiday                    int64
（以下略）
```

コード 5-2-3　日付付き CSV ファイルをデータフレームに取り込み

　1 カ所いつもと違うのが、parse_dates=[1] というオプションを指定しているところです。これは、先ほど日付の項目だと確認した「[1] の列（0 から始まるので 2 番目の項目）を日付型として取り込んでほしい」という指示です。

　その後、df.dtypes を表示して項目ごとの属性を確認しています。結果を見ると 2 番目の項目（dteday）が意図したように日付型（datetime64）で取り込まれています。

　この指定なしに日付データをデータフレームに取り込むと、文字列（データフレームの型としては object）になります。後で変換する方法もありますが、このように read_csv 関数の呼び出し時に一気に変換をかけた方がコードがシンプルになります。これが Python とデータフレームで日付を扱う場合のコツの一つです。

データフレームの加工

次のコード 5-2-4 では、取り込んだデータフレームに対して 2 点加工をしています。

```
# instant は連番で予測不要なので削除
df = df.drop('instant', axis=1)

# 項目名の日本語化

columns = [
    '日付', '季節', '年', '月', '祝日', '曜日', '勤務日', '天気',
    '気温', '体感温度', '湿度', '風速',
    '臨時ユーザー利用数', '登録ユーザー利用数', '全体ユーザー利用数'
]

# 項目名を日本語に置き換え
df.columns = columns
```

コード 5-2-4　データフレームの加工

一つめは連番を意味する instant 項目の削除です。この項目は予測でも一切使わないので、わかりやすいようこの段階で削除しておきます。もう一つは、他の例題でもやっている項目名の日本語化になります。

データフレームの内容表示

次のコード 5-2-5 では、データフレームの内容を表示して確認します。

```
# 先頭 5 行の確認
display(df.head())

# 最終 5 行の確認
display(df.tail())
```

	日付	季節	年	月	祝日	曜日	勤務日	天気	気温	体感温度	湿度
0	2011-01-01	1	0	1	0	6	0	2	0.3442	0.3636	0.8058
1	2011-01-02	1	0	1	0	0	0	2	0.3635	0.3537	0.6961
2	2011-01-03	1	0	1	0	1	1	1	0.1964	0.1894	0.4373
3	2011-01-04	1	0	1	0	2	1	1	0.2000	0.2121	0.5904
4	2011-01-05	1	0	1	0	3	1	1	0.2270	0.2293	0.4370

	風速	臨時ユーザー利用数	登録ユーザー利用数	全体ユーザー利用数
0	0.1604	331	654	985
1	0.2485	131	670	801
2	0.2483	120	1229	1349
3	0.1603	108	1454	1562
4	0.1869	82	1518	1600

	日付	季節	年	月	祝日	曜日	勤務日	天気	気温	体感温度	湿度
726	2012-12-27	1	1	12	0	4	1	2	0.2542	0.2266	0.6529
727	2012-12-28	1	1	12	0	5	1	2	0.2533	0.2550	0.5900
728	2012-12-29	1	1	12	0	6	0	2	0.2533	0.2424	0.7529
729	2012-12-30	1	1	12	0	0	0	1	0.2558	0.2317	0.4833
730	2012-12-31	1	1	12	0	1	1	2	0.2158	0.2235	0.5775

	風速	臨時ユーザー利用数	登録ユーザー利用数	全体ユーザー利用数
726	0.3501	247	1867	2114
727	0.1555	644	2451	3095
728	0.1244	159	1182	1341
729	0.3508	364	1432	1796
730	0.1548	439	2290	2729

コード 5-2-5　データフレームの内容確認（先頭と最終）

いつもは head 関数で先頭 5 行だけを表示していたのですが、今回は日付項目があるので、最後の日付を確認するため tail 関数も呼び出しています。tail 関数は今回初めて使いましたが、Unix の tail コマンドと同様に、対象の後ろからN 行（デフォルトは 5 行）を抜き出す関数です。このコードの結果から、開始日が 2011 年 1 月 1 日、終了日が 2012 年 12 月 31 日で、ちょうど 2 年分のデータがあることがわかります。

もう一点、この結果で重要なのは、今回目的変数として利用することになる「登

録ユーザー利用数」の項目です。今までの分類の目的変数は1や0などの決まった値しか取りませんでした。今回は、変動する数値になっていて、この点が「分類」と「回帰」の処理パターンの違いそのものとなっています。

データのヒストグラム表示

　今回のデータも、日付以外の項目はすべて数値データであることがわかっているので、データフレームの hist 関数を呼び出して、項目ごとのヒストグラム表示をしてみます。実装はコード 5-2-6 です。

```
# 度数分布表示

# グラフのサイズ調整のためのおまじない
from pylab import rcParams
rcParams['figure.figsize'] = (12, 12)

# データフレームの数値項目でヒストグラム表示
df.hist(bins=20, column=columns[1:])
plt.show()
```

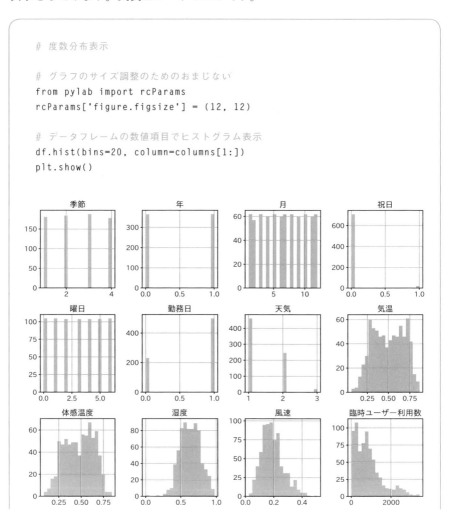

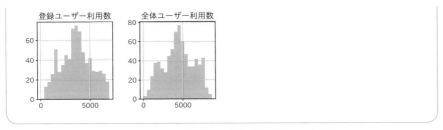

コード 5-2-6　各項目の度数分布グラフの表示

　ヒストグラムの区切り数(棒の数)を意味する bins には 50 を指定しています。「体感温度」「気温」「湿度」「風速」については、x 軸の値の上限が 1 以下なので、このグラフからすでに正規化されていることが読み取れます。

　念のため、欠損値の状況も調べてみましょう。実装と結果はコード 5-2-7 です。

```
# 欠損値チェック
df.isnull().sum()

日付               0
季節               0
年                0
月                0
祝日               0
曜日               0
勤務日              0
天気               0
気温               0
体感温度             0
湿度               0
風速               0
臨時ユーザー利用数       0
登録ユーザー利用数       0
全体ユーザー利用数       0
dtype: int64
```

コード 5-2-7　欠損値の調査

一つの欠損値もない、きれいなデータであることがわかりました。

時系列データのグラフ表示

　データ確認の最後に目的変数の時系列グラフを表示してみましょう。5.2.2 項で説明したように、本実習では、三つある目的変数のうち、「登録ユーザー利用数」を予測するモデルを作ります。そこで時系列グラフも「登録ユーザー利用数」を縦軸にしたグラフとします。実装はコード 5-2-8 になります。

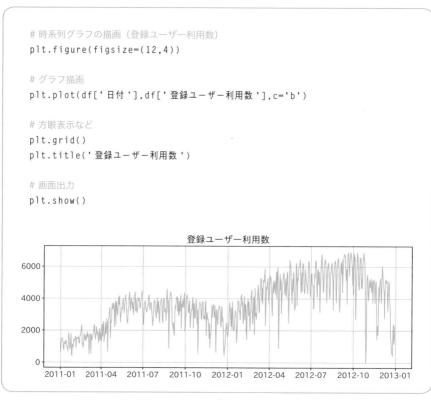

```
# 時系列グラフの描画（登録ユーザー利用数）
plt.figure(figsize=(12,4))

# グラフ描画
plt.plot(df['日付'],df['登録ユーザー利用数'],c='b')

# 方眼表示など
plt.grid()
plt.title('登録ユーザー利用数')

# 画面出力
plt.show()
```

コード 5-2-8　登録ユーザー利用数の時系列グラフ

　このコードを見ればわかる通り、Python の matplotlib では、データの属性をタイムスタンプ型にする点だけ注意すれば、時系列のグラフも特別な指定なしに描画できます。ただ、時間軸の間隔を調整するなどの細かい設定をしたい場合は、実装コードもやや複雑になります。その具体例は、本節で後ほど出てきます。

5.2.5　データ前処理とデータ分割

　目的変数のグラフ表示も終わり、データの確認は一通り終わりました。次の
ステップはデータ前処理とデータ分割です。

　先ほど確認した通り、今回の学習データは欠損値のないきれいなデータだっ
たので、前処理は一切不要です。従って、データ分割だけで済みます。

　データ分割に関しては、実装を始める前にいくつか方針を決める必要があり
ます。

目的変数

　最初に決めるべきなのは目的変数をどうするかです。今回のデータには、「臨
時ユーザー利用数」「登録ユーザー利用数」そして、その二つの和としての「全
体ユーザー利用数」と三つの目的変数があります。

　この点に関しては、5.2.2項で説明した通り、「登録ユーザー利用数」一つに
絞ることにします。

入力変数

　次に検討するのが入力変数です。入力変数のうち、日付に関しては落とすこ
とにします。

　日付に関連する入力変数として「年」「月」という情報はすでにあるので、お
おまかなところはこれで対応できそうです。より詳細に、日付をそのまま取り
扱う処理パターンもあるのですが、実はこれは次節で説明する「時系列分析」
になります。

　そのためここでは、入力変数から日付を落とすことにします。

訓練データと検証データへの分割

　今回の例題で重要なのが、訓練データと検証データの分割方法です。これま
では、全体の学習データセットから乱数で抽出して訓練データと検証データを
分けていました。しかし、今回のユースケースは簡単にいうと「過去のデータ
から現在・未来を予測する」ことになります。それでよく使われるのが、デー
タ系列全体の中から特定の日を選んで、その日より前のデータを訓練データと

し、そのデータでモデルを作ってその日以降の予測結果を検証するという方法です。今回はこの方針にのっとって、2012 年 11 月 1 日を区切り日とし、それより前のデータを訓練データ、以降のデータを検証データとしました。全体で 2 年分のデータがあるので、訓練データが 22 カ月分、検証データが 2 カ月分になります。

　以上で、データ分割の方針は定まりました。後は、この方針に従って、実際にデータを分割していきます。

入力データと正解データへの分割

　最初のステップは表形式のデータを入力データ（入力変数）と正解データ（目的変数）の左右に分割することです。コード 5-2-9 がその実装となります。同時に学習に不要な項目は削除します。

```
# x, y への分割
x = df.drop(['日付', '臨時ユーザー利用数', '登録ユーザー利用数',
    '全体ユーザー利用数'], axis=1)
y = df['登録ユーザー利用数'].values
```

コード 5-2-9　入力データ x、正解データ y への分割

　次のステップは 2012 年 11 月 1 日という日付をキーに、その日より前と後で表形式のデータを訓練データと検証データへ上下に分割することです。実装はコード 5-2-10 になります。

```
# 分割日 mday の設定
mday = pd.to_datetime('2012-11-1')

# 訓練用 index と検証用 index を作る
train_index = df['日付'] < mday
test_index = df['日付'] >= mday

# 入力データの分割
x_train = x[train_index]
x_test = x[test_index]

# y も同様に分割
y_train = y[train_index]
y_test = y[test_index]

# 日付データの分割（グラフ表示用）
dates_test = df['日付'][test_index]
```

コード 5-2-10　日付キーによる上下分割

業務要件と処理パターン

　最初に境界日に該当する 2012 年 11 月 1 日を変数 mday として定義します。
この際、pandas の関数である to_datetime 関数を '2012-11-1' のような日付文
字列を引数に呼び出すことがポイントです。次に、この変数 mday を使って、
この日付より前が True になるインデックス列である train_index と、この日付
以降が True になるインデックス列 test_index を作ります。

　最後にそれぞれのインデックスを使って入力データ x と正解データ y を絞り
込めば、目的である訓練データと検証データの分割ができます。この一連の手
順が、日付を含んだ学習データで機械学習を行う場合のコツの一つとなります。

　日付列に関しては、検証データに該当する部分のみ抜き出した変数 dates_test
も用意しておきます。この変数は、後ほど検証データの時系列グラフを表示す
るときに利用します。

　今までのデータ分割の結果を shape 属性と、display 関数で確認します。
display 関数の引数には、境界日の前後が確認できるよう、訓練データに対して
は tail 関数で、検証データに対しては head 関数で絞り込んだ結果を使います。

237

この実装と結果がコード 5-2-11 です。

```
# 結果確認（サイズを確認）
print(x_train.shape)
print(x_test.shape)

# 結果確認（境界値を重点的に）
display(x_train.tail())
display(x_test.head())

(670, 11)
(61, 11)
```

	季節	年	月	祝日	曜日	勤務日	天気	気温	体感温度	湿度	風速
665	4	1	10	0	6	0	2	0.5300	0.5151	0.7200	0.2357
666	4	1	10	0	0	0	2	0.4775	0.4678	0.6946	0.3980
667	4	1	10	0	1	1	3	0.4400	0.4394	0.8800	0.3582
668	4	1	10	0	2	1	2	0.3182	0.3099	0.8255	0.2130
669	4	1	10	0	3	1	2	0.3575	0.3611	0.6667	0.1667

	季節	年	月	祝日	曜日	勤務日	天気	気温	体感温度	湿度	風速
670	4	1	11	0	4	1	2	0.3658	0.3699	0.5817	0.1573
671	4	1	11	0	5	1	1	0.3550	0.3560	0.5221	0.2662
672	4	1	11	0	6	0	2	0.3433	0.3238	0.4913	0.2705
673	4	1	11	0	0	0	1	0.3258	0.3295	0.5329	0.1791
674	4	1	11	0	1	1	1	0.3192	0.3081	0.4942	0.2363

コード 5-2-11　分割結果の確認

　display 関数の結果を見ると x_train.tail（）の結果が 10 月分、x_test.head（）の結果が 11 月分になっているので、意図した形でデータを上下に分割できていることがわかります。

　これで、学習に向けたデータ準備はすべて終わりました。いよいよここから実際のモデル構築作業に入ります。

5.2.6 アルゴリズム選択

　4.3節で紹介したように、教師あり学習の「分類」の処理パターンには、様々なアルゴリズムがありました。同じように「回帰」の処理パターンにも様々なアルゴリズムが存在します。

　ここでは、紙面の制約もあるので、5.1節で良い結果を出したアルゴリズムである XGBoost（クラス名：XGBClassifier）の回帰版に相当する XGBRegressor を利用することにします。XGBRegressor は XGBClassifier と同様、回帰で常に良い結果を出すアルゴリズムとして知られているものです。この実装がコード5-2-12になります。

```
# アルゴリズム選択
# XGBRegressor を選択する
from xgboost import XGBRegressor
algorithm = XGBRegressor(objective ='reg:squarederror',
    random_state=random_seed)
```

コード 5-2-12　アルゴリズム選択

　アルゴリズム選択時のパラメータ設定は今まで同様、必要最小限にしています。random_state以外に指定しているパラメータ objective ='reg:squarederror' は損失関数の指定で、なくても学習に問題はないのですが、警告メッセージが出るのでその対策として指定しています。

5.2.7 学習・予測

　アルゴリズムの選択が終わったので、次のステップは学習と予測です。その実装が次のコード5-2-13です。

```
# 登録ユーザー利用数予測モデルの学習と予測

# 学習
algorithm.fit(x_train, y_train)

# 予測
y_pred = algorithm.predict(x_test)

# 予測結果確認
print(y_pred[:5])

[4613.577   4863.4756 4057.923   3642.1284 4354.408 ]
```

コード 5-2-13　登録ユーザー利用数モデルの学習と予測

　今回初めて出てきた「回帰」処理パターンの実装であるにもかかわらず、コードだけ見ると、「分類」と違いがないことがわかります。違いは、このコードに見えないところにあります。

　一つは、このコードで利用している正解データの中身が違うことです。分類の場合、正解データ y の値は 0 と 1 の 2 種類しかなかったのですが、今回は 1 日の自転車利用数なので、いろいろな値を取っています。予測結果もこれに応じて、いろいろな数値になっています。

　もう一つの違いはアルゴリズムの選択です。当然ですが、回帰用に用意されたアルゴリズムを選択する必要があります。

　逆にいうとそれ以外は、分類とまったく同じ形で、学習と予測ができることになります。

5.2.8　評価

　次に今学習した回帰のモデルを評価します。評価として、指標値による方法、散布図表示による方法、時系列グラフ表示による方法の 3 通りを紹介します。

指標値による方法

　最初は、回帰の指標値による評価の実装です。先ほど、学習の fit 関数と予測

の predict 関数の使い方は、回帰でも分類とまったく同じだという話をしました。

　実は回帰でも分類と同様、score 関数という評価用の関数があるので、その関数を検証データに対して呼び出してみます。一方で4.4.5項では、回帰モデルには R^2 値（決定係数）という評価指標があるという話をしました。

　この二つの値をそれぞれ求め、比較したのが次のコード 5-2-14 になります。

```
# 評価（登録ユーザー利用数）

# score 関数の呼び出し
score = algorithm.score(x_test, y_test)

# R2 値の計算
from sklearn.metrics import r2_score
r2_score = r2_score(y_test, y_pred)

# 結果確認
print(f'score: {score:.4f}  r2_ score: {r2_score:.4f}')

score: 0.5294  r2_ score: 0.5294
```

コード 5-2-14　回帰のモデルの評価

　この二つの値を比較してみたところ、完全に一致しました。つまり、回帰モデルの score 関数は R^2 値を使っているのです。

　では、ここで得られた R^2 値の 0.5294 はどう評価すればよいのでしょうか？一般的に R^2 値は、0.5 より大きければモデルとして意味があるとされています。

　この基準に従うと、

・ある程度意味のある予測ができている
・しかしモデルとして精度が良いとはいえない

と判断できます。

散布図表示による方法

　回帰のモデルでは、x 軸を正解データ、y 軸を予測結果にして散布図を表示す

ると、理想的には、すべての点が y=x のグラフに乗ります。散布図はモデルの
精度を視覚的に理解する手がかりになります。

　このことを実際に確認してみましょう。その実装と結果がコード 5-2-15 にな
ります。

```python
# 正解データと予測結果を散布図で比較（登録ユーザー利用数）
plt.figure(figsize=(6,6))
y_max = y_test.max()
plt.plot((0,y_max), (0, y_max), c='k')
plt.scatter(y_test, y_pred, c='b')
plt.title(f' 正解データと予測結果の散布図 ( 登録ユーザー利用数 )¥
  R2={score:.4f}')
plt.grid()
plt.show()
```

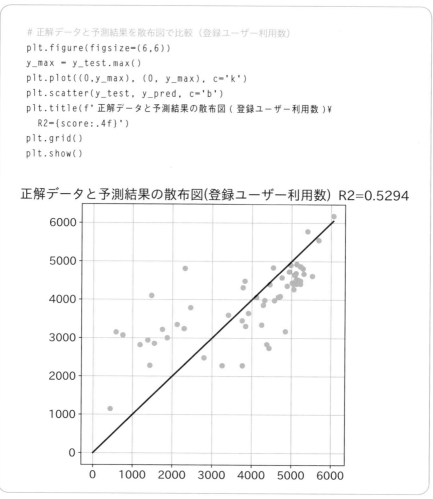

コード 5-2-15　正解データと予測結果を散布図表示

散布図を見ると、直線にきれいに乗っているとはいえませんが、二つの値にある程度の比例関係がありそうです。

時系列グラフ表示による方法

最後の方法は、得られた予測結果を、正解データと重ね描きした形で時系列グラフとして表示する方法です。実装はコード 5-2-16 になります。

```python
# 時系列グラフの描画（登録ユーザー利用数）
import matplotlib.dates as mdates
fig, ax = plt.subplots(figsize=(8, 4))

# グラフ描画
ax.plot(dates_test, y_test, label=' 正解データ ', c='k')
ax.plot(dates_test, y_pred, label=' 予測結果 ', c='b')

# 日付目盛間隔
# 木曜日ごとに日付を表示
weeks = mdates.WeekdayLocator(byweekday=mdates.TH)
ax.xaxis.set_major_locator(weeks)

# 日付表記を 90 度回転
ax.tick_params(axis='x', rotation=90)

# 方眼表示など
ax.grid()
ax.legend()
ax.set_title(' 登録ユーザー利用数予測 ')

# 画面出力
plt.show()
```

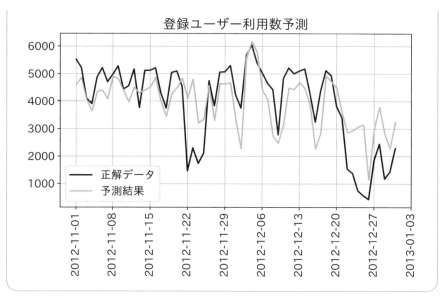

コード 5-2-16　時系列グラフ表示コードの一部と結果

　このコードを見ると、今までの matplotlib とはまったく違う描画方法をして
いることがわかります。この描画パターンは、巻末の「講座 2.3 matplotlib 入門」
で説明している「ax 変数利用方式」に該当します。通常の plt.xxx の関数呼び
出しだけで対応できない細かい設定をしたい場合に利用します。

　このコードでは、時間軸の間隔を 1 週間にする点が、通常の方法で対応でき
ない部分です。具体的な実装方法については、コード内のコメントで解説して
いるので、そちらを参照してください。

　二つの時系列グラフの結果を見ると、ぴったり一致しているわけではありま
せんが、だいたいの日でまずまずの予想ができていることが読み取れます。

ここまでで作ったモデルは、R^2 値が 0.5294 で、まったく意味がないわけではないにせよ、あまり良い精度のモデルとはいえませんでした。そこで本項では、このモデルを見直し、精度の向上を図ってみます。

ここで注目すべき点は、入力データのうちの「月」と「季節」です。どちらも最初から数値データになっていたので、そのままモデルに入力していましたが、例えば「月」に関していうと本来なら 12 月と 1 月は非常に近いのに、入力データの値としては一番離れてしまっています。このことがモデルの精度を悪くしている可能性が考えられます。「季節」に関しても同じことがいえます。

そこでこの二つの項目に対して、4.2.4 項で説明した One-Hot エンコーディングをかけてみることにします。具体的な実装は、コード 5-2-17 の通りです。

```python
# 項目を One-Hot エンコーディングするための関数
def enc(df, column):
    df_dummy = pd.get_dummies(df[column], prefix=column)
    df = pd.concat([df.drop([column],axis=1),df_dummy],axis=1)
    return df

# 項目「月」「季節」を One-Hot エンコーディングする

x2 = x.copy()
x2 = enc(x2, '月')
x2 = enc(x2, '季節')

# 結果確認
display(x2.head())
```

	年	祝日	曜日	勤務日	天気	気温	体感温度	湿度	風速	月_1	月_2	月_3	月_4
0	0	0	6	0	2	0.3442	0.3636	0.8058	0.1604	1	0	0	0
1	0	0	0	0	2	0.3635	0.3537	0.6961	0.2485	1	0	0	0
2	0	0	1	1	1	0.1964	0.1894	0.4373	0.2483	1	0	0	0
3	0	0	2	1	1	0.2000	0.2121	0.5904	0.1603	1	0	0	0
4	0	0	3	1	1	0.2270	0.2293	0.4370	0.1869	1	0	0	0

	月_5	月_6	月_7	月_8	月_9	月_10	月_11	月_12	季節_1	季節_2	季節_3	季節_4
0	0	0	0	0	0	0	0	0	1	0	0	0
1	0	0	0	0	0	0	0	0	1	0	0	0
2	0	0	0	0	0	0	0	0	1	0	0	0
3	0	0	0	0	0	0	0	0	1	0	0	0
4	0	0	0	0	0	0	0	0	1	0	0	0

コード 5-2-17　「月」「季節」に One-Hot エンコーディングをかける

　この後のデータ分割から評価までの実装は今までと同じなのですべて省略し、評価結果のみ、図5-2-3 と図5-2-4 に示します。

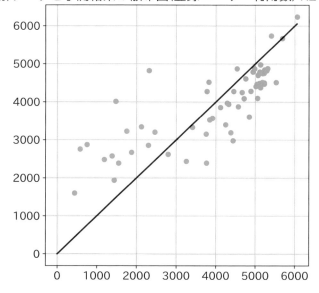

正解データと予測結果の散布図(登録ユーザー利用数) R2=0.6182

図5-2-3　正解データとチューニング後の予想結果の散布図

　グラフのタイトルにある R^2 値を見ると、チューニング前が 0.5294 だったのに対して 0.6182 に上がっていて、性能の改善が認められます。

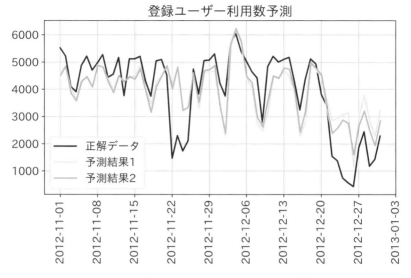

図 5-2-4　チューニング後の登録ユーザー利用数予測と実績値の時系列表示

　図 5-2-4 では、改善前の値を「予測結果 1」、改善後の値を「予測結果 2」と
して表示しました。特に 12 月後半分に関しては、改善前より実績値に近づいて
いる傾向が読み取れます。これが「月」に関して One-Hot エンコーディングし
た効果だと考えられます。

5.2.10　重要度分析

　本節の最後に今まで作ったモデルの重要度分析をしてみましょう。
　今回利用しているアルゴリズム XGBoostRegressor では、plot_importance
という関数で、簡単に重要度を分析できるようになっています。次に紹介する
コード 5-2-18 では、この関数を利用して重要度のグラフを表示しています。

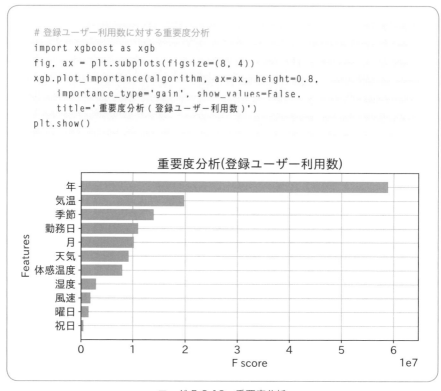

```
# 登録ユーザー利用数に対する重要度分析
import xgboost as xgb
fig, ax = plt.subplots(figsize=(8, 4))
xgb.plot_importance(algorithm, ax=ax, height=0.8,
    importance_type='gain', show_values=False,
    title='重要度分析 ( 登録ユーザー利用数 )')
plt.show()
```

コード 5-2-18　重要度分析

このグラフから次のようなことが読み取れます。

登録ユーザー利用数は「年」の影響が圧倒的に大きいです。コード 5-2-8 の
グラフからも平均的に 2 年目の方が利用者が多いことが読み取れ、この事実と
辻褄があっています。ビジネスが順調で登録者数が増えたことが想像されます。

その次に影響が大きいのが「気温」です。これもコード 5-2-8 のグラフで夏
場は利用者が多く、冬場は利用者が少ない傾向が読み取れ、この事実と整合性
が取れています。「季節」「月」は「気温」と深い関係があります。こうした気
温と関係がある要素以外で影響が大きいのは「勤務日」「天気」です。

「勤務日」の影響が大きいことから、自転車を通勤に使っている可能性が考え
られます。「天気」との関係で一つ想像できるのは、雨が降ると自転車を使う人
が減るという仮説です。これらについては、次節でより深掘りして調べていく
ことになります。

5.3　季節などの周期性で売り上げ予測（時系列分析）

本節では教師あり学習の最後の処理パターンとして、**時系列分析**を取りあげます。時系列分析を一言で説明すると「**過去の目的変数の値を基に、未来の目的変数の数値を予測する**」ことです。

5.3.1　処理パターンと想定される業務利用シーン

前節で取りあげた回帰でも予測するのは数値でしたし、学習用の入力データは時系列データでした。この二つは非常に似ているので、まずその違いを整理します。

日付	利用数	年	月	曜日	天気	気温	湿度
11-01 01	985	0	1	6	2	0.344	0.806
11-01-02	801	0	1	0	2	0.363	0.696
11-01-03	1349	0	1	1	1	0.196	0.437
11-01-04	1562	0	1	2	1	0.200	0.590
11-01-05	1600	0	1	3	1	0.227	0.437
11-01-06	1606	0	1	4	1	0.204	0.518
11-01-07	1510	0	1	5	1	0.197	0.499
11-01-08	959	0	1	6	2	0.165	0.536
11-01-09	822	0	1	0	1	0.138	0.434
11-01-10		0	1	1	1	0.151	0.483

図 5-3-1　回帰モデルの予測イメージ

図5-3-1を見てください。これは、多少項目を簡略化した上で、前項の例題で取りあげた回帰モデルの予測イメージを示しています。予測したいのは、直近の「利用数」という数値でした。モデルの入力データは、同じ行の右側にある、曜日・天気・気温などです。つまり、その日の他の項目（表でいうと真横のデータ）から、直近の数値（この例だと「利用数」）を予測する仕組みだといえます。

これに対して時系列分析とはどのような処理パターンなのでしょうか？　それを図で示したのが、次の図5-3-2になります。

日付	利用数	年	月	曜日	天気	気温	湿度
11-01-01	985	0	1	6	2	0.344	0.806
11-01-02	801	0	1	0	2	0.363	0.696
11-01-03	1349	0	1	1	1	0.196	0.437
11-01-04	1562	0	1	2	1	0.200	0.590
11-01-05	1600	0	1	3	1	0.227	0.437
11-01-06	1606	0	1	4	1	0.204	0.518
11-01-07	1510	0	1	5	2	0.197	0.499
11-01-08	959	0	1	6	2	0.165	0.536
11-01-09	822	0	1	0	1	0.138	0.434
11-01-10		0	1	1	1	0.151	0.483

図 5-3-2　時系列分析の予測イメージ

　単純な時系列分析では、「利用数」より右の項目は使いません[1]。予測に使うのは、過去の利用数のデータだけです。

　しかし、本当に目的の数値データの過去分だけで未来を予測できるものなのでしょうか？ ここで一番左の「日付」が重要な意味を持ちます。「日付」をデータとして解析すると、この表の右にある「年」「月」「曜日」の情報を抽出できます。しかも「月」「曜日」は周期性を持っています。自転車の利用数は、同じ日曜日ならだいたい同じ傾向になりますし、1年前の4月と今年の4月もだいたい同じ傾向のはずです。この二つはそれぞれ「週周期」「年周期」と言い直せます。1日単位で数を集計すると想定される周期はこの二つだけですが、もっと細かく時間単位にすると、もう一つの「日単位」の周期も出てきます。

　時系列分析の根本にある考えは、このような**周期性を前提とした予測**ということになります。具体的には目的変数の数値データを「日単位」「週単位」「年単位」の周期関数と、「トレンド」と呼ばれる長期間の変化の和と考えます。そして、過去の履歴データに対して最もよく適合した「周期関数」と「トレンド」を見つけることで、将来の予測をするということになります。本節の例題でも、この「周期関数」という言葉が重要な意味を持ちますので、必ず押さえておいてください。

　それでは、時系列分析が活用できる業務利用シーンは、どんな形になるので

---

[1] ここで「単純な」という形容詞を付けたのは、気温なども入力として用いる「高度な」使い方もあるからです。具体的な方法は本実習の最後に紹介します。

しょうか？

　業務利用シーンとは、**値が予測できたらそれをどのように業務に生かすか**を指します。「回帰」と「時系列分析」は目的とする値がまったく同じなので、業務利用シーンもほぼ同じになります。

　ただ、「実際に予測をするための前提条件」という別の観点もあります。「時系列分析」のために必要なデータは、「過去の日ごとの売上額とその日付」だけです。これに対して、「回帰」の場合は、予測に関係のありそうな情報をいろいろな手段で集める必要があります。このように考えると、比較的簡単に試せるのは時系列分析の方といえます[2]。

　時系列分析の特徴として「信頼区間」という考え方もあげられます。時系列分析では、単に予測結果を算出するだけでなく「ここからここまでの範囲に予測結果が確率80％の可能性で入る」という形で予測できるのです。この結果を活用すると、うまくリスクをコントロールできます。

　もう一つの観点として、どの程度先までの予測が可能かということがあります。前節で実習した回帰モデルの場合、入力データとして「天気」「気温」などがありました。つまり、当日にならないと必要な入力データがそろわないので予測ができません。これに対して時系列分析は、3カ月先あるいは1年先といった、中長期的な予測が可能です。例えば、社員の配置人数を考えるなどの目的には、時系列分析の方が向いているでしょう。

5.3.2　例題のデータ説明とユースケース

　学習に利用するデータは、前節と同じ自転車貸し出しのデータセット「Bike Sharing Dataset Data Set」（バイクシェアリングデータセット）です。業務的な意味とどのような項目があるかについては、5.2.2項を参照してください。

　図5-3-2を見ればわかるように、本来の時系列分析で利用するのは、予測したい項目の過去データとその日付だけです。しかしその発展形として、他の項

---

[2] 従来、時系列分析を実際に利用するには高いハードルがありました。高度な数学的な知識が必要でした。しかし、専門的知識なしに時系列分析が簡単にできる画期的なライブラリとして、「Prophet」が登場したことで状況が変わりました。このライブラリを利用することで実利用上の問題は解決したと考えられるので、本書では数学的知識には一切触れないことにしました。

目を使う方法も存在します。

　本節の実習では、最初に日付と予測対象項目の2項目だけでモデルを作ります。その後、チューニングの手段として他の項目もモデルに取り入れる方法を試すことにします。

5.3.3　モデルの概要

　「時系列分析」は「回帰」と同じ数値を予測するモデルであり、回帰と異なり目的変数の過去データを基に現在・未来の値を予測すると説明しました。では、時系列分析を Python で実装するにはどうしたらよいのでしょうか？

　「時系列分析」の処理パターンは、「回帰」「分類」と比較して取り扱いが難しいモデルでした。Python の場合も、statsmodel などいくつかのライブラリがあったのですが、ある程度の時系列分析に関する数学的知識が必要で、初心者がすぐに使えるものではなかったのです。

　しかし、2017年に Facebook 社が **Prophet** と呼ばれる時系列分析用のライブラリを公開したことで、従来と比較して簡単にモデルを作れるようになりました。そこで、本節では Prophet を用いたモデルを実装することにします。

　モデルの目的変数は、前節とそろえて、「登録ユーザー利用数」のみとします。まったく同じ目的のモデルを違う手段で実装することで、両者の特徴をつかむことが前節と本節を通じた目的の一つとなります。

5.3.4　データ読み込みからデータ確認まで

　データを読み込んでデータフレームに取り込むところまでは前節とまったく同じなので省略します。データの内容表示のコードと、その結果だけ復習の意味でコード5-3-1に再掲します。

```
# 先頭5行の確認
display(df.head())

# 最終5行の確認
display(df.tail())
```

	日付	季節	年	月	祝日	曜日	勤務日	天気	気温	体感温度	湿度
0	2011-01-01	1	0	1	0	6	0	2	0.3442	0.3636	0.8058
1	2011-01-02	1	0	1	0	0	0	2	0.3635	0.3537	0.6961
2	2011-01-03	1	0	1	0	1	1	1	0.1964	0.1894	0.4373
3	2011-01-04	1	0	1	0	2	1	1	0.2000	0.2121	0.5904
4	2011-01-05	1	0	1	0	3	1	1	0.2270	0.2293	0.4370

	風速	臨時ユーザー利用数	登録ユーザー利用数	全体ユーザー利用数
0	0.1604	331	654	985
1	0.2485	131	670	801
2	0.2483	120	1229	1349
3	0.1603	108	1454	1562
4	0.1869	82	1518	1600

	日付	季節	年	月	祝日	曜日	勤務日	天気	気温	体感温度	湿度
726	2012-12-27	1	1	12	0	4	1	2	0.2542	0.2266	0.6529
727	2012-12-28	1	1	12	0	5	1	2	0.2533	0.2550	0.5900
728	2012-12-29	1	1	12	0	6	0	2	0.2533	0.2424	0.7529
729	2012-12-30	1	1	12	0	0	0	1	0.2558	0.2317	0.4833
730	2012-12-31	1	1	12	0	1	1	2	0.2158	0.2235	0.5775

	風速	臨時ユーザー利用数	登録ユーザー利用数	全体ユーザー利用数
726	0.3501	247	1867	2114
727	0.1555	644	2451	3095
728	0.1244	159	1182	1341
729	0.3508	364	1432	1796
730	0.1548	439	2290	2729

コード 5-3-1　データフレームの内容表示（再掲）

5.3.5　データ前処理とデータ分割

データ前処理

　Prophet は、専門知識なくすぐに時系列分析ができる大変便利なライブラリ
なのですが、一つだけ守らないといけない作法があります。それは、学習デー

タに関する形式です。入力変数はデータフレームである必要があり[3]、項目名に関しても次の命名規則を守る必要があります。

日付：ds
目的変数：y

そこで、データ前処理として、上の二つの項目を持つデータフレームのデータを作ることにします。その実装が、コード 5-3-2 になります。

```python
#「日付」と「登録ユーザー利用数」のみ抽出し、
# 列名を日付：ds、登録ユーザー利用数：y に置き換えたデータフレーム df2 を作る

# データフレーム全体のコピー
df2 = df.copy()

#「日付」「登録ユーザー利用数」列の抽出
df2 = df2[['日付', '登録ユーザー利用数']]

# 列名の置き換え
df2.columns = ['ds', 'y']

# 結果確認
display(df2.head())
```

	ds	y
0	2011-01-01	654
1	2011-01-02	670
2	2011-01-03	1229
3	2011-01-04	1454
4	2011-01-05	1518

コード 5-3-2　Prophet 入力用のデータ加工

ここで表示したデータフレームが、Prophet の入力データになります。

----

[3] 今までの実習で両パターンがあったことからもわかる通り、scikit-learnではNumPyとデータフレームのどちらでも入力データとして可能でした。

　前節で日付を項目に持つ学習データの場合、評価のためのデータ分割は通常、特定の日を選んでその時点より前を訓練データ、後を検証データとすることを説明しました。このルールは時系列分析の場合にもあてはまります。本節でも前節と同様、2012 年 11 月 1 日を区切り日とし、この日より前のデータを訓練データ、この日以降のデータを検証データに分割します。そのための実装がコード 5-3-3 になります。

```
# 分割日 mday の設定
mday = pd.to_datetime('2012-11-1')

# 訓練用 index と検証用 index を作る
train_index = df2['ds'] < mday
test_index = df2['ds'] >= mday

# 入力データの分割
x_train = df2[train_index]
x_test = df2[test_index]

# 日付データの分割（グラフ表示用）
dates_test = df2['ds'][test_index]
```

コード 5-3-3　訓練データと検証データへの分割

この実装も前節とほとんど同じなので、解説は省略します。

5.3.6　アルゴリズム選択

　データ分割まで終わると、次のステップはアルゴリズム選択です。アルゴリズムは Prophet を利用します。そのための実装がコード 5-3-4 になります。

```
# ライブラリの import
from prophet import Prophet

# モデル選択
# 二つの seasonality パラメータの設定が重要
# 今回のデータの場合、日単位のデータなので daily_seasonality は不要
# weekly_seasonality と daily_seasonality は
# True / False の他に数値で指定することも可能（三角関数の個数）
# seasonality_mode: additive（デフォルト）multiplicative

m1 = Prophet(yearly_seasonality=True, weekly_seasonality=True,
    daily_seasonality=False,
    seasonality_mode='multiplicative')
```

コード 5-3-4　時系列分析のアルゴリズム選択

このコードを見ると、モデルの作成時にいくつかのパラメータを指定しています。Prophet の場合、このパラメータ指定が重要なので説明します。

まず、yearly_seasonality、weekly_seasonality、daily_seasonality の三つのパラメータです。5.3.1 項で時系列分析では周期のパターンを見つけることが重要だと説明しました。時系列データで考えられる周期性としては「年周期」「週周期」「日周期」の三つがあります。Prophet の三つのパラメータでは、これから作るモデルがそれぞれの周期性を持つかどうかを指定します。今回の分析対象データは 2 年分の日ごとの自転車利用数です。周期が 2 回分と少ないですが年周期のパターン（夏に多く利用されて冬は少ないなど）は含まれていそうです。日ごとデータなので、当然、週周期のパターン（平日が多くて土日が少ないなど）も含まれます。逆に、時間単位のデータはないので、日周期のパターンは見つからないはずです。この判断結果が、それぞれの項目の True/False の指定につながっています。

実は、三つのパラメータの値として True/False 以外に整数値を指定することも可能です。この値は、どれくらい細かいところまで周期関数の近似をするかを意味していて、値が大きいほど細かい近似が可能です。しかし、学習データの数が少ないのに大きな値を指定すると「過学習」が起きるので、ケースバイケースで調整する必要があります。

もう一つ、重要なパラメータが、seasonality_mode です。このパラメータは additive（加算的）と multiplicative（乗算的）の二つの値を取れます。デフォルト値は additive なのですが、この状態ではベースラインとしての「トレンド」に対して、予測した周期関数が足し算の形で影響します。

　例えば土日は、平日よりも自転車の利用数が減るとします。全体の利用数が 1000 人の場合と、2000 人の場合を考えると、減り方の度合いは–200 人のような形でなく、20% 減のように割合で効いてくると想定するのが自然です。

　このような場合は seasonality_mode='multiplicative' のパラメータを指定する必要があります。今までの説明で、読者も今回の例題でこのパラメータを指定すべきだとわかったと思います。実際、この指定をせずに、デフォルトの additive にすると、これから紹介する実装と比較して格段にモデルの精度が悪くなります。関心のある読者は自分で試してみてください。

5.3.7　学習・予測

　アルゴリズムの選択までできたら、次のステップは学習・予測です。Prophet の場合、どのような実装になるか順に見ていきましょう。

学習

　最初の学習の実装がコード 5-3-5 です。

```
# 学習
m1.fit(x_train)

（略）
<prophet.forecaster.Prophet at 0x7f646fa72f60>
```

コード 5-3-5　Prophet モデルの学習

　学習のコードはとてもシンプルです。今まで学んできた「分類」「回帰」の処理パターンの場合、入力データ x と正解データ y の二つの変数を引数にしていましたが、時系列分析の場合は、「日付（ds）」と「目的変数（y）」がセットになったデータフレームが入力なので、そのような区別もなく一つの変数を入力とし

て学習されます。

　予測に関しても、データ前処理の時と同様、Prophet 独自の作法があります。それは、future と呼ばれる日付のみが配列として入っているデータを作り、そのデータを入力として予測をすることです。この、予測準備段階の実装をコード 5-3-6 で見ていきましょう。

```
# 予測用データの作成
#（日付 ds だけの入ったデータフレーム）
# 61 は予測したい日数（2012-11-1 から 2012-12-31）
future1 = m1.make_future_dataframe(periods=61, freq='D')

# 結果確認
display(future1.head())
display(future1.tail())
```

	ds
0	2011-01-01
1	2011-01-02
2	2011-01-03
3	2011-01-04
4	2011-01-05

	ds
726	2012-12-27
727	2012-12-28
728	2012-12-29
729	2012-12-30
730	2012-12-31

コード 5-3-6　予測用データの作成

　予測用データは、学習済みの Prophet のモデルが持つ関数 make_future_dataframe を呼び出して作ります。「学習済みの Prophet のモデル」という点がポイントです。実は、コード 5-3-6 の結果を見ればわかる通り、この関数は単に未来の日付を作るだけでなく、学習時に利用したデータの日付も生成してい

て、その後に未来日付を足した形で出力します。このことは future1.head() の
出力結果で確認できます。

　make_future_dataframe 関数の引数 periods は、何回分先のデータ（61 日
先）までを作るか、freq は、どのような間隔で日付を作るか（D=1 日単位）を
意味しています[4]。future1.tail() の出力結果で、予測の最終日がちょうど 2012
年 12 月 31 日になっていることが確認できました。

　予測用データの準備ができれば、次のステップは予測になります。具体的な
実装はコード 5-3-7 を見てください。

```
# 予測
# 結果はデータフレームで戻ってくる
fcst1 = m1.predict(future1)
```

コード 5-3-7　Prophet での予測

　今、用意した future1 を引数に、学習済みモデルの predict 関数を呼び出して
予測をします。結果はデータフレーム形式になっていて、fcst1 という変数に保
存しています。

　以上で、Prophet によるモデル作成・学習・予測までのステップが完了しま
した。次項では、この予測結果をいろいろな方法で評価してみます。

5.3.8　評価

要素ごとのグラフ表示

　評価で最初に紹介するのは、plot_components 関数を呼び出すことによるグ
ラフ表示の方法で、Prophet 独自の評価方法です。具体的な実装とその結果は、
コード 5-3-8 の通りです。

---

[4] make_future_dataframe という関数は本当に未来を予測するために用意された関数で
す。今回のようにあらかじめ訓練データと検証データを区切って予測する場合は、この関数
を使わず df2[['ds']] というコードでも同じ結果が得られます。

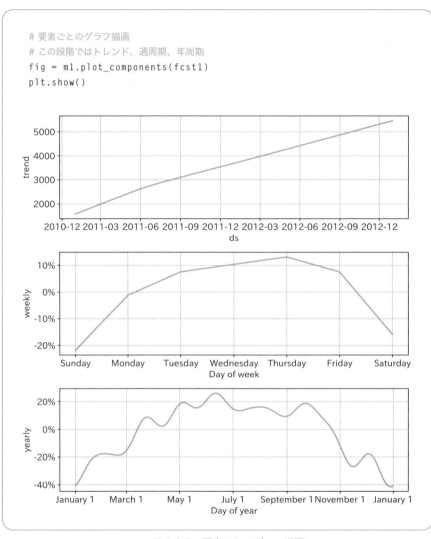

```
# 要素ごとのグラフ描画
# この段階ではトレンド、週周期、年周期
fig = m1.plot_components(fcst1)
plt.show()
```

コード 5-3-8　要素ごとのグラフ描画

　Prophet では、長期のトレンド関数と周期関数の集合体として、モデルの予測結果を導出しています。上のグラフは、それぞれの要素がどのような結果になったかを示しています。三つのグラフは上から「長期トレンド」「週単位のパターン」「年単位のパターン」を示しています。

　長期トレンドからは、利用数が次第に増えている様子が読み取れます。週単

位のパターンからは、平日の利用が多くて土日は少なく、年単位のパターンからは、夏に利用が多くて冬は少ない傾向がわかります。これらの分析結果は、5.4.10 項で得られた回帰モデルの重要度分析の結果とも辻褄があっています。

訓練データ・検証データ全体のグラフ化

次に訓練データ・検証データすべてを含んだ状態で、予測結果のグラフ表示をしてみます。実装はコード 5-3-9 です。

```python
# 訓練データ・検証データ全体のグラフ化
fig, ax = plt.subplots(figsize=(10,6))

# 予測結果のグラフ表示（prophet の関数）
m1.plot(fcst1, ax=ax)

# タイトル設定など
ax.set_title('登録ユーザー利用数予測')
ax.set_xlabel('日付')
ax.set_ylabel('利用数')

# グラフ表示
plt.show()
```

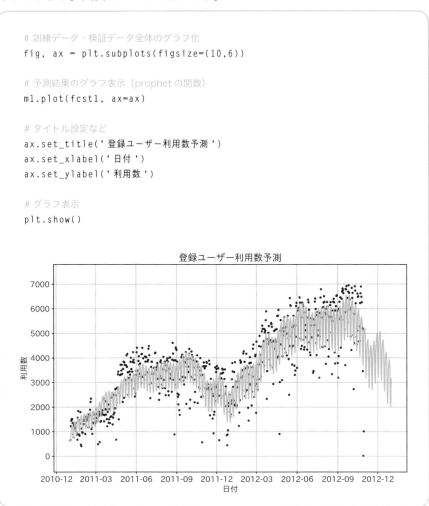

コード 5-3-9　訓練データ・検証データ全体のグラフ化

このグラフ表示も Prophet の独自機能で、学習済みモデル（m1）に対して plot 関数を呼び出すと表示されます。グラフの表示方法も独自の点があるので、意味を簡単に説明します。

　曲線はよく見ると、中央の青色の線と、その上下のやや薄い水色の領域という２種類あることがわかります。時系列分析では、予測結果は１点ではなく、「確率 80% でこの領域に含まれる」という形の予測になります。薄い水色の領域はその 80% の確率（正確には信頼区間と呼びます）で含まれる範囲を示しています。青い線は、その中で最も確率の高い値ということになります。

　この他、点が多数表示されていますが、この点は実際の正解データを示しています。一部の点は、水色の領域からはずれていますが、これらの点では、正解データは、モデル予測結果の 80% 信頼区間からはずれて、あまり正しく予測できなかったことを意味しています。このような水色の領域からはずれた点は、モデルのチューニングの際に特に考慮する必要があります。

R^2 値の計算

　次に回帰モデルの時にも求めた R^2 値を計算してみましょう。実装とその結果はコード 5-3-10 のようになります。

```
# ypred1：fcst1 から予測部分のみ抽出する
ypred1 = fcst1[-61:][['yhat']].values

# ytest1：予測期間中の正解データ
ytest1 = x_test['y'].values

# R2 値の計算
from sklearn.metrics import r2_score
score = r2_score(ytest1, ypred1)

# 結果確認
print(f'R2 score:{score:.4f}')

R2 score:0.3725
```

コード 5-3-10　R^2 値の計算

　予測結果のデータフレームのデータのうち、本当の予測結果は 11 月と 12 月

に該当する後ろから 61 個です。また、予測結果の中央値は yhat という項目に含まれています。以上の点を踏まえて、予測結果は fcst1[-61:][['yhat']].values というコードで取得できることになります。この予測結果と、y の正解データに対して r2_score 関数で R^2 値を求めたところ、0.3725 という結果になりました。まだ、不十分でチューニングの余地があるようです。

検証期間中のグラフ表示

分析の最後に検証期間中のデータのみ抽出して、正解データと予測結果を比較した形でグラフを表示してみましょう。実装はコード 5-3-11 になります。

```python
# 時系列グラフの描画
import matplotlib.dates as mdates
fig, ax = plt.subplots(figsize=(8, 4))

# グラフ描画
ax.plot(dates_test, ytest1, label=' 正解データ ', c='k')
ax.plot(dates_test, ypred1, label=' 予測結果 ', c='b')

# 日付目盛間隔
# 木曜日ごとに日付を表示
weeks = mdates.WeekdayLocator(byweekday=mdates.TH)
ax.xaxis.set_major_locator(weeks)

# 日付表記を 90 度回転
ax.tick_params(axis='x', rotation=90)

# 方眼表示など
ax.grid()
ax.legend()
ax.set_title(' 登録ユーザー利用数予測結果 ')

# 画面出力
plt.show()
```

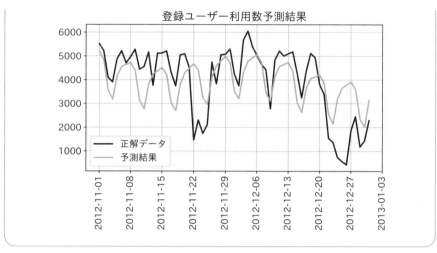

コード 5-3-11　検証期間中のグラフ表示

　コード 5-3-11 の結果を見ると、Prophet は頑張って規則的なパターンで正解
データを近似しようとしています。しかし、そもそも正解データに規則的でな
い部分が多すぎてこのアプローチには限界がありそうです。このようなユース
ケースは、どちらかというと、前節の「回帰」の処理パターンの方が向いています。
天候など、時系列分析の周期性以外の要素が関係しているためです。
　ところで、Prophet では、周期性以外の要素も組み込める機能を持っています。
そこで、「チューニング」の一環としてその機能を試してみることにします。

5.3.9　チューニング (ステップ1)

　チューニングの最初のステップとして、「祝日」をモデルに組み込むことにし
ます。Prophet では、このような要件に対応するため、holidays というパラメー
タが利用できます。名前が holidays なのですが、休日だけでなく「プロ野球の
試合日」や「コンサートの開催日」のように不規則的なイベントすべてに汎用
的に対応できます。
　その指定の方法ですが、「イベント名称」(複数のイベントを区別するための
もの)「イベント発生日」と、そのイベントの影響が発生日の前後何日に及ぶか
をデータフレームで設定します。イベント設定データを作るための実装をコー

ド5-3-12に示します。

```python
# 休日の抽出
df_holiday = df[df['祝日']==1]
holidays = df_holiday['日付'].values

# データフレーム形式に変換
df_add = pd.DataFrame({'holiday': 'holi',
    'ds': holidays,
    'lower_window': 0,
    'upper_window': 0
})

# 結果確認
display(df_add.head())
display(df_add.tail())
```

	holiday	ds	lower_window	upper_window
0	holi	2011-01-17	0	0
1	holi	2011-02-21	0	0
2	holi	2011-04-15	0	0
3	holi	2011-05-30	0	0
4	holi	2011-07-04	0	0

	holiday	ds	lower_window	upper_window
16	holi	2012-09-03	0	0
17	holi	2012-10-08	0	0
18	holi	2012-11-12	0	0
19	holi	2012-11-22	0	0
20	holi	2012-12-25	0	0

コード5-3-12 「祝日」イベントデータの準備

最初にデータフレーム変数dfの中で、「祝日」＝1になっている行だけを抽出し、その日付列をholidaysに代入しています。その次に、変数holidaysを利用してデータフレームdf_addを作っています。

lower_windowとupper_windowは、このイベントが発生日の前後何日に影響するかを指定する変数です。休日の場合、影響は0日なので、いずれも0を

指定します。

　項目 holiday はイベントの種類を示します。今回イベントは「休日」の１種類だけですが、複数ある場合、例えば野球の試合なら「baseball」のように定義して区別します。

　次のコード 5-3-13 は、今準備したイベントデータ df_add を使って新しいモデルを作る実装を示しています。

```
# 休日（df_add）をモデルの入力とする

# アルゴリズム選択
# holidays パラメータを追加してモデル m2 を生成
m2 = Prophet(yearly_seasonality=True,
    weekly_seasonality=True, daily_seasonality=False,
    holidays = df_add, seasonality_mode='multiplicative')

# 学習
m2 = m2.fit(x_train)

# 予測
fcst2 = m2.predict(future1)
```

コード 5-3-13　holidays パラメータを指定したモデル実装

　コード 5-3-4 と比較すればわかる通り、違いは holidays パラメータが増えた点だけです。

　図 5-3-3 は、新しく作ったモデルの要素ごとのグラフを表示した結果です。
　チューニング前は、要素の数が三つだったのに対して四つに増えました。増えた要素である holidays は、かなり大きなマイナスの影響があることがグラフから読み取れます。元々土日の利用数が少なかったことから、これは妥当な結果といえます。

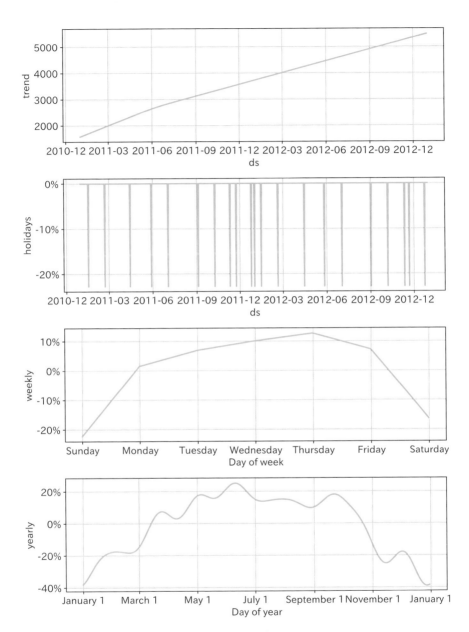

図 5-3-3　要素ごとのグラフ表示 1

図 5-3-4 では、検証期間中の予測結果がどうなったかチューニング前の結果

も含めた形で表示してみました。

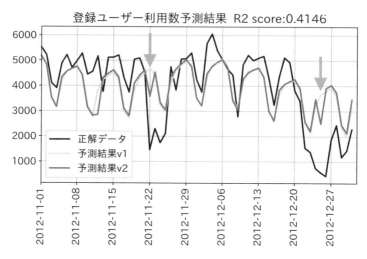

図 5-3-4　検証期間中のグラフ表示

　図 5-3-4 で注目してほしいのは、矢印で示された 2 カ所です。いずれの日も、祝日に該当しているのですが、前回より小さな値の予測結果になっていて、正解データに近づいていることが読み取れます。実際に R^2 値も、前回の 0.3725 から 0.4146 に改善しています。

5.3.10　チューニング（ステップ 2）

　Prophet では、先ほど試した特定日（holidays）の設定と別に、回帰の場合と同様の、日付以外の項目を入力データに追加する機能を持っています。本項の実習では、その機能を試してみます。
　今回は、前項のチューニング（ステップ 1）で作ったモデルに入力項目として「天気」「気温」「風速」「湿度」を追加することにします。そのため、学習データにこの 4 項目を追加することが新たな準備として必要です。実装はコード 5-3-14 になります。

```
# 学習データに「天気」「気温」「風速」「湿度」を追加
df3 = pd.concat([df2, df[['天気', '気温', '風速', '湿度']]], axis=1)

# 入力データの分割
x2_train = df3[train_index]
x2_test = df3[test_index]

# 結果確認
display(x2_train.tail())
```

	ds	y	天気	気温	風速	湿度
665	2012-10-27	5209	2	0.5300	0.2357	0.7200
666	2012-10-28	3461	2	0.4775	0.3980	0.6946
667	2012-10-29	20	3	0.4400	0.3582	0.8800
668	2012-10-30	1009	2	0.3182	0.2130	0.8255
669	2012-10-31	5147	2	0.3575	0.1667	0.6667

コード 5-3-14　学習データに「天気」「気温」「風速」「湿度」を追加

　最初にデータフレームの concat 関数を使って、元々の ds と y を項目として持つ学習データ df2 に、「天気」「気温」「風速」「湿度」の項目を列として追加し（axis=1）、新しい学習用データ df3 にしています。

　次に、事前に準備していた train_index と test_index を利用して、df3 を訓練データ x2_train と検証データ x2_test に分割します。

　結果確認では、tail 関数で訓練データの最後 5 行を抽出して、ちょうど 2012 年 10 月 31 日で切れていることを確認しました。

　これで、学習データの準備は終わったので、いよいよ学習です。そのための実装がコード 5-3-15 になります。

```
# アルゴリズム選択

m3 = Prophet(yearly_seasonality=True,
    weekly_seasonality=True, daily_seasonality=False,
    seasonality_mode='multiplicative', holidays = df_add)

# add_regressor 関数で、「天気」「気温」「風速」「湿度」をモデルに組み込む
m3.add_regressor('天気')
m3.add_regressor('気温')
m3.add_regressor('風速')
m3.add_regressor('湿度')

# 学習
m3.fit(x2_train)

<prophet.forecaster.Prophet at 0x7f645dc627f0>
```

コード 5-3-15 「天気」「気温」「風速」「湿度」を追加して学習

このコードとコード 5-3-13 と比較するとわかるように、モデル初期化の段階
では、二つの違いはありません。モデル初期化後に add_regressor 関数を使って、
「天気」「気温」「風速」「湿度」の４項目を追加している点が前回との違いとな
ります。

このように追加項目を登録し、学習データ（x2_train）にもこれらの項目が
含まれている状態で準備をしておけば、Prophet は追加項目を考慮した形で学
習してくれます。

学習が終わったので、いよいよ予測です。具体的な実装は、コード 5-3-16 に
なります。

```
# 予測用の入力データを作る
future3 = df3[['ds', '天気', '気温', '風速', '湿度']]

# 予測
fcst3 = m3.predict(future3)
```

コード 5-3-16 予測の実施

予測用の入力データの作成には、コード 5-3-6 の脚注で説明した簡易的な方法を利用しました。

　予測結果の評価に関しては前項と同様に、結果のグラフだけ示します。

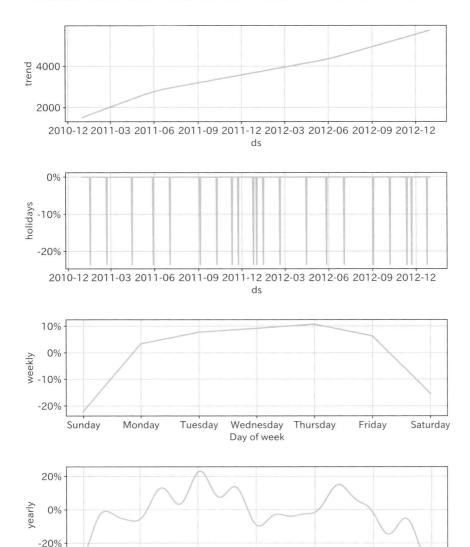

図 5-3-5　要素ごとのグラフ表示 2（次ページに続く）

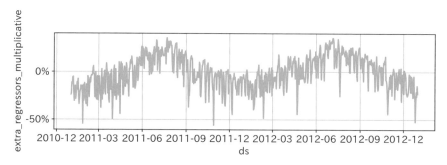

図 5-3-5　要素ごとのグラフ表示 2（前ページからの続き）

図 5-3-5 が今回の新しいモデルに対する要素ごとのグラフ表示の結果です。

今度は新しく五つめの要素が増えています。これが天気や気温などに対応した要素です。この図と、先ほどの図 5-3-3 を比較すると、長期トレンド（trend）、イベント（holidays）、週周期（weekly）に関しては、大きな違いがないことがわかります。逆に、今まで「年周期」ということで、気温の変化に対して大雑把な近似をしていた部分が、天気や気温などの新しい要素を追加したことで、細かく対応できています。

次の図 5-3-6 が、検証期間中の予想結果のグラフです。一つ前の結果を水色で、今回の結果を青で示して違いも比較できるようにしました。

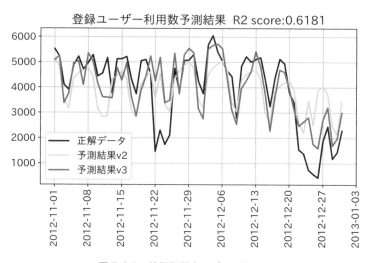

図 5-3-6　検証期間中のグラフ表示 2

二つのグラフを比較すると、全体的に青のグラフの方が正解データに近い結果を示せています。このことは、R^2 値が前回の 0.4146 から 0.6181 にまで上昇したことからも確認できます。手間はかかりましたが、気温などの要素を入力データに含めることで、効果は上がったといえます。

5.3.11　回帰と時系列分析の処理パターンの選択

前節と本節を通じて、「回帰」と「時系列分析」の処理パターンは、目的は同じで、予測に利用する入力データだけが異なることがわかったと思います。では、実際にモデルを作る際に、どのような基準で選択すればよいのでしょうか?

予測したい値の周期性が高く、変動要因が少ない場合に向いているのが時系列分析です。Prophet を用いると、少ない手間で驚くほど高精度の予測結果を得られます。本節最後のコラムでその典型例を紹介しています。

逆に「雨の日」の影響など、周期的でない事象の影響が大きいと考えられるケースでは、「回帰」の処理パターンの方が向いている場合があります。ただ、「回帰」パターンでモデルを作る場合、影響がありそうと想定される入力データを事前に用意する必要があります。前節と本節で取りあげた事例でいうと、天候データという、自転車のレンタル業務とまったく関係ないデータを別ルートで入手する必要があるのです。

あるいは、時系列分析を回帰部分なし（5.3.9 項　チューニング ステップ 1）と、回帰部分あり（5.3.10 項　チューニング ステップ 2）の両パターンで併用するやり方もあります。前者の特徴は、本節の冒頭で説明したように中長期的な予測ができる点です。前者のモデルの予測結果を参考に中長期計画を立て、当日対応については、後者のモデルでより精緻な予測をする方法が考えられます。

実業務で処理パターンを選択する際には、こうした考慮点を頭に置いて、ケースごとに判断してください。

Column 「アイスクリーム購買予測」で時系列分析

　Prophet による予測は、日単位の集計結果より月単位の集計結果の方が向いています。それは集計の単位を大きくすることで、例えば天候のような変動要素の影響を薄められるからです。本節の最後に、その一例として「アイスクリーム購買予測」を Prophet で簡単にやってみたいと思います。

　この実習で使っている Excel データは、「金沢アイスクリーム調査報告書」という下記リンク先の表データを参考に、データを起こして作りました[5]。
https://www.icecream.or.jp/biz/data/expenditures.html
（一般社団法人日本アイスクリーム協会）

　実習 Notebook 上に実装コードはすべて含まれていますが、実装は本編とほとんど同じなので、当コラムでコードの解説はしません。代わりに、元データと Prophet で得られた予測結果のグラフ表示結果を示します。

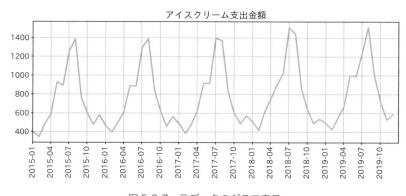

図 5-3-7　元データのグラフ表示

　図 5-3-7 が、元データをグラフに表示したものです。この図からわかる通り、このデータはかなり規則正しい周期性を持っていて、時系列分析に向いていそうです。データは、2015 年 1 月から 2019 年 12 月までちょうど 5 年分あるのですが、このうち最初の 4 年分を訓練データ、最後の 1 年分を検証データに分

---

[5] 余談ですがこのように実データで予測をする場合、データ起こしをどうするかも課題です。今回筆者は Web ページからコピペして作りましたが、「スクレイピング」と呼ばれる技術が役立つ場合もあります。

割してモデルの精度を検証しました。検証期間中の予測結果と正解データを比較したのが、次の図 5-3-8 になります。

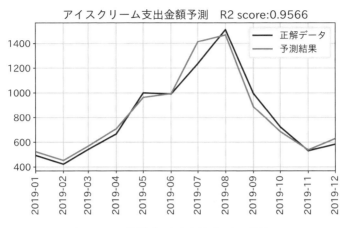

図 5-3-8　予測データと実績データの比較

　図 5-3-8 を見ると、かなり正確に予測ができていることがわかります。また R^2 値も 0.9566 と相当高く、この値からもモデルの正確性が確認できます。

　Notebook 上のコードを見てもらえばわかるように、この予測をするにあたってチューニングに該当するようなことはほとんどしていません。唯一行ったのが yearly_seasonality[6]=5 と近似用の三角関数の個数を減らしたことぐらいです。この結果を見ても、専門知識なしに時系列分析ができる Prophet は、初心者にとって非常に便利なものであることがわかります。

----

[6] デフォルト値= 10 となっています。

5.4　お薦め商品の提案（アソシエーション分析）

　前節まで紹介した機械学習の処理パターンは、すべて「教師あり学習」の学習方式に含まれるものでした。本節と次節では「教師なし学習」の学習方式に該当する処理パターンに挑戦します。本節で取りあげるのは「アソシエーション分析」です。

5.4.1　処理パターンと想定される業務利用シーン

　アソシエーション分析とは、大量の商品購入履歴データから「商品Aと商品Bが同時に購入されることが多い」といった法則を見つけ出す分析手法です。

　このような知見から導かれるマーケティング上の施策としては、例えば、「商品Aと商品Bをセットにして割り引き価格を設定する」といったことが考えられます。あるいは、アソシエーション分析の活用方法で有名なケースとしては、次のようなものがあります。

　コンビニで、単価が安く販売数が少ない商品Xがあったとします。この商品だけ見ると別の商品に差し替えた方がよさそうです。しかし、この商品は必ず単価の高い別の商品Yとセットで売れていることがアソシエーション分析で判明し、全体で見ると売り上げ向上に大きく貢献していました。恐らく、商品Xは普通の店で売っていないので、これを購入するためにわざわざこの店に来た顧客が、他の高額の商品Yもセットで購入しているのだと考えられます。ここまで分析できれば、コンビニの店長はこの商品の販売を続ける結論を出すでしょう。

　次節の事例にも共通していえることですが、教師なし学習（分析）の処理パターンでは、単に分析結果を出しただけでは、AIの効果が出たことにはなりません。**得られた知見を基に、何か戦略を考え、その効果があって初めて分析が意味を持つ**ことになります。

　教師あり学習との違いを簡単にまとめると、以下のようになります。

　教師あり学習：正解データの収集が大変だが、モデル構築までできれば業務

での活用は比較的簡単なことが多い。

教師なし学習：正解データの収集は不要なので、モデルの構築は比較的簡単。しかし、業務での活用は「知見を基に戦略を考え、それが効果を出す」と、1アクション余分に必要なので、比較的難易度が高い。

以上が教師なし学習を業務に生かす上で重要なポイントですので、必ず頭に入れるようにしてください。

5.4.2 　例題のデータ説明とユースケース

本節の例題では、UCI データセットの中から、「Online Retail Data Set」（オンライン小売データセット）を利用します。いつものように Web ページの画面を掲載しました。

Online Retail Data Set
Download: Data Folder, Data Set Description

Abstract: This is a transnational data set which contains all the transactions occurring between 01/12/2010 and 09/12/2011 for a UK-based and registere

Data Set Characteristics:	Multivariate, Sequential, Time-Series	Number of Instances:	541909	Area:	Business
Attribute Characteristics:	Integer, Real	Number of Attributes:	8	Date Donated	2015-11-06
Associated Tasks:	Classification, Clustering	Missing Values?	N/A	Number of Web Hits:	471253

図 5-4-1　Online Retail Data Set の画面
https://archive.ics.uci.edu/ml/datasets/Online+Retail/ より。

このデータセットは、イギリスを拠点とし、ギフト商品を中心に販売している EC サイトの取引履歴データです。データを見ると取引はまとまった単位で行われているので、一般顧客より小売業者が主な対象と考えられます。

具体的なデータ項目は、以下の形になっています。データ件数は総数で約 54 万件あり、商品購買分析の例題でよく利用されるデータとなっています。

InvoiceNo：発注番号

277

StockCode：商品番号
Description：商品説明
Quantity：商品個数
InvoiceDate：明細書発行日
UnitPrice：商品単価
CustomerID：顧客番号
Country：国名

　図 5-4-2 は、このサイトで扱っている商品の一部です。実は、フランスの顧客からよくセットで購入されていることが判明した商品です。どうやって、この商品のセットを見つけたかを説明するのが、本節の目的です。

図 5-4-2　商品リコメンドのイメージ

5.4.3　モデルの概要

　アソシエーション分析が始まったのは 1994 年になります。研究者が、百貨店から収集した膨大な購買データの活用方法を相談されたのがきっかけといわれています。この研究の画期的な点は、膨大な点数の商品を対象にした場合でも有限の時間で答えを見つけられた点です。しかも評価値の計算方法は、集計処理と四則演算だけで済むとてもシンプルなものです。ぜひその計算の仕組みを理解した上で活用するようにしてください。

アソシエーション分析で重要な概念は「支持度（support）」「確信度（confidence）」「リフト値（lift）」の三つです。それぞれの計算方法を具体例に基づいて説明します。覚えるのが大変ですが、アソシエーション分析を使いこなすには必須の概念ですので、理解するようにしてください。

	商品A	商品B	商品C	商品D
顧客1	Y	N	Y	Y
顧客2	Y	Y	N	N
顧客3	Y	Y	Y	N
顧客4	N	Y	N	N
顧客5	N	N	N	Y
顧客6	N	Y	N	N
顧客7	N	N	N	N
顧客8	Y	Y	Y	N
顧客9	N	N	N	Y
顧客10	N	N	N	Y

表 5-4-1　顧客別商品購買結果

上の表のように顧客が10人、商品が4種類の購買履歴データがあったとします。そして分析したい「**ルール**[1]」は「商品Aを購入した顧客は商品Bを購入する」（AならばB）という仮説だとします。

計算の出発点になる指標値は「**支持度**」です。支持度の考え方は非常にシンプルで「**顧客全体の中で、今注目している商品を購入した顧客の比率**」です。支持度をSで表して表5-4-1のケースで実際に計算すると

S(商品A) = 4/10 = 0.4
S(商品B) = 5/10 = 0.5

です。

支持度は「商品Aと商品Bを両方買った」事象に対しても計算できます。次の値になります。

---

[1] 「商品Aを購入するならば商品Bを購入する可能性が高い」など、二つの商品または商品グループ間の関係を「ルール」と呼びます。

S（商品 A AND 商品 B）＝ 3/10 ＝ 0.3

　次の概念は「**確信度**」です。「A ならば B」が、今検証したい仮説だとすると、確信度の計算式は

S（商品 A AND 商品 B）/ S（商品 A）＝ 0.3/0.4 ＝ 0.75

となります。A を買った人（4 人）を全体とした時、そのうちの何人が B も一緒に買ったか（3 人）を示す式で、直感的にわかりやすい考え方です。
　最後の概念が「**リフト値**」です。リフト値は次の式で求められます。

S（商品 A AND 商品 B）/（S（商品 A）* S（商品 B））

　今回の例で計算すると、0.3/(0.4*0.5)＝ 1.5 です。この計算式は A と B に入れ替えても同じなので、着目している事象が「B ならば A」でもリフト値は同じになります。
　もし、商品 A を買う事象と商品 B を買う事象が互いに一切関係ない（数学的には「独立な事象である」といいます）のであれば、リフト値は 1 になります。逆に、なんらかの因果関係（数学的な言い方だと「相関」）があると、リフト値は 1 より大きくなります。リフト値の値が高ければ高いほど、「商品 A の購入」と「商品 B の購入」の因果関係は深いということになるのです。
　ここまで説明した計算のアルゴリズムで使ったのは、数の集計と割り算だけです。今回の例であれば、人間が手計算しても簡単にリフト値の高い商品間の関係を見つけられそうです。しかし実際の店舗では、商品は何万点、何十万点にもなり得ます。そうなると、組み合わせの数が爆発して有限時間で計算できなくなります。
　そこで出てくる概念が「**支持度の閾値**」です。アソシエーション分析では、探索開始前に支持度、つまり対象事象の購入比率の下限値を定めます。この下限値より下の事象は、不人気の商品（または商品の組み合わせ）として、探索の対象から切り捨ててしまうのです。「**アプリオリ分析**」と呼ばれる分析アルゴリズムの概要を図 5-4-3 に示しました。

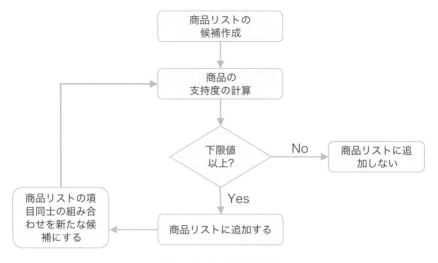

図 5-4-3　アプリオリ分析

この仕掛けがあるので、対象商品が何十万点であっても有限時間で計算できます。一方、めったに売れない商品で支持度が低い場合、切り捨てられて、計算対象に入らなくなります。このため、**「支持度の下限値」がアソシエーション分析で最も重要なパラメータ**になります。この点は、5.4.7項の「チューニング」で改めて確認していきます。

こうやって抽出した商品リストから、確信度またはリフト値の高いルールを抽出するのが、アソシエーション分析の第2ステップです。アソシエーション分析の全体像を、図5-4-4に示しました。

図 5-4-4　アソシエーション分析の全体像

以上の説明では、商品の購買有無は顧客単位で説明しました。顧客は同一の店で複数回購入する可能性があります。こうした点も考慮して同一顧客でデータを集約するためには、購買履歴と顧客IDが紐付いている必要があります。

より簡易的には、個々の発注を異なる顧客のものと見なして分析する方法も

あります。これなら、例えばスーパーのレジで、特に顧客を登録していない、すべての購買履歴を分析できます[2]。本節の実習では、この簡易的な分析手法を用いることにします。データ自体には、顧客 ID も含まれているので、実習を発展させて顧客単位で分析することも可能です。関心ある読者はぜひチャレンジしてみてください。

5.4.4 データ読み込みからデータ確認まで

ここまでの説明で、アソシエーション分析の概要は理解できたかと思います。早速実装に入っていきましょう。

データ読み込み

いつものように、最初にデータの読み込みから始めます。今回のデータセットは、Excel 形式のデータが直接インターネット上に公開されています。それで、データフレームの read_excel 関数を、URL 指定で呼び出す形にします。その後で、いつものように項目名の日本語への差し替えをしています。コード 5-4-1 が実装になります。

```
# データ読み込み
# 公開データは Excel 形式なので、read_excel 関数で直接読み込む
# 時間がかなりかかるので注意してください
df = pd.read_excel('http://archive.ics.uci.edu/ml/¥
machine-learning-databases/00352/Online%20Retail.xlsx')

# 項目名を日本語に変更
columns = [
    '発注番号', '商品番号', '商品説明', '商品個数', '明細書発行日',
    '商品単価', '顧客番号', '国名'
]
df.columns = columns
```

コード 5-4-1　Online Retail Data Set の読み込み

---

[2] 同じ買い物かごに入っている商品を同一購買とみなすことから、本節の実習で紹介する手法を「バスケット分析」と呼ぶこともあります。

相当大きなファイルで読み込みに時間がかかるので注意してください。

データ確認

　データの読み込みが終わったら、次のステップはデータの確認です。今回は、全体件数、データ内容確認、欠損値確認、そして購買者の国名の確認をします。

　コード 5-4-2 では、全体件数とデータの内容を確認しています。

```
# データ件数確認
print(df.shape[0])

# データ内容確認
display(df.head())

541909
```

	発注番号	商品番号	商品説明	商品個数
0	536365	85123A	WHITE HANGING HEART T-LIGHT HOLDER	6
1	536365	71053	WHITE METAL LANTERN	6
2	536365	84406B	CREAM CUPID HEARTS COAT HANGER	8
3	536365	84029G	KNITTED UNION FLAG HOT WATER BOTTLE	6
4	536365	84029E	RED WOOLLY HOTTIE WHITE HEART.	6

	明細書発行日	商品単価	顧客番号	国名
0	2010-12-01 08:26:00	2.55	17850	United Kingdom
1	2010-12-01 08:26:00	3.39	17850	United Kingdom
2	2010-12-01 08:26:00	2.75	17850	United Kingdom
3	2010-12-01 08:26:00	3.39	17850	United Kingdom
4	2010-12-01 08:26:00	3.39	17850	United Kingdom

コード 5-4-2　データ件数とデータ内容の確認

　現段階では、データは全部で 54 万 1909 件あることがわかります。
　次に、欠損値の状況を確認してみましょう。コード 5-4-3 がその実装になります。

```
# 欠損値確認
print(df.isnull().sum())

発注番号              0
商品番号              0
商品説明           1454
商品個数              0
明細書発行日            0
商品単価              0
顧客番号         135080
国名                0
dtype: int64
```

コード 5-4-3　欠損値の確認

コードの結果を見ると「商品説明」と「顧客番号」に欠損値があることがわかります。「商品説明」については商品辞書を作成することで自動的に対応することになります。顧客番号の欠損に関しては、今回は顧客個別でなく、発注単位の分析をする方針としたので、このままで支障はないです。結論として、今回の実習では欠損値対応は不要になります。

最後に、どの国の顧客からの注文が多いのか、国別に集計して調べてみます。実装はコード 5-4-4 です。

```
# 国名確認
print(df['国名'].value_counts().head(10))

United Kingdom    495478
Germany             9495
France              8557
EIRE                8196
Spain               2533
Netherlands         2371
Belgium             2069
Switzerland         2002
Portugal            1519
Australia           1259
Name: 国名, dtype: int64
```

コード 5-4-4　国別の件数確認

集計結果を見ると地元ということでイギリス（United Kingdom）が圧倒的に多いことがわかります。この集計結果も後ほど利用することになります。

5.4.5 データ前処理

次のステップはデータ前処理です。この実習では、次の三つの前処理を実施します。

- 対象を新規オーダーだけに限定
- 対象をフランスに限定
- データを One-Hot 形式に変換

この中で、最後の処理がアソシエーション分析固有の話です。それでは実際のコードを順に見ていきましょう。

対象を新規オーダーだけに限定

今回の公開データセットでは、発注番号の頭 1 文字に意味があり、この値が '5' の場合は新規オーダー、'C' の場合はキャンセルオーダーであることがわかっています。分析時にキャンセルオーダーが混在すると結果に悪い影響を与えそうなので、新規オーダーだけを抜き出すことにします。

その第 1 段階として、データフレームに「発注種別」列を追加することにします。その実装がコード 5-4-5 になります。

```
#「発注種別」列の追加

# 前処理用にデータをコピー
df2 = df.copy()

# 発注番号の頭 1 桁を別項目に抽出
# (5：新規オーダー C：キャンセル)
df2['発注種別'] = df2['発注番号'].map(lambda x: str(x)[0])

# 結果確認
display(df2.head())
```

```
# 種別個数確認
print(df2['発注種別'].value_counts())
```

	発注番号	商品番号	商品説明	商品個数
0	536365	85123A	WHITE HANGING HEART T-LIGHT HOLDER	6
1	536365	71053	WHITE METAL LANTERN	6
2	536365	84406B	CREAM CUPID HEARTS COAT HANGER	8
3	536365	84029G	KNITTED UNION FLAG HOT WATER BOTTLE	6
4	536365	84029E	RED WOOLLY HOTTIE WHITE HEART.	6

	明細書発行日	商品単価	顧客番号	国名	発注種別
0	2010-12-01 08:26:00	2.55	17850	United Kingdom	5
1	2010-12-01 08:26:00	3.39	17850	United Kingdom	5
2	2010-12-01 08:26:00	2.75	17850	United Kingdom	5
3	2010-12-01 08:26:00	3.39	17850	United Kingdom	5
4	2010-12-01 08:26:00	3.39	17850	United Kingdom	5

```
5      532618
C        9288
A           3
Name: 発注種別, dtype: int64
```

コード 5-4-5 「発注種別」列の追加

　新しい列を増やす際には、データフレームの map 関数を使って発注番号の最初の 1 文字を抜くようにしています。このコードの結果を見ると、キャンセルのオーダーが、9288 件、また 'A' という種別が 3 件あることがわかります。次のコード 5-4-6 では、発注種別＝ '5' だけに絞り込みます。

```
# 新規オーダーのみ抽出
df2 = df2[df2['発注種別']=='5']

# 件数確認
print(df2.shape[0])

532618
```

コード 5-4-6　新規オーダーだけ抽出

件数が53万2618件に減り、意図した結果になりました。

対象をフランスに限定

次にフランスからのオーダーだけに絞り込みます。実際のプロジェクトでは、全体に対して分析するなど、いろいろなパターンがあると思いますが、今回はこのような想定のユースケースとしました。実装はコード5-4-7になります。

```
# 分析対象をフランスに限定する
df3 = df2[df2['国名']=='France']

# 件数確認
print(df3.shape[0])

8408
```

コード5-4-7　フランスだけ抽出

最終的に、データ件数は8408件になりました。このデータが今回の実習での最終的な分析対象となります。

データをOne-Hot形式化

前処理の最後のステップは、データのOne-Hot形式化です。One-Hot形式とは、「発注番号」「商品番号」の形で表現しているデータ（「縦持ち」と呼ばれることがあります）を、商品ごとの列を持つ形式（「横持ち」と呼ばれることがあります）に変換する処理です。4.2.4項でOne Hotエンコーディングの説明をしましたが、それに近い処理です（同一発注の複数レコードを一つにまとめる点が微妙に異なります）。

縦持ち

発注番号	商品番号
発注1	商品A
発注1	商品C
発注1	商品D
発注2	商品A
発注2	商品B
発注3	商品A
発注3	商品B
発注3	商品C
発注4	商品B
発注4	商品D
:	:

横持ち

	商品A	商品B	商品C	商品D
発注1	Y	N	Y	Y
発注2	Y	Y	N	N
発注3	Y	Y	Y	N
発注4	N	Y	N	Y
発注5	N	N	N	Y
発注6	N	Y	N	N
発注7	N	N	Y	N
発注8	Y	Y	Y	N
発注9	N	N	N	Y
発注10	N	N	N	Y
:	:	:	:	:

図 5-4-5　データを縦持ちから横持ちに変換

　本項の最終目的であるアソシエーション分析では、横持ち形式の入力データが必要なため、図 5-4-5 で示した変換処理が必要になります。

　そのために、まず「発注番号」「商品番号」をキーにして、「商品個数」を集計します。個々の発注（発注番号）において、どの商品（商品番号）を何個（商品個数）買ったかを調べるのです。実装は、コード 5-4-8 を見てください。

```
## 発注番号と商品番号をキーに商品個数を集計する
w1 = df3.groupby(['発注番号', '商品番号'])['商品個数'].sum()

# 結果確認
display(w1.head())

発注番号    商品番号
536370   10002    48
         21035    18
         21724    12
         21731    24
         21791    24
Name: 商品個数, dtype: int64
```

コード 5-4-8　発注番号と商品番号をキーに商品個数を集計

コードを見るとわかる通り、データフレームの groupby 関数をうまく使うと、このような処理が 1 行で簡潔に実装できます。

その次に商品番号を列に移動（横持ちに）します。そのための実装がコード5-4-9 です。

```python
# 商品番号を列に移動（unstack 関数の利用）
w2 = w1.unstack().reset_index().fillna(0).set_index('発注番号')

# サイズ確認
print(w2.shape)

# 結果確認
display(w2.head())

(392, 1542)
```

発注番号	10002	10120	10125	10135	11001	15036	15039	16012	16048
536370	48.0000	0.0000	0.0000	0.0000	0.0000	0.0000	0.0000	0.0000	0.0000
536852	0.0000	0.0000	0.0000	0.0000	0.0000	0.0000	0.0000	0.0000	0.0000
536974	0.0000	0.0000	0.0000	0.0000	0.0000	0.0000	0.0000	0.0000	0.0000
537065	0.0000	0.0000	0.0000	0.0000	0.0000	0.0000	0.0000	0.0000	0.0000
537463	0.0000	0.0000	0.0000	0.0000	0.0000	0.0000	0.0000	0.0000	0.0000

コード 5-4-9　商品番号を列に移動

コード 5-4-8 の結果は、実はデータフレームとしては第 1 段「発注番号」、第 2 段「商品番号」と 2 段階のインデックスを持つ形式になっています。データフレームではこのような状態で unstack 関数を利用すると、簡単に今回の目的である、行インデックスの列インデックスへの移動ができます。さらにその結果に対して fillna 関数を使うことで、値の定義されていないほとんどの要素に 0 が設定されます。このコードでは、新しいデータフレーム w2 の次元数も表示しています。その結果から、このデータフレームが1542個の列（＝商品の総点数）を持っていることがわかります。

21723	21724	21725	21731	21733	21739	21746	21747	21749	21754	21755
0.0000	12.0000	0.0000	24.0000	0.0000	0.0000	0.0000	0.0000	0.0000	0.0000	0.0000
0.0000	0.0000	0.0000	0.0000	0.0000	0.0000	0.0000	0.0000	0.0000	0.0000	0.0000
0.0000	0.0000	0.0000	0.0000	0.0000	0.0000	0.0000	0.0000	0.0000	0.0000	0.0000
0.0000	0.0000	0.0000	0.0000	0.0000	0.0000	0.0000	0.0000	0.0000	0.0000	0.0000
0.0000	0.0000	0.0000	72.0000	0.0000	0.0000	0.0000	0.0000	0.0000	0.0000	0.0000

図 5-4-6　コード 5-4-8 のデータフレームを右スクロールした結果

　図 5-4-6 はコード 5-4-8 の結果の図を、右にスクロールしていった結果です。

　1 行目で、「21724」の列に「12」が、「21731」の列に「24」の値が設定されています。この結果は、変換前の状態であるコード 5-4-8 の結果と辻褄があっています。

　アソシエーション分析の入力にするためには、もう一加工必要です。図 5-4-6 の状態では、各要素には 0 を含めた購入商品個数が入っているのですが、これを 0 の場合は False、1 以上の整数値の場合は True の値を持つ状態に変えたいのです。そのための実装が、次のコード 5-4-10 になります。

```python
# 集計結果が正か 0 かで True/False を設定
basket_df = w2.apply(lambda x: x>0)

# 結果確認
display(basket_df.head())
```

発注番号	10002	10120	10125	10135	11001	15036	15039	16012	16048
536370	TRUE	FALSE	FALSE	FALSE	FALSE	FALSE	FALSE	FALSE	FALSE
536852	FALSE	FALSE	FALSE	FALSE	FALSE	FALSE	FALSE	FALSE	FALSE
536974	FALSE	FALSE	FALSE	FALSE	FALSE	FALSE	FALSE	FALSE	FALSE
537065	FALSE	FALSE	FALSE	FALSE	FALSE	FALSE	FALSE	FALSE	FALSE
537463	FALSE	FALSE	FALSE	FALSE	FALSE	FALSE	FALSE	FALSE	FALSE

コード 5-4-10　各要素を True/False 値にする

データフレームの apply 関数を利用して簡潔に実装できました。

　前節までで扱った教師あり学習の場合は、データ前処理の次のステップは

「データ分割」でした。学習データを入力データと正解データに分割したり、訓練データと検証データに分割したりするステップです。しかし図5-4-4を改めて見るとわかるように、本節で扱う**アソシエーション分析にデータ分割のステップは存在しません。この点こそが「教師なし学習」と「教師あり学習」の最大の違い**です。教師なし学習のアソシエーション分析では、学習データを分割せず、全体に対して分析を進めていきます。

モデル構築の前に、本来ならばもう一つやっておくべきことがあります。それは、商品名辞書の準備です。分析結果としてわかるのは商品番号のみですが、それがどんな商品か調べるためには商品名辞書が必要になるからです。しかし、この作業はモデル構築と直接関係はないので、コーディングの解説は本書のサポートサイトに記載します。関心ある読者はそちらを参照してください。いったん、商品名辞書の準備が終わったと想定して次のステップに進むこととします[3]。

5.4.6　アルゴリズムの選択と分析

学習データの準備ができたので、いよいよモデルの構築・分析に取りかかります。
次のコード5-4-11では、アソシエーション分析のためのライブラリを導入します。

```
# ライブラリの読み込み
from mlxtend.frequent_patterns import apriori
from mlxtend.frequent_patterns import association_rules
```

コード5-4-11　アソシエーション分析用のライブラリの導入

アソシエーション分析は、今まで使ってきたscikit-learnのライブラリには含まれていません。そこで、mlxtendという別のライブラリを利用します。図5-4-4で説明したようにアソシエーション分析は「アプリオリ分析」と「ルール

---

[3] サポートサイトで解説しているセルも実行しないとその後の処理がエラーになるので、その点は注意してください。

抽出」の二つのステップがあります。mlxtend では、前者が apriori 関数、後者が association_rules 関数に該当します。

次のコード 5-4-12 が第 1 ステップのアプリオリ分析です。

```python
# アプリオリによる分析
freq_items1 = apriori(basket_df, min_support = 0.06,
    use_colnames = True)

# 結果確認
display(freq_items1.sort_values('support',
    ascending = False).head(10))

# itemset 数確認
print(freq_items1.shape[0])
```

	support	itemsets
61	0.7653	(POST)
52	0.1888	(23084)
14	0.1811	(21731)
37	0.1709	(22554)
39	0.1684	(22556)
114	0.1658	(POST, 23084)
24	0.1582	(22326)
82	0.1582	(POST, 21731)
4	0.1531	(20725)
89	0.1480	(POST, 22326)

134

コード 5-4-12　アプリオリ分析

この段階では商品あるいは商品の組み合わせのそれぞれに対して「支持度（support）」を算出し、この値が閾値（本コードでは 0.06）より大きいものだけを抽出します。具体的な処理フローについては、5.4.3 項の図 5-4-3 を再度参照してください。この閾値が重要であることも 5.4.3 項で説明しました。今回の場合、134 件の商品またはその組み合わせが検出されました。

第 2 ステップが「ルール抽出」で、実装はコード 5-4-13 になります。

```
# アソシエーションルールの抽出
a_rules1 = association_rules(freq_items1, metric = "lift",
    min_threshold = 1)

# リフト値でソート
a_rules1 = a_rules1.sort_values('lift',
    ascending = False).reset_index(drop=True)

# 結果確認
display(a_rules1.head(10))
# ルール数確認
print(a_rules1.shape[0])
```

	antecedents	consequents	antecedent support	consequent support	support	confidence
0	(23254)	(23256)	0.0714	0.0689	0.0638	0.8929
1	(23256)	(23254)	0.0689	0.0714	0.0638	0.9259
2	(22727)	(22728, 22726)	0.0944	0.0740	0.0638	0.6757
3	(22728, 22726)	(22727)	0.0740	0.0944	0.0638	0.8621
4	(POST, 22726)	(22727)	0.0842	0.0944	0.0714	0.8485
5	(22727)	(POST, 22726)	0.0944	0.0842	0.0714	0.7568
6	(22726)	(22728, 22727)	0.0969	0.0740	0.0638	0.6579
7	(22728, 22727)	(22726)	0.0740	0.0969	0.0638	0.8621
8	(22727)	(22726)	0.0944	0.0969	0.0791	0.8378
9	(22726)	(22727)	0.0969	0.0944	0.0791	0.8158

	lift	leverage	conviction
0	12.9630	0.0589	8.6905
1	12.9630	0.0589	12.5357
2	9.1333	0.0568	2.8552
3	9.1333	0.0568	6.5657
4	8.9894	0.0635	5.9770
5	8.9894	0.0635	3.7650
6	8.8929	0.0566	2.7068
7	8.8929	0.0566	6.5472
8	8.6430	0.0699	5.5689
9	8.6430	0.0699	4.9162

206

コード 5-4-13　ルール抽出

ルール抽出で使う指標値は確信度とリフト値の2種類があり、association_rules関数のパラメータで指定します[4]。今回は「リフト値が1以上」という条件にしました。抽出した結果をリフト値で逆順にソートして、最終出力のa_rules1としています。

　その結果、商品番号「23254」と「23256」あるいは「22726」「22727」と「22728」の間に強い関係がありそうだとわかりました。

　早速、実習用Notebookの中で用意した商品名辞書item_dictを使って商品名を調べてみましょう。この実装がコード5-4-14になります。

```
# 関係性の高い商品の商品コードをリストアップ
item_list = ['23254', '23256', '22726', '22727', '22728']

# 商品名を確認
for item in item_list:
    print(item, item_dict[item])

23254 CHILDRENS CUTLERY DOLLY GIRL
23256 CHILDRENS CUTLERY SPACEBOY
22726 ALARM CLOCK BAKELIKE GREEN
22727 ALARM CLOCK BAKELIKE RED
22728 ALARM CLOCK BAKELIKE PINK
```

コード5-4-14　商品名との紐付け

　商品番号が近いことからも想像がついてましたが、「23254」と「23256」は女の子向けと男の子向けの食器セット、「22726」「22727」「22728」は同じシリーズの色違いの目覚まし時計だとわかりました。確かに商店が商品を仕入れる時に、セットで購入しそうな感じです。

　ただ、本節の冒頭で説明したように、この結果がわかっただけでは、まだビジネスへの効果はありません。この知見を基に、いかに効果のあるビジネス上の戦略を考えられるかが最も重要な点になるのです。今回わかった知見に基づいた戦略の例としては、商品「23254」と「23256」、あるいは「22726」「22727」「22728」をセット販売して割り引きすることなどが考えられます。

----
[4] リフト値と確信度についても5.4.3項で説明しています。忘れた読者は読み返してください。

これで、本節のモデル構築のステップは一通り完了しました。前節までの教師あり学習のステップに慣れた読者は、最後の方のステップがかなり異なることに気付いたと思います。教師あり学習では、「アルゴリズム選択」の後で「学習」「予測」「評価」というステップがありました。しかし、本節のモデル構築では**「アルゴリズム選択」の後は「分析」だけで終わっています**。これもデータ分割と並んで、教師なし学習と教師あり学習との大きな違いです。

5.4.7　チューニング

　アソシエーション分析では、最初のアプリオリ分析における、支持度の閾値の設定が重要だと 5.4.3 項で説明しました。この点を今の例題を通じて確認していきます。

　まずは、次のコード 5-4-15 を実行してみましょう。min_support の値だけ 0.06 から 0.065 に少しだけ増やして、後はまったく同じ条件で分析した結果です。

```
# アプリオリによる分析
freq_items2 = apriori(basket_df, min_support = 0.065,
    use_colnames = True)

# アソシエーションルールの抽出
a_rules2 = association_rules(freq_items2, metric = "lift",
    min_threshold = 1)

# リフト値でソート
a_rules2 = a_rules2.sort_values('lift',
    ascending = False).reset_index(drop=True)

# 結果確認
display(a_rules2.head(10))
```

	antecedents	consequents	antecedent support	consequent support	support	confidence
0	(22727)	(POST, 22726)	0.0944	0.0842	0.0714	0.7568
1	(POST, 22726)	(22727)	0.0842	0.0944	0.0714	0.8485
2	(22726)	(22727)	0.0969	0.0944	0.0791	0.8158
3	(22727)	(22726)	0.0944	0.0969	0.0791	0.8378
4	(22726)	(POST, 22727)	0.0969	0.0867	0.0714	0.7368
5	(POST, 22727)	(22726)	0.0867	0.0969	0.0714	0.8235
6	(22728, POST)	(22727)	0.0893	0.0944	0.0663	0.7429
7	(22727)	(22728, POST)	0.0944	0.0893	0.0663	0.7027
8	(22728)	(22727)	0.1020	0.0944	0.0740	0.7250
9	(22727)	(22728)	0.0944	0.1020	0.0740	0.7838

コード 5-4-15　min_support 値を変えてアソシエーション分析

　すると、先ほどの分析でNo.1, 2 だった、「23254」と「23256」の間のアソシエーションがなくなっていることがわかります。どうしてこういう結果になったのか、freq_items1 と freq_items2 という二つのアプリオリ分析の結果から、「23254」と「23256」を含む行を抽出して調べてみます。

　実装はコード 5-4-16 です。

```
# 調査対象の集合
t_set = set([23254, 23256])

# 1 回目の分析 freq_item1 から該当行を抽出
idx1 = freq_items1['itemsets'].map(
    lambda x: not x.isdisjoint(t_set))
item1 = freq_items1[idx1]

# 2 回目の分析 freq_item2 から該当行を抽出
idx2 = freq_items2['itemsets'].map(
    lambda x: not x.isdisjoint(t_set))
item2 = freq_items2[idx2]

# 結果確認
display(item1)
display(item2)
```

	support	itemsets
58	0.0714	(23254)
59	0.0689	(23256)
118	0.0638	(23256, 23254)

	support	itemsets
53	0.0714	(23254)
54	0.0689	(23256)

コード5-4-16　アプリオリ分析結果から該当商品コードを含む行を抽出

Pythonでは集合データ（set）に対する演算も用意されていて、その中の一機能であるisdisjoint関数をうまく使うと、上で説明した抽出作業も簡潔に実装できます。

　二つの出力結果を比較すると、min_supportの値を0.06から0.065に変更したことで、(23254 AND 23256) の条件の支持度が、含まれなくなったことがわかります。5.4.3項の説明を読み返してもらえばわかる通り、「確信度」「リフト値」を計算するには「商品A」「商品B」だけでなく「商品A AND 商品B」の支持度の値もないといけないのです。閾値の変更で、この値がリストからはずれてしまったために、「23254」と「23256」の間のアソシエーションがなくなったのでした。

　この結論を、5.4.1項で紹介したコンビニでの単価が安く販売数が少ない商品の分析の話にあてはめてみます。恐らくmin_supportの値をかなり低めに設定しないと、アソシエーション分析でこの商品のことは出てこないはずです。一方でむやみにmin_supportを小さくすると、計算時間が膨大になり、分析結果も大量になってしまい、意味のある結果を見つけられなくなる可能性があります。この値をどうするかは、実際にデータ分析を始めた段階で、試行錯誤により見つけていく形になります。

業務要件と処理パターン

297

関係グラフの視覚化

本節で分析したアソシエーションルール（商品間の関係性）は、「関係グラフ」という概念で表現できます。関係グラフは Python では networkx というライブラリを利用して容易に視覚化できます。描画のためのコードはやや複雑になるため、解説は本書サポートページに掲載しました。関心ある読者はそちらを参照してください。

ここでは、最終的な出力結果だけ図 5-4-7 に示しました[5]。

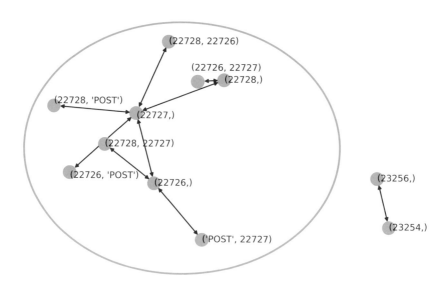

図 5-4-7　アソシエーション分析結果の関係グラフ表示

---

[5] このグラフを作成する際、各ノードの配置に乱数が利用されています。その関係で、実習時のノードの配置は紙面と異なります。ノード間の関係は同じなので、グラフからわかる結論も変わりません。

この図の通り、リフト値上位の商品は、三つのグループ（クラスタ）に分類できることがわかります。青丸で囲んだノードのクラスタに対して特売を設定する場合、「このグループの商品から2個3個まとめ買いしたら一律割り引き」のような設定をするとよいかもしれません。

5.4.9 より発展した分析

本節では「アソシエーション分析」と呼ばれる教師なし学習の処理パターンを説明してきました。マーケティングの世界で似た処理パターンとして「**協調フィルタリング**」と呼ばれる方式があります。こちらはかなり高度な分析手法なので、残念ながら今までの実習でやってきたように「ライブラリを呼び出してすぐ結果を得る」ことはできないのが現状です。しかし、重要な処理パターンなので、その考え方だけ紹介しておきます。

アソシエーション分析の場合、分析対象はあくまで「商品」であり、「商品間の関係性を見つけ出す」ことが目的でした。これに対して「協調フィルタリング」では、分析対象は顧客個人になります。分析の出発点が表5-4-1の形であることは同じなのですが、このデータを基に、最初に個人間の関係性（誰が似ているか）を調べるのです。個人間の関係性は、例えば「コサイン近似度」のような多次元ベクトルで近さを調べる数学的手法で調べます。

なんらかの手段で「似た個人」が特定できたとします。次のステップで、「似た個人」が購入していて本人が購入していない商品を調べます。そして、洗い出した商品を「お薦め」として、個人ごとの情報としてWeb画面上に表示するのです。

ここまでの説明を読んで、世の中のほとんどのECサイトでこの対応をしていることに気付くでしょう。そして、この「お薦め」の精度が少しでも上がるとECサイト全体としては、莫大な額の売り上げ向上につながるのです。そういう意味で、この領域は今、最もホットなAI領域の一つといってよいでしょう。

本書を読んだだけで、すぐこのような実装ができるわけではありませんが、本節で紹介した「アソシエーション分析」は、高度な「協調フィルタリング」にたどり着くための最初のステップといえます。読者はまず、本節に書かれている内容を十分埋解して、次のステップへの足がかりにしてください。

Column 「おむつとビール」の都市伝説

　アソシエーション分析の話をすると、必ず出てくる有名な話が「おむつとビール」の話です。あるスーパーマーケットでアソシエーション分析をしたところ「おむつを買う男性は必ずビールも買っている」ことがわかり、おむつの近くにビールを置いたところ売れ行きが伸びた、というのです。

　この話がウケるのは、ひとえにこの二つの組み合わせの意外性によるところが大きいです。ただ、本当にそうなのかいろいろ調べてみたところ、半分は脚色が入っていて都市伝説になってしまっているようです。実際にこのような分析結果があったところまでは事実ですが、「二つの商品を近くにおいて売り上げが伸びた」という点は確認が取れませんでした。

　いくら、この二つの商品の間に関連があったとしても、実際の店舗でおむつの近くにビールを置くのは、他の商品とのバランス上難しい気がします。しつこいほど繰り返しになりますが、教師なし学習による分析が意味を持つのは、得られた知見を基に効果のある戦略を打ち出せた時です。そういう意味でおむつとビールの間に相関があったという話は、話としては面白いのは確かですが、それで終わってしまい、意味のある結果は出せなかった事例なのかもしれません。

顧客層に応じた販売戦略 （クラスタリング、次元圧縮）

　5章もいよいよ最後の例題になりました。本節は前節に続き、教師なし学習の学習方式に属する処理パターンを扱います。具体的には「**クラスタリング**」と「**次元圧縮**」の二つです。どちらもデータ分析で非常によく用いられる手法なので、ぜひマスターして、自在に使いこなせるようにしてください。

5.5.1 処理パターンと想定される業務利用シーン

　クラスタリングは、顧客向けマーケティングでよく用いられる手法です。前節の実習で取りあげた「アソシエーション分析」は、いわば顧客全体を一つのグループと見なした時の、商品間の関連性を見つける手法でした。最後に概念だけ説明した「協調フィルタリング」はそれとは違い、個人単位で営業戦略を別にする方式です。

　クラスタリングとは、その中間に位置している手法で、顧客を数学的手法に基づきグループ分けします。モデルがグループ分けした理由は分析者が後から判断しないといけないのですが、うまく説明がつけば、各グループの特性に基づいた営業戦略を考えられます。全体を対象にするほど大雑把ではないし、個人別に考えるほど細かくない、ちょうど良い塩梅の顧客層に対して、まとめて戦略を考えられるのです。

　例えば本節の実習では、食料品店の顧客を分析しますが、あるグループでは生鮮食料品を大量に購入していることがわかります。この結果から、そのグループ向けに「生鮮食料品の特売日を増やす」などの戦略が考えられます。

　もう一つの**次元圧縮**とは、何十次元や、何百次元のように項目数が多い入力データを、少ない次元に圧縮する数学的手法です。データの行列の行（ケース）の類似度でグループ化するのがクラスタリングだとすると、列（項目）の類似度で集約するのが次元圧縮という言い方もできます。

　特定のサンプル（例えば個人の顧客データ）が全体の中でどこに位置しているかを調べる時によく使われます。非常に多いのが、圧縮先の次元数を2次元

や3次元にして、圧縮した結果を散布図で表示する方法です。この手法で顧客を分析すると、特に重要な顧客を見つけられる可能性があります。

　クラスタリングと次元圧縮はよく組み合わせて利用されます。本節の事例では、クラスタリングをした後で、結果を次元圧縮で可視化する例を示します。逆に先に次元圧縮をして、対象を分析しやすい状態にした後にクラスタリングをする事例もあります。例えば、ある研究[1]では、人間のDNA配列に対して次元圧縮をして、その後でクラスタリングすることで、日本人を南方系・北方系の二つに分類することに成功しています。

　クラスタリングと次元圧縮の組み合わせは、顧客向けのアンケートの分析にも役立ちます。最初に、顧客分析の基準になるような2軸となる顧客の趣向を仮説として立てます。「室内派 vs アウトドア派」「堅実型 vs 発展型」のような軸です。この仮説に基づいたアンケート項目を複数個作ります。そのようにアンケートを作ると、次元圧縮の結果得られる軸も、この仮説軸に基づいたものになります。そして個々の顧客のアンケート結果が次元圧縮の結果、どの象限に位置するかを基に、顧客層別のアプローチを考える（例えば「アウトドア派」「発展型」向け商品を推奨するなど）ことになります。

　こうした説明だけではわかりにくいと思うので、詳細は実習の中で確認していきましょう。

5.5.2　例題のデータ説明とユースケース

　本節の例題もUCIデータセットから題材を取りあげます。本節で利用するのは、「Wholesale customers Data Set」（卸売顧客データセット）です。図5-5-1にWeb画面を示します。

---

[1] https://www.ims.u-tokyo.ac.jp/imsut/jp/about/press/page_00064.html

図 5-5-1　Wholesale customers Data Set の画面
https://archive.ics.uci.edu/ml/datasets/wholesale+customers より。

　具体的なデータ項目の内容は以下の通りです。「販売チャネル」と「地域」以外の項目は、顧客ごとの品目別の年間支出額です。全部で 440 の顧客データが含まれています。

CHANNEL：販売チャネル、「ホテル / レストラン / カフェ」または「小売り」
REGION：地域、「リスボン」「オポルト（またはポルト）」「その他」
FRESH：生鮮食品
MILK：乳製品
GROCERY：食料品
FROZEN：冷凍製品
DETERGENTS_PAPER：洗剤・紙製品
DELICATESSEN：総菜

5.5.3　モデルの概要

クラスタリング

　「クラスタリング」とは、前述のように、グループ分けをする処理パターンです。グループ分けというと、5.1 節などで取り扱った「分類」との違いが気になります。二つの違いは、正解データがわかった状態で学習をするか（分類 - 教師あり学習）、

正解データがない状態で学習をするか（クラスタリング - 教師なし学習）になります。

　簡単に想像できるように、正解がない状態でグループ分けをするクラスタリングの方が問題として難しく、そもそも「分類」の処理パターンの時のように精度を算出することもできません。それでも顧客マーケティングなどのコースケースで役に立つことが多いので、利用例の多い処理パターンとなります。

　「クラスタリング」の処理パターンでも、分類の時と同様、いくつかのアルゴリズムが存在します。紙面の関係で、その詳細には触れず、最もよく利用されるK平均法(K-Means)というアルゴリズムを本実習では利用することにします。

次元圧縮

　次元圧縮とは、数学的な処理なので、その意味を数式なしに厳密に説明することは難しいです。ここでは簡単なイメージを持つことを目標とします。

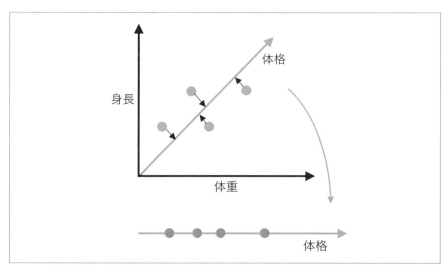

図 5-5-2　次元圧縮のイメージ

　図 5-5-2 を見てください。この図は、何人かの人の「身長」を y 軸に、「体重」を x 軸に散布図としてプロットしたものです。情報量としては 2 次元なのですが、点をよく見ると、大体直線で近似できることがわかります。下の青い直線は、それぞれの点から直線に垂線を下ろして、その交点を水平に並べたものです。

この直線で、元々2次元だった情報の大部分が1次元で表現できています。この1次元の情報に名前をつけると「体格」のような呼び方になるでしょう。これが次元圧縮の大雑把なイメージです。

　機械学習モデルの入力データは、通常数十、場合によっては数百や数千もの項目数になる場合があります。このように次元数が多くなると、個々のデータがどのようなものなのかを判断しづらくなります。こうしたデータの主要な部分を2次元や3次元に減らせれば、散布図を表示できるので、個々のデータ間の関係性を視覚的に理解しやすくなります。本節の実習で具体的な利用例を示すので、それと併せて今説明したおおまかなイメージを理解するようにしてください。

5.5.4　データ読み込みからデータ確認まで

　それでは早速実習を始めましょう。

データ読み込み

　いつものようにデータの読み込みから始めます。実装はコード5-5-1です。

```
# データ読み込み
url = 'https://archive.ics.uci.edu/ml/machine-learning-databases¥
/00292/Wholesale%20customers%20data.csv'

df = pd.read_csv(url)

# 日本語に変更
columns = ['販売チャネル', '地域', '生鮮食品', '乳製品', '食料品',
    '冷凍食品', '洗剤_紙製品', '総菜']
df.columns = columns
```

コード5-5-1　データ読み込み

　今回のデータはインターネット上にCSV形式で公開されているので、read_csv関数でデータフレームに読み込みます。続いて、項目名を日本語に置き換えます。

データ確認

次にデータを確認します。最初にデータの内容表示と、件数確認をしましょう。実装はコード 5-5-2 です。

```
# データ確認
display(df.head())

# サイズ確認
print(df.shape)
```

	販売チャネル	地域	生鮮食品	乳製品	食料品	冷凍食品	洗剤 _ 紙製品	総菜
0	2	3	12669	9656	7561	214	2674	1338
1	2	3	7057	9810	9568	1762	3293	1776
2	2	3	6353	8808	7684	2405	3516	7844
3	1	3	13265	1196	4221	6404	507	1788
4	2	3	22615	5410	7198	3915	1777	5185

```
(440, 8)
```

コード 5-5-2　データ確認

コードの結果から、データは全部で 440 件あることがわかりました。

次に欠損値を確認します。実装はコード 5-5-3 です。

```
# 欠損値確認
print(df.isnull().sum())

販売チャネル    0
地域         0
生鮮食品       0
乳製品        0
食料品        0
冷凍食品       0
洗剤 _ 紙製品   0
総菜         0
dtype: int64
```

コード 5-5-3　欠損値の確認

欠損値は一つもないきれいなデータだとわかりました。

次に販売チャネルと地域の分布を調べます。実装はコード 5-5-4 です。

```
# 販売チャネルのラベル値確認
print(df[' 販売チャネル '].value_counts())
print()

# 地域のラベル値確認
print(df[' 地域 '].value_counts())

1    298
2    142
Name: 販売チャネル , dtype: int64

3    316
1     77
2     47
Name: 地域 , dtype: int64
```

コード 5-5-4　販売チャネルと地域のラベル値確認

　二つの項目のラベル値の分布がわかりました。それぞれのラベル値の意味は以下のようになっています。

販売チャネルのラベル値の意味
　　　　1. Horeca（ホテル・レストラン・カフェ）298
　　　　2. Retail（小売り）142

地域のラベル値の意味
　　　　1. Lisbon（リスボン）77
　　　　2. Oporto（オポルトまたはポルト）47
　　　　3. Other Region（その他）316

　データ確認の最後に、それぞれの購買価格のヒストグラムを表示してみます。実装はコード 5-5-5 になります。

```
# 販売チャネルと地域を落としたデータを作る
df2 = df.drop(['販売チャネル', '地域'], axis=1)

# 分析対象項目のヒストグラム表示
from pylab import rcParams
rcParams['figure.figsize'] = (8, 8)
df2.hist(bins=20)
plt.tight_layout()
plt.show()
```

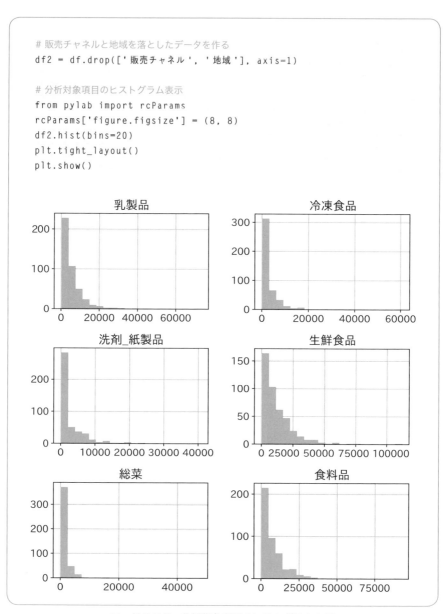

コード 5-5-5　分析対象項目のヒストグラム表示

　グラフ表示の準備として、元のデータフレームから「販売チャネル」「地域」
の項目を落としたデータ df2 を作りました。このデータは、この後のクラスタ

リング・次元圧縮の時にもそのまま入力データとして利用することになります。

　ヒストグラムの結果から、6項目のすべてで、一番購入価格の低いグループの購入頻度が最も多く、購入価格が上がるにつれて徐々に件数が減っていく形になっていることがわかりました。

5.5.5　クラスタリングの実施

　データの確認が終わったので、次のステップに進みます。今までの実習では、ここで「データ前処理」をしていたのですが、今回はその必要はありません。

　前処理が不要なのは、データが欠損値のないきれいな状態であり、必要だった「販売チャネル」「地域」の列を落とす加工をグラフ表示のためすでにやっているからです。

　続く「データ分割」も前節と同様に不要で、教師なし学習の特性になります。

　そこで次のステップは「アルゴリズムの選択」となります。

```
# データ前処理とデータ分割は不要

# アルゴリズムの選択
from sklearn.cluster import KMeans

# グループ数を定義
clusters=4

# アルゴリズムの定義
algorithm = KMeans(n_clusters=clusters,
    random_state=random_seed)
```

コード 5-5-6　アルゴリズムの選択

　アルゴリズムは、クラスタリングで最も一般的に使われているK平均法（K-Means）を利用します。K平均法では注意点が一つあります。初期設定の段階で、分類後のグループの数を決める必要があることです。グループ数は n_clusters というパラメータで指定します。この値をいくつにするかは、モデル利用時の重要なポイントなのですが、ここでは、話を簡単にするため、天下り

的にグループ数＝4 として実装を進めることにします。

　教師あり学習の場合、この後は「学習」「予測」とステップを進めました。しかし前節のアソシエーション分析と同様に、教師なし学習ではステップに若干違いがあります。その部分を説明する実装が、次のコード 5-5-7 になります。

```
# 学習、予測の実施
y_pred = algorithm.fit_predict(df2)

# 結果の一部確認
print(y_pred[:20])

[3 3 3 3 0 3 3 3 3 1 1 3 0 1 0 3 1 3 3 3]
```

コード 5-5-7　学習・予測の実施

　教師なし学習の場合、学習と予測は同時に行います。そこで、学習を意味する fit と予測を意味する predict がセットになった fit_predict 関数が用意されていて、この関数を呼び出すと、学習と予測を同時に行い、予測結果（この場合はデータごとの分類先グループ値）を戻してくれます。確認のため、結果を保存した変数 y_pred の一部を表示したところ、確かに 0 から 3 までの数字の配列が戻ってきています。これがクラスタリングの出力です。

5.5.6　クラスタリング結果の分析

　クラスタリングの実装自体はあっという間にできてしまいました。しかし、この結果はどのように活用できるのでしょうか？　本項では実習を通じて、その利用イメージを確認していきます。

グループ別の平均値を計算

　最初にグループごとの各項目の平均値を計算します。各グループの特徴を調べるのが目的です。コード 5-5-8 でその実装を見てみましょう。データフレームの groupby 関数を使って、非常に簡単に調べられます。

```
# グループごとの平均値計算
df_cluster = df2.groupby(y_pred).mean()
display(df_cluster)
```

	生鮮食品	乳製品	食料品	冷凍食品	洗剤_紙製品	総菜
0	36156.3898	6123.6441	6366.7797	6811.1186	1050.0169	3090.0508
1	5134.2198	11398.0769	17848.7582	1562.7802	7768.9231	1900.2418
2	20031.2857	38084.0000	56126.1429	2564.5714	27644.5714	2548.1429
3	8973.3958	3128.0883	3907.4276	2790.2085	1079.2297	1052.5477

コード 5-5-8　グループごとの平均値計算

グループ別のグラフ表示

　数字の羅列だとまだ傾向をつかみにくいので、この結果をグラフにしてみます。実装はコード 5-5-9 になります。

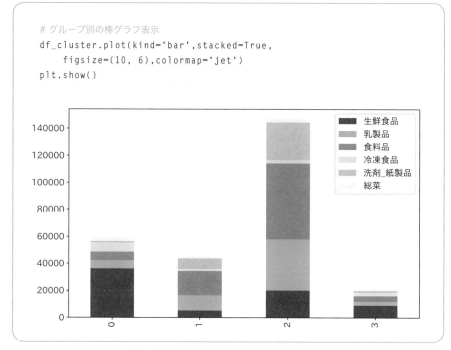

```
# グループ別の棒グラフ表示
df_cluster.plot(kind='bar',stacked=True,
    figsize=(10, 6),colormap='jet')
plt.show()
```

コード 5-5-9　グループ別の棒グラフ表示

このグラフの結果でそれぞれのグループの傾向がつかめました。

・グループ2は、全体的に購入金額の高いグループなので「**大量グループ**」とする
・グループ3は、逆にすべての項目で購入金額が少ないので「**少量グループ**」とする
・グループ0とグループ1は、購入金額に大きな違いはないが項目ごとの内訳に特徴がありそう
・グループ0は、生鮮食品の比率が高くなっているので「**生鮮グループ**」とする
・グループ1は、食料品の比率が高いので「**食品グループ**」とする

　クラスタリングの元々の目的である「**顧客を特徴ごとにグループ化する**」ということが今回は実現できたようです。
　ただ、アルゴリズム選択のところで説明したグループ数の設定が適切でないと、このように明確なグループごとの特徴が出てこない場合もあります。その時は、グループ数を変えて分析をやりなおし、試行錯誤して最適なグループ数を求めることになります。
　ところで、今回の分析結果からどのような知見・戦略が導き出されるのでしょうか？
　この結果で最も特徴的なのは「生鮮グループ」（グループ0）です。このグループは、全体購入額は「大量グループ」と比較して相当少額であるにもかかわらず、生鮮食品の購入額は「大量グループ」の2倍近くあり、生鮮食品に対する志向が相当強そうです。この顧客層に向けて、生鮮食品の特売日を増やすなどの戦略が考えられるでしょう。

グループと販売チャネル・地域の関係

　クラスタリングを利用した分析の最後に、今まで分析に一切使っていない項目である「販売チャネル」「地域」と、クラスタリングの分類結果との関係を調べてみましょう。この調査をするには、グループごとに、「販売チャネル」「地域」の度数分布グラフを表示するのがよさそうです。この実装が、コード5-5-10に

なります。

```
# グループと、チャネル・地域の関係を調べる

# 販売チャネルと地域のみを df3 に抽出
df3 = df[['販売チャネル', '地域']]

# グラフの大きさ設定
rcParams['figure.figsize'] = (6,3)

# グループごとのグラフ表示
for i in range(clusters):
    fig, ax = plt.subplots()
    w = df3[y_pred==i]
    print(f'==== グループ {i} ====')
    w.hist(ax=ax)
    plt.tight_layout()
    plt.show()
```

==== グループ 0 ====

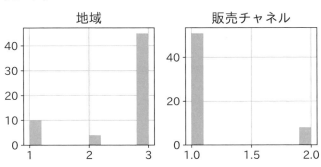

==== グループ 1 ====

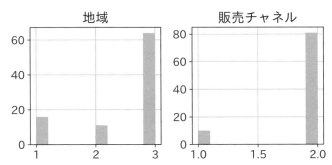

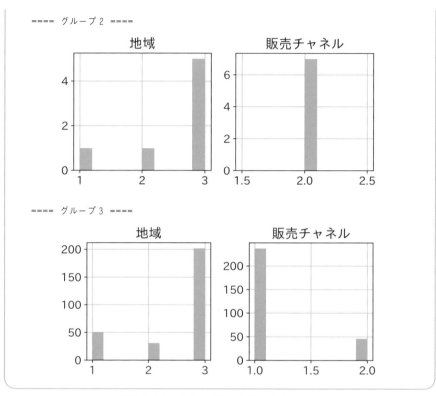

コード 5-5-10　グループ別の度数分布グラフの表示

　データフレームの hist 関数を使って、まとめて度数分布を表示しています。このグラフの結果から次のような事象が読み取れます。

・グループ 0（生鮮）とグループ 3（少量）は、販売チャネル 1（ホテル / レストラン / カフェ）と関連が深い
・グループ 1（食品）とグループ 2（大量）は、販売チャネル 2（小売り）と関連が深い
・地域とグループの関連は特に見いだせない

　ここで得られたグループと販売チャネルの関係性も、今後の販売戦略策定に役立つ可能性があります。その一例は、5.5.8 項で示すことにします。

次元圧縮の実施

　ここまでで、クラスタリングがどんな機能で、どんなことができるのか、実習を通じてイメージを持てたかと思います。次に同じデータを使って、教師なし学習の別の処理パターンである「次元圧縮」を試してみましょう。

　今回はすでにデータの準備まではできている（学習データ df2 がすでにセットされている）ので、いきなり「アルゴリズムの選択」から始められます。実装はコード 5-5-11 になります。

```
# アルゴリズムの選択
from sklearn.decomposition import PCA

# モデル生成
# 散布図表示が目的のため 2 次元に圧縮
pca = PCA(n_components=2)
```

コード 5-5-11　次元圧縮のアルゴリズム選択

　次元圧縮でも他と同様、いくつかのアルゴリズムが存在します。ここでは、あまり細かい議論に入らず、最も標準的に利用されている PCA というアルゴリズムを利用することにします。PCA とは Principal Component Analysis の略で、日本語にすると「主成分分析」となります。PCA も、K 平均法と同様に、初期設定時に n_componets というパラメータを設定する必要があります。このパラメータは、変換後のデータの次元数です。今回は 2 次元の散布図を表示することを主な目的にしているので n_componets=2 と設定しています。

　モデルの初期設定まで終わったので、次のステップに進みましょう。実装はコード 5-5-12 になります。

```
# 学習・変換の実施
d2 = pca.fit_transform(df2)

# 結果の一部表示
print(d2[:5,:])
```

```
[[   650.0221   1585.5191]
 [-4426.805    4042.4515]
 [-4841.9987   2578.7622]
 [   990.3464  -6279.806 ]
 [10657.9987  -2159.7258]]
```

コード 5-5-12　PCA による次元圧縮

　これもクラスタリングの時と同様で、次元圧縮も教師なし学習なので、学習とその一つ先の処理を同時に行えます。ただし、今回の処理パターンでは、出力はグループのような予測結果ではなく、次元圧縮による変換（transform）です。そこで、次元圧縮のアルゴリズムでは、fit_transform 関数が用意されていて、学習と変換を同時にやってくれます。

　圧縮の結果は d2 という変数に保存し、どのような値が入っているのか、その一部を print 文で表示してみました。確かに 2 次元のデータが出力されていることがわかります。

5.5.8　次元圧縮の活用方法

　クラスタリングの時と同様に次元圧縮でもあっという間に結果を出せました。後はどのように活用するかです。本項の実習でその具体的な活用イメージを理解していきます。

散布図表示

　最初の利用方法は、クラスタリングと組み合わせた方法になります。ここまでで、すべての入力データを 2 次元データに圧縮できたので、散布図上で表示できます。この時、クラスタリングの分類結果も含めれば、各グループの特徴をより深く理解できそうです。

　このことを実際に試してみます。実装はコード 5-5-13 です。

```
# グループごとに色分けし散布図表示

plt.figure(figsize=(8,8))
marks = ['.', 'x', '*', '+']
labels = ['生鮮', '食品', '大量', '少量']
colors = ['grey', 'lightblue', 'blue', 'black']
for i in range(clusters):
  plt.scatter(d2[y_pred==i][:,0], d2[y_pred==i][:,1],
    marker=marks[i], label=labels[i], s=100, c=colors[i])
plt.legend(fontsize=14)
plt.show()
```

コード 5-5-13　グループごとに色分りした散布図表示

　結果のグラフを見ると、「少量グループ」は、元々金額の小さいグループなので、1カ所に集中しています。「食品グループ」もある程度まとまった状態になって

います。「大量グループ」は、基本的に「食品グループ」の延長線上にあり、単に全体金額が大きいグループだと判断できそうです。

　この散布図の結果と、5.5.6項で示した各グループと販売チャネルの関係を併せて検討してみます。同じ販売チャネルとの関連が深い「少量グループ」から「生鮮グループ」、「食品グループ」から「大量グループ」への遷移はそれぞれ起こりやすいと考えられます。同じ分析を複数年で行って、このような遷移をした顧客が実際にあったと仮定します。さらに、この顧客が遷移した理由が、深掘りした調査でわかったとします。すると他の顧客にも同じ働きかけをして、矢印で示した遷移を実現できれば、収益の増大を計れる可能性が出てくるのです。

例外値の調査

　コード5-5-13の結果で、黒い四角で囲んだ、上と右の二つの点に関しては、「例外値」といってよいぐらい、他とははずれたところにあります。このように、グループ内のデータ個々の状態を視覚化できるのも、次元圧縮で得られる知見の一つです。

　上の分析結果を推し進めて、見つけた二つの例外値についてさらに調査してみます。最初に、右側の「生鮮グループ」の例外値を調べてみましょう。実装はコード5-5-14になります。

```
# 生鮮グループの例外値を調べる
display(df[d2[:,0] > 100000])
```

	販売チャネル	地域	生鮮食品	乳製品	食料品	冷凍食品	洗剤＿紙製品	総菜
181	1	3	112151	29627	18148	16745	4948	8550

コード5-5-14　生鮮グループの例外値を調べる

　この点は、グラフを見て、「x成分の値>100000」の条件で抽出できそうです。そこで、この条件を使って元データの該当行を表示しました。最初に気付くのが、生鮮食品の値が11万以上と非常に大きくなっていることです。コード5-5-5のヒストグラムと見比べると、最大値の可能性であることがわかります。

次に上部の「大量グループ」の例外値を調べてみましょう。コード 5-5-15 が実装です。

```
# 大量グループの例外値を調べる
display(df[d2[:,1] > 80000])
```

	販売チャネル	地域	生鮮食品	乳製品	食料品	冷凍食品	洗剤 _ 紙製品	総菜
85	2	3	16117	46197	92780	1026	40827	2944

コード 5-5-15　大量グループの例外値を調べる

今度もグラフを見て、「y 成分の値 >80000」という条件で抽出します。今回の結果もコード 5-5-5 のヒストグラムと比較すると、「食料品」「洗剤 _ 紙製品」の購入額が非常に高いことがわかります。

最後にデータフレームに describe 関数をかけて各項目の統計情報を調べ、今の予想の裏付けをしてみましょう。コード 5-5-16 が実装と結果です。

```
# 統計情報確認
display(df2.describe())
```

	生鮮食品	乳製品	食料品	冷凍食品	洗剤 _ 紙製品	総菜
count	440.0000	440.0000	440.0000	440.0000	440.0000	440.0000
mean	12000.2977	5796.2659	7951.2773	3071.9318	2881.4932	1524.8705
std	12647.3289	7380.3772	9503.1628	4854.6733	4767.8544	2820.1059
min	3.0000	55.0000	3.0000	25.0000	3.0000	3.0000
25%	3127.7500	1533.0000	2153.0000	742.2500	256.7500	408.2500
50%	8504.0000	3627.0000	4755.5000	1526.0000	816.5000	965.5000
75%	16933.7500	7190.2500	10655.7500	3554.2500	3922.0000	1820.2500
max	112151.0000	73498.0000	92780.0000	60869.0000	40827.0000	47943.0000

コード 5-5-16　統計情報の表示

上の予想は正しく、インデックス 181 の顧客は「生鮮食品」の、インデック

ス 85 の顧客は「食料品」と「洗剤＿紙製品」の最大値でした。この２件の顧客は、それぞれ特別な理由があってこのような結果になっているのだと考えられます。

　ある程度まとまった層をターゲットと考えるクラスタリングの場合、このような特異な事例は、他のグループメンバーを分析する時にノイズになる可能性があります。ノイズを避けるには、特異な事例を除いて再度分析をします。次元圧縮の結果に基づく散布図表示は、このように、分析のノイズになる特異な事象を検出する用途でも活用できます。

　一方で、まったく別の見方がある点にも注意してください。

　今、詳しく調べた２件の顧客は、数学・統計的には「例外値」だったわけですが、ビジネスの観点では、平均的な顧客と比較して大量に購入しているということで、販売店にとっては「超重要顧客」です。このような顧客に対しては戸別訪問して注文を取り、商品の配送まですれば、より購入金額が増えるかもしれません。次元圧縮は、このように、顧客個別の戦略を考える際の手がかりも提供してくれます。

6章

AI プロジェクトを
成功させる上流工程のツボ

6.1　　機械学習の適用領域の選択

6.2　　業務データの入手・確認
　　　　コラム　機械学習モデルの自動構築ツールについて

6章 AIプロジェクトを成功させる上流工程のツボ

本書は、ここまで「機械学習のモデル開発にはどのようなステップがあるのか」という疑問に対する答えを、Python のコーディングレベルで詳しく説明してきました。しかし、1 章で説明したように、実際にはその前に

「(A) 機械学習の適用領域の選択」
「(B) 業務データの入手・確認」
「(C) データ加工」
といったタスクがあります。

このうち「(C) データ加工」に関しては、AI に限らず従来もあった種類のタスクであり、やるべき内容も想像しやすいです[1]。

逆に上流工程の「(A) 機械学習の適用領域の選択」と「(B) 業務データの入手・確認」では、AI プロジェクト固有の考慮点が数多くあり、これらの考慮点がクリアできるかどうかが、プロジェクトの成否を分ける大きな要因になっています。

本章では、5 章までで得られた知見・知識も参照しながら、この「AI プロジェクトを成功させる上流工程のツボ」を簡潔に説明していきます。

6.1 機械学習の適用領域の選択

筆者は元々 IT システム開発を専門にしてきた人間で、IT システムと本質的に異なる AI システム開発の三つの特徴が、「(A) 機械学習の適用領域の選択」のツボなのではないかと考えています。本節では、その点を説明します。

・処理パターンのあてはめが肝要
・教師あり学習は正解データ入手が命
・AI に 100%は期待するな

---

[1] 具体例については 1.3 節の図 1-4 で簡単に紹介しました。

　1章で説明した通り、AIシステム開発における出発点は現行業務の課題認識と、課題のうちのどの領域ならAIシステムが適用できそうかを考えるタスクです。上流工程という意味では通常のITシステムとまったく同じなのですが、一つ決定的に異なる点があります。ITシステムであれば、そもそもどういう領域・どういうタスクがIT化できそうかという点に関して業務専門家を含め、関係者は最初から共通認識を持っているはずです。しかし、AIシステムはそうではないのです。

　AIについて詳しくない人ほど「AI＝人工知能＝なんでもできるすごいシステム」というイメージを持ちがちです。本書をここまで読み進めた読者は、AIが適用可能な領域はそれほど広くはないことを理解できたかと思います。AIが力を発揮できるのは、本書で今まで説明してきた「分類」や「回帰」などのいくつかの処理パターンにあてはめられる領域だけなのです。

　処理パターンは、対象を「**教師あり学習**」に限定すると、「**専門家の判断**」を支援するのが「**分類**」であり、「(売り上げ・来客数のような) **数値の予想**」を支援するのが「**回帰**」または「**時系列分析**」だと要約できます。

　重要性と適用対象の広さという観点では、5.1節の対象業務である「営業」は、ほとんどの企業で存在する重要な業務ですし、5.2節と5.3節で取りあげた、売り上げや来客数といった数値を日単位で予測するという処理パターンも、様々な業種に適用できる、極めて応用範囲の広い適用領域といえます。

　AIプロジェクトに初めて取り組む際には、こうした汎用性が高く、すでに実績も数多く出ている事例から始め、徐々に自社固有、あるいは自分の業務固有の課題に対象を広げるアプローチがやりやすいといえます。

　もう一つのアプローチは、5.4節と5.5節で説明した「**教師なし学習**」を利用することです。その最大の特徴は、この後説明するAIプロジェクト実現に向けた次のハードルである「**正解データ入手**」の必要性がない点です。手軽に始められる点が特徴ですが、反面、**AI導入の効果が教師あり学習に比べると見えにくい点が短所**です。5.4節と5.5節で行った説明の繰り返しですが、「**分析**」→「**知見**」→「**戦略**」→「**効果**」というところまでできて初めて意味があるので注意してください。

　処理パターンのあてはめが仮にできたとして、その次の課題に対しても同時に検討しておくべきです。それは教師あり学習を使う場合に「**学習用の正解データは入手できるか**」です。

　本書で取りあげた5章の例題でいうと、5.1節の営業予測や、5.2節と5.3節で取りあげた日単位の数値予測は、「正解データ入手」という観点で非常にやりやすいテーマです。どちらのユースケースもすぐに結果、つまり正解がわかり、しかもその結果は通常業務データの一部として記録されていてそのまま学習データとして利用可能なケースが多いからです。

　同じ分類の処理パターンにあてはまる業務でも、比較的難易度の高い適用領域も存在します。それは3章の例題で取りあげた乳がんの悪性疾患判定のような、高度な専門家だけが可能な「判断」に類することを機械学習モデルに対応させる場合です。この場合、正解データの入手が困難なことが多いのです。限られた専門家しか正解データを作れないため、学習に必要な数のデータがなかなかそろいません。さらに複数の専門家が分担して判断している場合、専門家間でブレがあるケースも散見されます。正解データ自体がぶれてしまうと、機械学習モデルの精度は上がりません。

　学習データの件数自体は大量にあるが、そのもう一歩先の課題があるケースについても紹介します。例えば工場の製造工程で欠陥品の検知を人の代わりにAIで行わせようとするケースです。「正常」と「異常」を見分ければよいので、分類に該当し、処理パターンのあてはめは問題なくできます。しかし、製品の異常検知の場合、そもそも「異常」となる製品の数が極めて少ないことが通常なので、学習データの「正常」と「異常」の比率にアンバランスが生じます。分類の機械学習のアルゴリズム自体が、各グループの学習データがバランス良く存在することが前提となっているものが多いです。また、当然ですが、「異常」側の学習件数が少ないと、「異常側」を「陽性」とした適合率（Precision）や再現率（Recall）の値は低くなるのが通常です。このような場合、数の少ない「異常」側のデータを水増しする手法が用いられたりします。そして、高度なモデル作成技術が必要なケースが多くなります。

　3章の例題で取り上げたような「高度な専門家の判断をAIに行わせる」分類のモデルで、もう一点上流工程で留意すべき点を説明します。それは、そこそこの精度が出るモデルが出来上がったとして、そのモデルを現行の業務プロセスにどう組み込むかという点です。5章の実習を通じて読者も理解した通り、機械学習モデルに100％の精度を期待するのは基本的に不可能です。これは、テストを十分にすれば100％正しい結果が返ってくることを期待できる（というか、それを当たり前とみんなが考えている）ITシステムと、AIシステムの最大の違いともいえます。仮に現行業務では、人間の専門家が100％正しい結果を返していたとして、そこをAIモデルに置き換えると今よりも判断の精度が落ちてしまうのです。現状より判断結果の品質を下げてよいのかという課題への対応方法が決まらないと、現行業務のAI化は実現しません。

　この課題に対するアプローチには

・モデルの判断の閾値をコントロールして適合率より再現率を重視する[2]
・モデルが異常と判断した商品を再度人間が判断することで適合率の低下をカバーする

などがあります。AIは不良品の可能性のある製品の絞り込みに役割を限定し、最終段階に人を含めることで全体の精度の高さをカバーするのです。これでも、全数を人間が検査するのに比べると工数を削減できる可能性があります。

　また、不良品検出のモデルを作る場合でも、モデルで人間を代替するのでなく、「重要度分析」をして、その結果を基に品質改善の施策を検討する方が、むしろ実際には多い点も頭に置いておいてください。

　AIプロジェクトが最終段階で成功に終わるかどうかは、実はここで述べたような上流段階での考慮が十分だったかどうかに関わっていることは、必ず意識するようにしてください。

---

[2] この手法については5.1節で紹介しました。

6.2　業務データの入手・確認

　6.1 節の「(A) 機械学習の適用領域の選択」で説明した問題をすべてクリアできた案件は、この段階でとても有力な AI プロジェクトの候補です。この関門をクリアできた場合、次のステップとして技術検証（PoC：Proof of Concept）をするために、実際に学習に必要な業務データを入手するステップに進みます。この段階で考慮すべき点について、簡単に説明していきます。

6.2.1　データの所在確認

　5 章では主に UCI 公開データセットのデータを題材に実習を進めてきました。CSV 形式や Excel の表、ZIP 形式などデータ形式は様々でしたが、基本的に読み込んだデータは、最初からきれいな表形式のデータになっていました。

　ここで、これらのデータはどうやって作ったかを考えてみましょう。例として 5.2 節と 5.3 節で取りあげた、自転車レンタル予測の学習データを考えます。この表のデータのうち、日付とレンタル数のデータは、業務データとして最初からレンタル業者が持っていたと考えられます。では、天気・気温・湿度などの気象データはどうでしょうか？ 恐らく自前ではなく、気象予報業者のようなところから入手したと想像されます。

　「自転車の利用数の天気が関係しているはずだから利用数予測モデルの入力データとして気象データを利用すべきだ」と概念レベルで考えることは比較的容易です。しかし、そのデータを自社が持っていない場合、どこがデータを持っていて、どうやったら入手できるのか、有償なのか無料なのかといったことは、個別のユースケースごとに調べておく必要があるのです。これがデータの所在確認というタスクになります。

6.2.2　部門を跨がるデータ連係の課題

　前項では、話をわかりやすくする目的で、およそ企業内で持っていそうにない気象データの例を出しました。実際のプロジェクト案件では、そこまででは

326

なくとも、自社の他部門が持っているデータを利用したいケースは比較的よくあります。

このようなケースで、データのオーナー部門がデータを出してくれないことがよくあります。AI活用で効果が見込まれる部門が別なので、自部門にメリットがないためです。こうした問題は、自社内で個別に解決していくよりありません。

最近は、企業内にCDO（Chief Data Officer、企業内データ活用最高責任者）のような役割の役員を設置するケースも増えてきました。このような役員がいる場合、その人が中心になって解決すべき課題になります。

6.2.3　データの品質

ようやくデータにアクセスできるようになったら、まずデータの品質を確認します。このタスクの内容は4.1節で詳しく説明しました。データの品質チェックでありがちな問題パターンとして次のようなものがあります。

・欠損値　本来、NULL（NaN）であってはいけない項目がNULLになっている
・不適切なカテゴリ値　カテゴリ値を入力とする項目でカテゴリが適切に選ばれていない
・例外値　本来ありえない値が登録されている

これらの事象は本来、データを入力するアプリケーション側でチェックすべきです。しかしデータを管理する側の部門では恐らく、それで問題がなかったのでしょう。学習データとして活用する部門にとっては問題なので、どこで誰がデータをきれいにするのか、全体として最適化する必要があります。

6.2.4　One-Hotエンコーディングの問題

データをチェックする段階で特に意識する必要のある問題をもう一つ挙げておきます。例えば、企業向け融資の審査を機械学習モデルで判断させるユース

ケースがあったとします。この際、融資先がどの業種か区別する「業種コード」が重要な意味を持ちそうです。この業種コードが仮に5000種類あったとします。一見すると、機械学習モデルの入力項目としては「業種コード」一つで済みそうですが、実はそうではないことは、すでに読者はおわかりかと思います。

大小関係が明示的に規定できないこういうタイプのラベル値の場合、One-Hotエンコーディングが必要です。その結果、データ項目数はラベル値の数、つまり、今の例だと5000項目になってしまうのです。一般的に機械学習モデルは、入力項目の数が多いほど大量の学習データが必要で、精度も上がりにくい傾向にあります、この場合だと、例えば小分類をやめて中分類にするなど、全体のラベル値の数を減らす工夫をすることが望ましいです。

Column 機械学習モデルの自動構築ツールについて

6章まで本書を一通り読んだ読者はどのような感想を持たれたでしょうか？
「やるべきことは一通りわかったけれど、データ前処理や、アルゴリズム選択、チューニングなどが大変そうだ」と思ったかもしれません。まさにこの点が、今まで機械学習モデルやデータサイエンスのハードルを上げていた一番の理由でした。

しかし、このような読者に朗報があります。近年、4章で説明してきた一連のタスクの多くを自動化する「機械学習モデルの自動構築ツール」ができつつあるのです。このようなツールは、DataRobot社のDataRobot、Google社 AutoML Tables、Microsoft社 Automated ML、H2O社 Driverless AIなど各社から数多く出ています。そうした中でも無料で試せる点が特徴のツールとしてIBM社のAutoAIを簡単に紹介します[3]。

5.1節で実習に使った営業予測データを使って試してみます。前処理は一切

---

[3] 実際にこの画面を操作したい読者はCSVファイルダウンロード後に著者の書いた以下のqiita記事を参照してください。
AutoAIでお手軽機械学習（その1）準備編
https://qiita.com/makaishi2/items/d63f0bbac32a975c391e
（短縮URL：https://bit.ly/2BPJrTS）
AutoAIでお手軽機械学習（その2）モデル構築編
https://qiita.com/makaishi2/items/d6cd449f7a9f7186a833
（短縮URL：https://bit.ly/31mgMk6）

せず、項目名を日本語化した直後の状態を to_csv 関数で CSV ファイルとして export します。Notebook は c31_bank_autoai_data.ipynb を使ってください。これを実行してダウンロードされる bank-train-jp-autoai.csv をツールの入力とします。

図 6-1 に学習時の設定画面を示します。

図 6-1　学習時のパラメータ設定

この画面でユーザーが必要な操作は、①事前準備した CSV ファイル（bank-autoai.csv）のアップロード、②目的変数（「今回販促結果」）をドロップダウンから選択、③最適化メトリックス「ROC AUC」の選択（デフォルトの Accuracy なら省略可）、④「実験の実行」ボタンをクリック、の四つだけです。

後は全自動でモデルを作ってくれ、本書で紹介した様々な評価指標やグラフも表示してくれます。その一例として混同行列の結果を図 6-2 に示しました。

混同行列 ⓘ

観測	予測		
	成功	失敗	正解の割合
成功	19	34	35.8%
失敗	11	389	97.3%
正解の割合	63.3%	92.0%	90.1%

正解度低下　　　　　　　　　　　　　　　　　　　正解度向上

図 6-2　混同行列の結果

6章 AI プロジェクトを成功させる上流工程のツボ

5.1節の実習とは学習データと検証データの比率が違う（実習では6対4なのに対してツールでは9対1）など、何点か条件が違いますが、5.1節のコード5-1-15の結果と比較します。結果が似ている閾値＝0.45では適合率0.6402、再現率0.4272だったのに対して、このツールでは適合率0.633、再現率0.358です。本書の方が精度は上ですが、十分実用に足りるモデルができています。

　これからこのようなツールが普及してくると、AIプロジェクトを進める上で必要な知識・概念が変わってくるものと考えられます。ただ、一つ注意していただきたいのは、仮にこのようなツールが普及したとしても、読者が本書で得た知識・知見は無駄になることはまったくないという点です。例えば、読者が本書を読む前にこのツールを使ったとしても、モデルは作れますが、その結果の「混同マトリックス」の意味がまったくわからなかったと思います。あるいは、One-Hotエンコーディングのことを知らないと、項目値が5000個もあるような入力項目を使った機械学習モデルを平気で作ろうとしたでしょう。このような使い方をしてもツールは何もアドバイスしてくれません。

　本書で学んだ「チューニング」の知識を生かせば、ツールが作ってくれたモデルをさらに改善するようなこともできます。図6-2のモデルは30（＝19＋11）人に営業をすると、成功率（適合率）として0.633を見込めるというものでした。営業の体制と比べて30人という対象者が少なすぎるので、もっと対象者を増やしたいという要件があったとします。4.4節で解説した「閾値」をコントロールすれば実現できます。

　AutoAIというツールはPythonで実装されていて、実は構築したモデルをJupyter Notebook形式で取り出せます。利用しているライブラリは本書でも利用したscikit-learnやXGBoostなど汎用的なものなので「確率値」も入手できます。つまりPythonコードで閾値を調整できるので、上の要件を満たせるのです。詳細な手順は、本書サポートページで紹介しています。

　こうした話は、本書の4、5章の例題を一通りマスターして初めてできることばかりです。本書の内容を理解したユーザーだけが、このような最新ツールも使いこなせるようになるのです。

　今後は、ますますAIを業務のどこに活用するかのアイデアが重視されるようになります。そのような時代にこそ、本書で学んだ内容が効果的に活用できるはずです。こうしたことも念頭に置いて、実際のAIプロジェクトを推進するようにしてください。

講座

講座 1　Google Colaboratory 基本操作
講座 2　機械学習のための Python 入門
　　講座 2.1　NumPy 入門
　　講座 2.2　pandas 入門
　　講座 2.3　matplotlib 入門

講座 1 Google Colaboratory 基本操作

Google Colaboratory（以下、Google Colab）とは、Python の実行環境である Jupyter Notebook をクラウド上で利用できるサービスです。Gmail のアカウントさえ持っていれば、初期セットアップ作業は一切なしに利用可能で、その上、AI 処理を高速化する「GPU」も無料で利用できます。

本書の実習はすべて Google Colab 上で動かすことを前提としています。その簡単な操作方法を説明します。

前提条件

本書の Notebook ファイルは、本書の GitHub サイト（https://github.com/makaishi2/profitable_ai_book_info/）からすべてダウンロードできます。サイトの指示に従って、コード全体を zip ファイル形式でダウンロードし、解凍してください。

Google Colab を動かすには、Gmail のアカウントが必要なので、持っていない読者は、ネット上の情報などで調べて Gmail アカウントを登録してください。

Web ブラウザは Chrome が推奨なので、できるだけ Chrome を使ってください。Chrome 上で Gmail にログインした状態で作業します。

Colab へのアクセスと Notebook ファイル読み込み

Chrome で https://colab.research.google.com/?hl=ja にアクセスします。図 L1-1 のような Google Colab の初期画面が表示されるので、画面右上の「アップロード」タブをクリックします。

図 L1-1　Google Colab 初期画面

図 L1-2 のような画面になります。画面中央の「ファイルを選択」ボタンをクリックし、読み込みたい Notebook ファイルを指定します。ここでは、事前にダウンロードしてあった、ch03_02_first_ml.ipynb ファイルを指定するものとします。

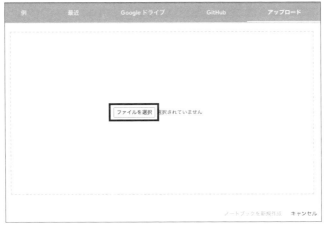

図 L1-2　ファイルアップロード画面

　ファイルの読み込みが完了すると、図 L1-3 のようになります。

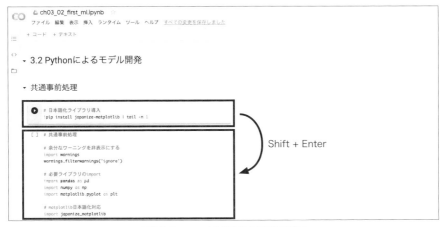

図 L1-3　ファイル読み込み直後の画面

Notebook 操作

　図 L1-3 のように Notebook にはいくつかの灰色の矩形領域があります。この領域を「セル」と呼び、プログラム実行の単位になります。常に現在選ばれているセルが存在し（マウスなど

で選択)、**Shift+Enter キー**でそのセルを実行します。その後、現在のセルは一つ先に進みます。

実行結果は、実行したセルの直後に表示されます。図 L1-4 にその状況を示しました。

図 L1-4　セル間に挿入された実行結果

後はこの Shift+Enter キーの操作を繰り返すと、最終的に Notebook 中のすべてのセルが実行され、その実行結果が表示されます。

本書付属の Notebook ファイルを動かすための手順はこれですべてです。この他に Jupyter Notebook ではセルを任意の位置に挿入するなどの機能がありますが、それらについては他の資料などを参照してください。

講座 2 機械学習のための Python 入門

　本書では、機械学習モデルをすべて Python で実装しています。プログラミングの細かい内容は理解できなくても処理の流れはわかるように解説しています。とはいえ、より詳細にサンプルコードを理解したい読者もいると思います。そういう読者が戸惑うことのないよう、機械学習で特に重要な NumPy、pandas、matplotlib の最低限の利用方法をこの講座で解説します。なお、Python 自体の文法については、筆者のサポートページ https://github.com/makaishi2/profitable_ai_book_info/ に解説があるので、そちらを参照してください。

講座 2.1　NumPy 入門

　機械学習のプログラムとは、結局そのほとんどが表データに対する操作です。NumPy[1] の特徴を一言でいうと、表形式のデータ間の計算を簡単にできるようにするツールということになります。実際のプログラムでは、この後で説明する pandas の機能を使うことの方が多いのですが、pandas の内部では NumPy が動いているので、ほとんどの機械学習プログラムで NumPy が利用されていることになります。本節では、NumPy の中でも特に重要な機能を簡潔に説明します。

NumPy の定義

　まずは、NumPy のデータの定義と性質について紹介します。

ライブラリのインポート

　Python でライブラリを利用する場合は、import 文をプログラム内に記述して、どのライブラリを利用するか宣言する必要があります。そのための実装を、コード L2-1-1 で示します。

```
# ライブラリのインポート
import numpy as np

# numpy の浮動小数点の表示精度
np.set_printoptions(suppress=True, precision=4)
```

コード L2-1-1　ライブラリのインポート

　ライブラリの名称は全部小文字で numpy です。このままの名称でも使えるのですが、機械学習のプログラムでは np という別名で参照する使い方が標準的なので、本書もその慣例に従います。2 行目のコードは NumPy の浮動小数点データの表示形式を指定します。デフォルト

---

[1] 「ナムパイ」と発音します。

では桁数が多くて見にくいので、本書では小数点以下4桁に統一しています。

NumPy データ定義

ライブラリをインポートしたので、いよいよ NumPy データが定義できます。

NumPy ではベクトルや行列などのデータが簡単に表現できます。実は、より複雑な3次元や4次元のデータ（テンソルと呼びます）も扱えるのですが、本書で扱う機械学習の領域では2次元データの範囲で収まることが多いので、これから説明するコード L2-1-2 では、1次元データであるベクトルと2次元データである行列の利用法のみ解説します。

```
# NumPy データ定義

# 1 次元配列変数の定義
a = np.array([1, 2, 3, 4, 5, 6, 7])

# 2 次元配列変数の定義
b = np.array([[1, 2, 3], [4, 5, 6], [7, 8, 9],[10,11,12]])
```

コード L2-1-2　NumPy データ定義

最初の行では、NumPy の1次元配列（ベクトル）を定義するため、Python の「リスト」を引数に array 関数を呼び出しています。上の例では [1, 2, 3, 4, 5, 6, 7] が引数です。次の行では、2次元配列（行列）を定義するため、リストのリストを引数に array 関数を呼び出しています。上の例では [1, 2, 3]、[4, 5, 6]、[7, 8, 9] と [10, 11, 12] の四つのリストを要素とするリストが引数です。

内容表示

続いて NumPy の内容を print 文で確認してみます。Python の print 文は汎用的で、NumPy のような複雑なデータの内容も確認できます。コード L2-1-3 で実際に見てきましょう。

```
# 1 次元配列変数の表示
print(a)

# 2 次元配列変数の表示
print(b)

[1 2 3 4 5 6 7]
[[ 1  2  3]
 [ 4  5  6]
 [ 7  8  9]
 [10 11 12]]
```

コード L2-1-3　内容表示

1次元配列の内容は「[1 2 3 4 5 6 7]」と表示されました。一見すると、リストの出力と似ていますが、リストの場合、要素間がカンマで区切られるのに対して、NumPy 配列は区切り文字がない点が特徴です。

その次の2次元配列は、教科書の行列と非常に似た形で出力されていることがわかると思います。括弧の回数はルールを守りつつ、見た目が行列に近づくよう、改行やインデントで工夫されています。

要素数の確認

行列やベクトルなどのデータでは、要素数を調べることが重要です。リストの場合は len という関数で調べられますが、NumPy データでは次のコード L2-1-4 のようにします。

```
# 要素数の確認

# 1 次元配列変数の表示
print(a.shape)

# 2 次元配列変数の表示
print(b.shape)

# len 関数の利用
print(len(a))
print(len(b))

(7,)
(4, 3)
7
4
```

コード L2-1-4　NumPy 配列の要素数の確認

NumPy 配列は、shape という属性を持っていて、1 次元配列では「(5,)」、2 次元配列では「(4, 3)」のように表示されます。2 次元配列で最初の数字の 4 は行列の行の数を、次の 3 は列の数を表します。この形式なら3次元、4次元のテンソルであっても同じように表現できます。

NumPy 配列も len 関数は利用できます。上のコードの下半分がその例です。2 次元配列では最初の要素数である行数がわかります。

NumPy の操作

以上で、NumPy 配列の宣言方法と、その主要な情報の確認方法はわかりました。続いて NumPy 配列に対する様々な操作について説明します。

特定列の抽出

最初に説明するのは、2次元データに対する特定の列の抽出方法です。これは、実際の機械学習プログラムの中で非常によく出てくる実装です。実装例をコード L2-1-5 に示します。

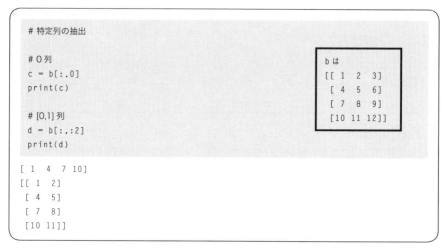

```
# 特定列の抽出

# 0 列
c = b[:,0]
print(c)

# [0,1] 列
d = b[:,:2]
print(d)
```

b は
[[1 2 3]
 [4 5 6]
 [7 8 9]
 [10 11 12]]

```
[ 1  4  7 10]
[[ 1  2]
 [ 4  5]
 [ 7  8]
 [10 11]]
```

コード L2-1-5　2次元配列の特定列の抽出

このコードは、4行3列の NumPy 配列に対する様々な部分参照方法を示しています。

b[:,0] という参照形式で重要なのはカンマです。2次元配列の要素を参照する場合、カンマの前が行要素、カンマの後ろが列要素の指定です。今の例では

　　行要素：「:」
　　列要素：「0」

になります。「:」とは (リストの参照と同じで)「最初から最後まで」つまり「すべての行」です。結論として「**すべての行要素の 0 列目を抽出したデータ**」が変数 c に代入されます。

元の行列 b と抽出結果の [1 4 7 10] を見比べると、その通りの結果になっています。

同じように b[:,:2] についても考えてみましょう。行要素は同じで「すべての行」です。今度の列要素は「:2」になっています。この表現もリストの時と同じで、0 番目と 1 番目の要素を指します。つまり、変数 d は「すべての行要素の 0 列目と 1 列目を抽出したデータ」を意味することになります。

reshape 関数

NumPy では、reshape 関数を使って要素の順番を保ったまま、ベクトルを行列にするなど、形状を変更できます。コード L2-1-6 がその実装例です。

```
# reshape 関数
l = np.array(range(12))
print(l)

# 3 行 4 列に変換
m = l.reshape((3,4))
print(m)

[ 0  1  2  3  4  5  6  7  8  9 10 11]
[[ 0  1  2  3]
 [ 4  5  6  7]
 [ 8  9 10 11]]
```

コード L2-1-6　reshape 関数

結果を見ると 1 次元ベクトルが 3 行 4 列の行列に変換されていることがわかります。

統計関数

NumPy では、配列型のデータに対して統計処理をする関数がいくつか用意されています。コード L2-1-7 ではその利用例を説明します。

```
# 統計関数
print(f' 元の変数 : {a}')

a_sum = np.sum(a)
print(f' 和 : {a_sum}')

a_mean = np.mean(a)
print(f' 平均 : {a_mean}')

a_max = np.max(a)
print(f' 最大値 : {a_max}')

a_min = a.min()
print(f' 最小値 : {a_min}')

元の変数 : [1 2 3 4 5 6 7]
和 : 28
平均 : 4.0
最大値 : 7
最小値 : 1
```

コード L2-1-7　統計関数の利用例

講座
2

機械学習のための Python 入門

統計関数としては、和を計算する sum、平均を計算する mean、最大値・最小値を計算する max・min などが用意されています。今回のコードでは、元の配列 [1 2 3 4 5 6 7] に対して、それぞれの関数を呼び出した結果を表示しました。また、最後の最小値の実装で示したように a.min() という呼び出し方もあるので、同時に覚えるようにしてください。

NumPy 変数間の演算

NumPy 配列では、二つの変数間の演算も簡単にできます。以下のサンプルコードではその実装例を示します。ちなみに、以下のコードは、3.2 節の精度計算で説明するコードと（変数名の違いを別にすると）同じものです。3.2 節の説明だけでわからなかった読者は、こちらの解説を読んでください。

最初のステップは二つの NumPy 配列の初期設定です。実装はコード L2-1-8 です。

```
# 二つの NumPy 配列 yt と yp の準備
yt = np.array([1, 1, 0, 1, 0, 1, 1, 0, 1, 1])
yp = np.array([1, 1, 0, 1, 0, 1, 1, 1, 1, 1])
print(yt)
print(yp)

[1 1 0 1 0 1 1 0 1 1]
[1 1 0 1 0 1 1 1 1 1]
```

コード L2-1-8　NumPy 配列の初期設定

次にやりたいことは、二つの NumPy 配列の yt と yp の各要素を比較して、同じかどうかの結果を、同じ構造の NumPy 配列 w に保存することです。Java などの言語だとループ処理が必要になります。これが Python / NumPy でどういう形になるかが、次のコード L2-1-9 です。

```
# 配列の各要素を同時に比較する
w = (yt == yp)
print(w)

[ True  True  True  True  True  True  True False  True  True]
```

コード L2-1-9　配列の各要素の比較

このコードを見るとわかる通り、Python / NumPy では、たった 1 行「yt == yp」で実現できます。要素ごとに二つの変数値が等しいかどうかの結果が 1 行で得られます。

このコードの変数 w は各要素がブール値の NumPy 配列です。実はこのような変数に対しても、先ほど説明した統計関数が使えます。この場合、ブール値は True:1 False:0 の整数値に自動変換された後、統計関数にかけられます。その実装をコード L2-1-10 に示しました。

```
# さらにこの結果に sum 関数をかける
print(w.sum())

9
```

コード L2-1-10　ブール値配列に統計関数を適用

　10 個の NumPy 配列の要素のうち、一つだけ False で残りは True でした。True を 1 に、False を 0 に変換してすべて足すと、確かに 9 という結果になります。

ブロードキャスト機能

　NumPy 配列では、要素のサイズがあっていない変数間でも、片方の要素をコピーして、相手と同じサイズにできるのであれば、変数間の演算が可能です。その実例を次のコード L2-1-11 で示します。

```
# ブロードキャスト機能
print(a)
c = (a - np.min(a)) / (np.max(a) - np.min(a))
print(c)

[1 2 3 4 5 6 7]
[0.     0.1667 0.3333 0.5    0.6667 0.8333 1.    ]
```

コード L2-1-11　NumPy のブロードキャスト機能

　このコードで計算対象の NumPy 配列 a には、[1 2 3 4 5 6 7] という値が入っています。次のコードに出てくる np.min(a) や np.max(a) は、1 や 7 という単なる数値です。しかし、この値をコピーすれば [1 1 1 1 1 1 1]、[5 5 5 5 5 5 5] と、a と同じサイズの配列にできます。このような要素数の自動拡張をする機能のことを NumPy の**ブロードキャスト機能**と呼びます。このコードはブロードキャスト機能が働くため、エラーにならず結果を出せます。ちなみにこのコードは、4.2.5 項で実際に出てくる「正規化」と呼ばれるデータ前処理の実装です。また、小数点以下の桁数が 4 桁になっているのは、本節の冒頭で説明した、表示オプション指定の効果です。この指定をしないと小数点以下 8 桁の表示になります。

数値配列の生成

次に説明するのは数値配列の生成コードです。実装はコード L2-1-12 を見てください。

```
x = np.linspace(-5, 5, 11)
print(x)

[-5. -4. -3. -2. -1.  0.  1.  2.  3.  4.  5.]
```

コード L2-1-12　数値配列の生成

このコードは、グラフの描画で x 軸の値の一覧を作るときによく用います。linspace 関数を用いて [-5, 5] の間に 11 個の点を生成しています[2]。NumPy では、このような関数も用意されています。

---

[2] 区間を 10 等分したい場合、10＋1 で杭は 11 本打つ必要があります。間違えやすいのでご注意ください（植木算の話）。

pandas[1] は、機械学習で非常によく使われるライブラリです。大きく「データフレーム」と「Series」と呼ぶ二つのデータ構造を用います。この関係を図 L2-2-1 に模式的に示しました。

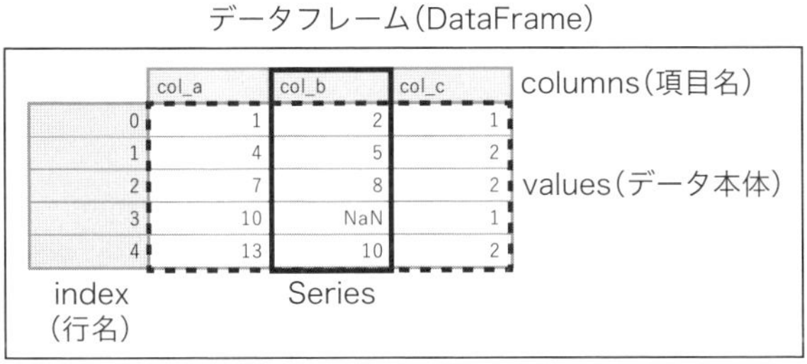

データフレーム（DataFrame）

図 L2-2-1　データフレームと Series の関係

「データフレーム」は Excel のような表形式のデータと考えてください。このデータ構造は**項目名**にあたる「columns」と**行名**の「index」、**データ本体**の「values」に分解できます。それぞれ、データフレームが入った変数名を df とした場合、

項目名：df.columns
行名：df.index
データ本体：df.values

の形で参照可能です。このうちの values は NumPy の 2 次元配列になっています。

もう一つのデータ構造である Series は**データフレームから特定の列を抽出したデータ構造**と見なせます。図 L2-2-1 が頭にあると、これから説明するデータフレームの様々な機能を理解しやすくなるので、ぜひイメージとして持つようにしてください。

データフレーム定義

概念の説明は一通り終わったので、実装を通じてデータフレームを定義していきます。その前提として、必要なライブラリをインポートします。実装はコード L2-2-1 になります。

---

[1]「パンダス」と発音します。

```
# ライブラリの import

# NumPy 用ライブラリ
import numpy as np

# pandas 用ライブラリ
import pandas as pd

# データフレーム表示用関数
from IPython.display import display

# データフレームでの表示精度
pd.options.display.float_format = '{:.4f}'.format

# データフレームですべての項目を表示
pd.set_option("display.max_columns",None)
```

コード L2-2-1　ライブラリのインポート

　前節で説明した NumPy に追加で pandas というライブラリをインポートしています。
pandas も慣用的に pd という別名で参照します。

　もう一つ display 関数をインポートしています。この関数はデータフレームの内容をきれい
に整形して出力してくれます。本書の実習で頻繁に利用します。

　本節で扱うサンプルデータの項目数は少しですが、実習では 30 項目に及ぶことがあります。
その際、横スクロールで全項目を確認できるようにするためのオプション指定が、「pd.set_
option("display.max_columns",None)」です。pd.options.display.float_format は、データフ
レームの内容を表示するときに小数点以下何桁まで出力するかを指定するオプションです。本
書では、全実習共通で 4 桁としています。

　先ほど、データフレームは NumPy の 2 次元配列（values）から作られるという話をしまし
た。これからデータフレームを定義しますが、その準備として NumPy 配列を作ります。実装
はコード L2-2-2 です。

```
# 2 次元 NumPy 配列の定義
b = np.array([[1, 2, 1], [4, 5, 2], [7, 8, 2],
    [10,np.nan, 1], [13, 10, 2]])

# 結果確認
print(b)
```

```
[[ 1.   2.   1.]
 [ 4.   5.   2.]
 [ 7.   8.   2.]
 [10.  nan  1.]
 [13.  10.   2.]]
```

コード L2-2-2　2 次元 NumPy 配列の定義

　変数 b に 5 行 3 列の行列が NumPy 形式で定義されたことが、print 関数の結果からわかります。要素の一つに np.nan という値があります。これは NumPy としての NULL 値（値を持たない項目）を意味しています。これから紹介する機能の一部に NULL 値に対する処理があるので、あえてこのような要素を入れました。

　これで準備は終わったので、いよいよデータフレームを定義します。具体的な実装はコード L2-2-3 になります。

```
# データフレームの定義
df = pd.DataFrame(b, columns=['col_a', 'col_b', 'col_c'])

# 型表示
print(type(df))

# display 関数による整形表示
display(df)
```

```
<class 'pandas.core.frame.DataFrame'>
```

	col_a	col_b	col_c
0	1.0000	2.0000	1.0000
1	4.0000	5.0000	2.0000
2	7.0000	8.0000	2.0000
3	10.0000	nan	1.0000
4	13.0000	10.0000	2.0000

コード L2-2-3　データフレームの定義

　データフレームは pd.DataFrame で生成し、列名として col_a、col_b、col_c を指定しています。データフレームの type 関数による型は「<class 'pandas.core.frame.DataFrame'>」です。display 関数を使うと、きれいに整形された表が表示されます。

　データフレームで NULL 値は「nan」と表記されます。NULL 値 nan の型は浮動小数点数型です。その影響で元々整数だった値も浮動小数点数型として表示されます。

　次のコード L2-2-4 では、図 L2-2-1 にあるデータフレームの三つの部品を確認しています。

```
# データフレームの各部品表示

# 列名
print(' 列名 ', df.columns)

print(' 行名 ', df.index)

# データ本体
print(' データ本体 \n', df.values)
```
```
列名 Index(['col_a', 'col_b', 'col_c'], dtype='object')
行名 RangeIndex(start=0, stop=5, step=1)
データ本体
 [[ 1.  2.  1.]
 [ 4.  5.  2.]
 [ 7.  8.  2.]
 [10. nan  1.]
 [13. 10.  2.]]
```

コード L2-2-4　データフレームの各部品表示

　コードの結果を見ると、df.columns に、['col_a', 'col_b', 'col_c'] という列名のリストが確かに入っています。df.index の結果は少しわかりにくいですが、「0 から始まり 5 未満の整数の配列」を意味しているので、コード L2-2-3 の出力結果の行名リストと一致しています。df.values の結果も、データフレームを定義するときに準備した変数 b とまったく同じになっています。これで、図 L2-2-1 に示したデータフレームのイメージを実際に確認できました。

ファイルからのデータ読み込み

　本書の実習で扱うデータは、インターネット上に公開されている「公開データセット」です。実業務でデータフレームを使う場合も、CSV や Excel など外部ファイルを取り込むケースがほとんどです。そこで、ファイルから読み込んでデータフレームを生成する方法を説明します。
　最初のコード L2-2-5 は CSV ファイルから読み込むケースです。

```
# CSV ファイルからの読み込み

# 読み込み元 URL
csv_url = 'https://github.com/makaishi2/sample-data\
/raw/d2b5d7e7c3444d995a1fed5bdadf703709946c75/data/df-sample.csv'

# データ読み込み
df_csv = pd.read_csv(csv_url)

# 結果確認
display(df_csv)
```

コード L2-2-5　CSV ファイルからデータフレームの生成

　display 関数の出力結果はコード L2-2-3 の出力と同じなので省略します。CSV ファイルの読み込みには pandas の read_csv 関数を利用します。関数呼び出し一つで、項目名を含めてデータフレームがセットされます。このコードでは、インターネット上の CSV を直接読み込むため、引数に URL を指定しています。代わりにローカルファイル名も指定でき、通常はこの方法がよく用いられます。

　本書の実習では CSV データをインターネットからダウンロードした後、項目名を日本語に置き換える処理をよくします。その実装例をコード L2-2-6 に示します。

```
# ファイル読み込み後の列名変更
columns = ['A列', 'B列', 'C列']
df_csv.columns = columns

# 結果確認
display(df_csv)
```

	A 列	B 列	C 列
0	1.0000	2.0000	1.0000
1	4.0000	5.0000	2.0000
2	7.0000	8.0000	2.0000
3	10.0000	nan	1.0000
4	13.0000	10.0000	2.0000

コード L2-2-6　項目名の置き換え

　df_csv.columns に新しい列名のリストを代入すると、本体の値（values）はそのままで項目名だけが差し替わったことがわかります。

　データフレームでは CSV だけでなく、Excel からも表データを読み取れます。その実装例

をコード L2-2-7 に示します。

```
# Excel ファイルからの読み込み

# 読み込み元 URL
excel_url = 'https://github.com/makaishi2/sample-data\
/raw/d2b5d7e7c3444d995a1fed5bdadf703709946c75/data/df-sample.xlsx'

# データ読み込み
df_excel = pd.read_excel(excel_url)

# 結果確認
display(df_excel)
```

コード L2-2-7　Excel ファイルからの読み込み

　この場合も出力結果は前と同じなので省略します。対象が Excel の場合、pandas の read_excel 関数を利用します。引数として今回の URL のほか、ローカルファイルも指定できるのは CSV の場合と同じです。

Series 定義

　以上でデータフレームの定義方法と性質について一通り説明しました。次に pandas で利用されるもう一つのデータ型である Series を扱います。Series の基になるのは、NumPy の 1 次元配列です。そこで事前準備として、NumPy の 1 次元配列を定義します。実装はコード L2-2-8 です。

```
# 1 次元 NumPy 配列の定義
a = np.array(['male', 'male', 'female', 'male', 'female'])

# 結果確認
print(a)

['male' 'male' 'female' 'male' 'female']
```

コード L2-2-8　1 次元 NumPy 配列の定義

　今までの NumPy 配列の要素はすべて数値でしたが、このように文字列も要素にできます。次にこの変数 a を用いて Series を定義します。コード L2-2-9 が具体的な実装です。

```
# Series 定義
ser = pd.Series(a, name='col_d')

print(type(ser))

print(ser)
<class 'pandas.core.series.Series'>
0       male
1       male
2     female
3       male
4     female
Name: col_d, dtype: object
```

コード L2-2-9　Series の定義

type 関数の結果は「<class 'pandas.core.series.Series'>」となっています。Series の内容を print 関数で確認すると、0 から 4 までのインデックスもデータ構造に含まれていることがわかります。

Series のもう一つの作り方は、データフレームから特定の列で絞り込みをする方法です。次のコード L2-2-10 でその実装を見ていきましょう。

```
# データフレームから Series を生成
ser2 = df['col_b']

print(type(ser2))

print(ser2)
<class 'pandas.core.series.Series'>
0     2.0000
1     5.0000
2     8.0000
3        nan
4    10.0000
Name: col_b, dtype: float64
```

コード L2-2-10　データフレームから Series を生成

冒頭の行の df['col_b'] とは、データフレームの変数 df を辞書として扱い、キー「'col_b'」で値を取得している形になります。これで col_b の列が Series として取得できます。本節冒頭の図 L2 2 1 を見て両者の関係を改めて確認してください。

講座 2 機械学習のための Python 入門

データフレームと NumPy の関係

今まで説明してきたように、データフレームと、その内部に存在する2次元 NumPy 配列は相互に変換できます。データフレームを df、2次元 NumPy 配列を ar とすると、一方の変数を基にもう一方を作る方法は次のコード L2-2-11 のようになります。

```
# データフレームと2次元 NumPy 配列の関係

# データフレームから2次元 NumPy 配列を取得
ar = df.values

# 2次元 NumPy 配列からデータフレームを生成
df0 = pd.DataFrame(ar)
```

コード L2-2-11　データフレームと NumPy 配列の関係

もう一つ、データフレームと NumPy 配列の関係を示しましょう。コード L2-2-12 を見てください。

```
# データフレームの shape と len 関数
# shape と len 関数は、内部の NumPy の結果がそのまま返る

print(df.shape)
print(len(df))

(5, 3)
5
```

コード L2-2-12　データフレームの shape と len 関数

データフレームの shape 属性と、len 関数をかけた結果は、内部の NumPy 配列の結果がそのまま返ってきます。この二つの機能に関して、データフレームは NumPy 配列と同等に扱えることがわかります。

データフレーム部分参照

データフレームに対する処理で非常によくあるのが、データフレームの部分集合に対するアクセスです。列方向に絞り込むケースと、行方向に絞り込むケースの両方があります。それらの実装方法について順に説明します。

最初にコード L2-2-13 で列方向に絞り込んでみます。

```
# 列リストで部分表を抽出

cols = ['col_a', 'col_c']
df2 = df[cols]

display(df2)
```

	col_a	col_c
0	1.0000	1.0000
1	4.0000	2.0000
2	7.0000	2.0000
3	10.0000	1.0000
4	13.0000	2.0000

コード L2-2-13　列リストで部分表を抽出

　まず、絞り込む列名のリストを cols として定義しています。この cols を使って df[cols] のように記述すると、二つの列のみに絞り込まれたデータフレームを取得できます。この実装は、機械学習で入力データを絞り込む際に、よく使われます。

　データフレームに対して df['col_b'] のような形で参照すると Series が得られることはコード L2-2-10 ですでに確認しました。この結果の values 属性は、1 次元の NumPy 配列になります。その様子を示したのが次のコード L2-2-14 です。

```
# データフレームの特定列を NumPy 配列として抽出

y = df['col_a'].values
print(y)

[ 1.  4.  7. 10. 13.]
```

コード L2-2-14　データフレームの特定列を NumPy 配列として抽出

　このコードは、学習データの中に入っている正解データを NumPy 配列として取得するときによく使われます。

　今度は行方向に絞り込んでみます。最初に説明するのは head 関数です。この関数は、データフレームを行方向に頭 N 行だけに絞り込みます。引数を省略すると N=5 と見なされます。次のコード L2-2-15 で実装を確認しましょう。

```
# head 関数で行の範囲指定
display(df.head(2))
```

	col_a	col_b	col_c
0	1.0000	2.0000	1.0000
1	4.0000	5.0000	2.0000

コード L2-2-15　head 関数で行の範囲指定

　今、対象にしているデータフレームは元々 5 行しかデータがないため、引数に 2 を明示的に指定しました。意図した結果が戻されています。

　行の絞り込みは、次のコード L2-2-16 の方法でも可能です。

```
# 行の範囲を数値指定
display(df[0:2])
```

	col_a	col_b	col_c
0	1.0000	2.0000	1.0000
1	4.0000	5.0000	2.0000

コード L2-2-16　行の範囲を数値指定

　今度は df[0:2] のような書き方をしています。この表記法はリストと同じで、「0 行目から 1 行目まで」を意味しています。その結果は、前の head(2) を呼び出した場合と同じになりました。

　部分参照の最後に少し複雑な例題を試してみましょう。要件は、今実習対象にしているデータフレームに対して「列 col_a の値が奇数のものだけを抜き出したい」だとします。この例題は、機械学習の学習データを、正解データの値ごとにグループ分けしたいときなどで実際によく使われます。

　最初のステップは、「col_a の値が奇数の場合 True、偶数の場合 False」となるような、Series データを作ることです。具体的な実装は、コード L2-2-17 になります。

```
# idx:「col_aが奇数」を判定
idx = (df['col_a'] % 2 == 1)
print(idx)
```

```
0       True
1       False
2       True
3       False
4       True
Name: col_a, dtype: bool
```

コード L2-2-17　「col_a が奇数」を判定

　「df['col_a'] % 2 == 1」[2] というコードでは NumPy のブロードキャスト機能が使われています。最終的に idx には、元のデータフレームの行数と同じ次数の、ブーリアンの値（以下、ブール値）を持つ Series データが代入されます。
　次のステップは、この idx を使って元のデータフレームを絞り込む過程です。実装はコード L2-2-18 になります。

```
# idx で行を絞り込む
df3 = df[idx]
display(df3)
```

	col_a	col_b	col_c
0	1.0000	2.0000	1.0000
2	7.0000	8.0000	2.0000
4	13.0000	10.0000	2.0000

コード L2-2-18　idx で行を絞り込む

　ブール値の Series データである idx を使って df[idx] とすると、データフレームの行単位の絞り込みができます。
　今は、説明のため 2 ステップに分けてコードを記載しましたが、通常は次のコード L2-2-19 のように 1 行でまとめて実装します。結果はコード L2-2-18 と同じなので省略します。

```
# まとめて1行で表現
df4 = df[df['col_a'] % 2 == 1]
display(df4)
```

コード L2-2-19　絞り込み処理を1行で実装

----

[2] 「%」は余りを求める演算子です。奇数の場合、2 で割ると 1 が余ります。

この実装は本書の実習の中でもよく出てくるものなので、ぜひ理屈から理解するようにしてください。

データフレームの列削除と列追加

次にデータフレームの列を削除・追加する操作を説明します。データフレームの特定列を削除する実装はコード L2-2-20 になります。

```
# 列削除
df5 = df.drop('col_a', axis=1)
display(df5)
```

	col_b	col_c
0	2.0000	1.0000
1	5.0000	2.0000
2	8.0000	2.0000
3	nan	1.0000
4	10.0000	2.0000

コード L2-2-20　データフレームの列削除

データフレームの drop 関数を使うのですが、axis=1 で列方向の削除であることを明記する点がポイントです。この列削除の処理は、学習データから正解データの列を削除して、入力データだけを残すときによく使われます。

次のコード L2-2-21 では「欠損値がある行を削除」します。

```
# 欠損値がある行を削除
df6 = df.dropna(subset = ['col_b'])
display(df6)
```

	col_a	col_b	col_c
0	1.0000	2.0000	1.0000
1	4.0000	5.0000	2.0000
2	7.0000	8.0000	2.0000
4	13.0000	10.0000	2.0000

コード L2-2-21　欠損値がある行を削除

この実装ではデータフレームの dropna 関数を利用しています。引数の subset=['col_b'] は、特定の項目に対してだけ欠損値をチェックしたい場合に使います。この実装は、学習データに

欠損値がある場合の対応手段の一つで、4.2.2 項で詳しく説明しています。

データフレーム操作の最後に、データフレームを列方向に連結して、データフレームを横に広げる操作を説明します。実装はコード L2-2-22 です。

```
# 列連結
df7 = pd.concat([df, ser], axis=1)
display(df7)
```

	col_a	col_b	col_c	col_d
0	1.0000	2.0000	1.0000	male
1	4.0000	5.0000	2.0000	male
2	7.0000	8.0000	2.0000	female
3	10.0000	nan	1.0000	male
4	13.0000	10.0000	2.0000	female

コード L2-2-22　データフレームの列連結

連結する場合、データフレームの concat 関数を利用します。ポイントは列削除の場合と同じで列方向の操作であることを axis=1 のパラメータで示す点です。このコードの例では、連結対象は Series データでしたが、データフレーム同士の場合も同じように記述できます。

データフレーム関数

次にデータフレームのデータに対して利用可能な関数を説明します。最初は特定の項目を抽出した後に統計処理関数を呼び出す処理です。実装はコード L2-2-23 になります。

```
# 特定列に対する統計関数
a_mean = df['col_a'].mean()
a_max = df['col_a'].max()
a_min = df['col_a'].min()

print(f'平均：{a_mean}　最大：{a_max}　最小：{a_min}')
```
平均：7.0　最大：13.0　最小：1.0

コード L2-2-23　特定列に対する統計関数

データフレームから列 col_a を抽出した後で、mean 関数（平均）、max 関数（最大）、min 関数（最小）を呼び出しています。

次の実装では、データフレーム全体に対して統計関数を呼び出します。実装と結果は、コード L2-2-24 です。

```
# データフレーム全体に mean 関数呼び出し
print(df.mean())

col_a   7.0000
col_b   6.2500
col_c   1.6000
dtype: float64
```

コード L2-2-24　データフレーム全体に mean 関数呼び出し

ここでは統計関数の一つである mean（平均）関数を呼び出しました。その結果、列ごとの平均値がまとめて計算されました。

実は、データフレームではもっと多くの統計情報を一気に知る方法もあります。それが次のコード L2-2-25 で示す describe 関数です。

```
# 項目ごとの統計情報取得
display(df.describe())
```

	col_a	col_b	col_c
count	5.0000	4.0000	5.0000
mean	7.0000	6.2500	1.6000
std	4.7434	3.5000	0.5477
min	1.0000	2.0000	1.0000
25%	4.0000	4.2500	1.0000
50%	7.0000	6.5000	2.0000
75%	10.0000	8.5000	2.0000
max	13.0000	10.0000	2.0000

コード L2-2-25　describe 関数呼び出し

コードの結果を見ると、三つの項目それぞれに対して、平均、最大、最小の他に多くの統計値が計算されています。describe 関数は、データフレーム全体の傾向を調べるのによく使われます。

データフレームを使って、機械学習モデルの構築や、データ分析をする際、特定の項目値の個数をカウントしたいことがよくあります。そのような場合に使われる value_counts 関数の利用例をコード L2-2-26 で示します。

```
# 項目値の個数集計
df7['col_d'].value_counts()

male      3
female    2
Name: col_d, dtype: int64
```

コード L2-2-26　項目値の個数カウント

このコードでは、df7 の col_d 列で、male と female がそれぞれ何個ずつあるかを value_counts 関数で調べました。今の例ではデータの行数が 5 行しかないので、人間が暗算でわかりますが、全体の件数が数百万件など膨大になると、この関数が役に立ちます。

データフレーム関数の最後に欠損値をチェックする方法を説明します。4.2 節で詳しく説明しましたが、実際の機械学習では、すべてのデータがきれいにそろっていることはむしろ少なく、欠損値が含まれていることが通例です。その場合、まず欠損値がどの程度あるかを調べる必要があります。これから説明するのはそのための手順です。

最初のステップは、コード L2-2-27 に示す isnull 関数の呼び出しです。

```
# NULL 値チェック
display(df.isnull())
```

	col_a	col_b	col_c
0	False	False	False
1	False	False	False
2	False	False	False
3	False	True	False
4	False	False	False

コード L2-2-27　isnull 関数の呼び出し

この関数は、データフレームの要素ごとに NULL かどうかのチェックをします。NULL の場合は True、そうでない場合は False が戻されます。今の例では Ture は全体で一つだけだとわかります。

次のステップは、この要素ごとのチェック結果を項目単位で集計することです。実装と結果はコード L2-2-28 になります。

機械学習のための Python 入門

```
# 列単位の欠損値集計
print(df.isnull().sum())

col_a    0
col_b    1
col_c    0
dtype: int64
```

コード L2-2-28　列単位の欠損値集計

　isnull 関数の結果にさらに sum 関数をかけると、列単位で欠損値の数がわかります。今の例では欠損値は col_b 列に一つだけありました。

groupby 関数

　データフレームで便利な関数の一つとして groupby 関数があります。これは SQL の GROUP BY 句と同じような働きをします。次のコード L2-2-29 でその実装例を示します。

```
# groupby 関数で col_d の項目値ごとの集計
df8 = df7.groupby('col_d').mean()
display(df8)
```

col_d	col_a	col_b	col_c
female	10.0000	9.0000	2.0000
male	5.0000	3.5000	1.3333

コード L2-2-29　groupby 関数の利用例

　このデータフレーム (df7) の項目 col_d は、male と female のどちらかの値を持ちます。データフレームをこの値ごとにグループ分けし、各グループで今度は項目ごとの平均値を計算した結果が出力されています。こんな複雑な処理がたった 1 行の実装でできてしまう groupby 関数は慣れると非常に便利です。

map 関数

　データフレーム関数の最後に map 関数の説明をします。map 関数もいろいろな使い方がありますが、次のコード L2-2-30 は、最も単純なラベル値の置き換えをするケースです。

```python
# map 関数で male/female を 1/0 に置き換え
df9 = df7.copy()
mf_map = {'male': 1, 'female': 0}
df9['col_d'] = df9['col_d'].map(mf_map)
display(df9)
```

	col_a	col_b	col_c	col_d
0	1.0000	2.0000	1.0000	1
1	4.0000	5.0000	2.0000	1
2	7.0000	8.0000	2.0000	0
3	10.0000	nan	1.0000	1
4	13.0000	10.0000	2.0000	0

コード L2-2-30　map 関数の利用例

　元のデータフレームで col_d の列は male または female の文字列値でした。しかし、文字列のままでは機械学習の入力にできないので、文字列を数値に変えたいというのが、この処理の内容です。そのため、{'male': 1, 'female': 0} という変換テーブルを辞書データで定義して、この辞書データを map 関数の引数にすると、望む変換結果が得られます。直感的に理解しやすい実装方式です。

　このコードの最初の行ではデータフレームの copy 関数でコピーを作成しています。これは元データに影響を与えずデータフレームに変更を加えたいときによく利用されます。

機械学習のための Python 入門

講座 2.3　matplotlib 入門

　講座の最後は、matplotlib[1] の入門です。Jupyter Notebook と Python の環境が持つ特徴の一つは、簡単にグラフを描画できて、しかも描画結果をすべて残せる点にあります。この「グラフ描画」を担っている重要なライブラリが matplotlib です。大変便利なライブラリなのですが、多少クセがあり、何通りかの描画方式が存在します。本講座では、「簡単に済むものはできるだけ簡単に」ということを原則に、それぞれの描画方式を見ていきます。

グラフ描画の方式

matplotlib のグラフ描画方式は大きく次の三つに分類されます。

単純方式：plt.xxx の関数のみを利用する方式です。最も簡単にグラフを描画できます。

ax 変数利用方式[2]：単純方式で対応できない場合、ax.xxx という関数を利用します。この方式はさらに、「ax 変数を使わないと実現できない細かい表示をする場合」と、「複数のグラフ領域を同時に使う場合」に分かれます。

データフレーム利用方式：前節で紹介したデータフレームと matplotlib は密接な関係があり、データフレームの関数から matplotlib を呼び出せます。

ライブラリの利用

　具体的な各方式の実装を見る前に、ライブラリの利用方法を確認しましょう。実装は、コード L2-3-1 になります。

```
# 日本語化ライブラリ導入
!pip install japanize-matplotlib | tail -n 1

Successfully installed japanize-matplotlib-1.1.2

import matplotlib.pyplot as plt

# matplotlib 日本語化対応
import japanize_matplotlib

# グラフのデフォルトフォント指定
plt.rcParams["font.size"] = 14
```

コード L2-3-1　ライブラリの導入

---

[1] 「マットプロットリブ」と発音します。
[2] 厳密にいうと「Axis オブジェクトのインスタンス変数 ax を利用する方式」となります。本書では利用方法に焦点を置き、この表現で説明します。

冒頭のセルのコード「!pip install japanize-matplotlib」について説明します。実は
matplotlib は標準では日本語に対応しておらず、そのまま利用すると日本語のテキストを表示
できません。この問題に対応するためのライブラリが japanize-matplotlib です。このライブ
ラリは Google Colab に未導入なので、Notebook を起動するたびに導入する必要があります。

その次のセルの import matplotlib.pyplot as plt が、matplotlib の本体です。plt という省
略名で利用するのが慣例です。

その次の行の「import japanize_matplotlib」が、日本語化対応ライブラリのインポートで
す。次の「plt.rcParams["font.size"] = 14」ではグラフ内のフォントサイズを指定しています。
matplotlib のデフォルトのフォントは小さめで字が読みにくいので、本書では原則すべての
フォントを 14 ポイントにしています。

単純方式

それではグラフ描画の実装に入ります。本書で利用している公開データセットなどを使って
描画します。利用するデータの内容については本書の他の場所で説明しています。

散布図表示（scatter 関数）

最初に散布図と呼ばれるグラフを表示します。

利用するデータは「アイリス・データセット」です[3]。コード L2-3-2 の出力結果のようなデー
タがすでにデータフレームに読み込まれている前提で解説します。

```
# データ準備
import seaborn as sns
df_iris = sns.load_dataset("iris")

# 結果確認
display(df_iris.head())

# 散布図 x 座標用 Series
xs = df_iris['sepal_length']

# 散布図 y 座標用配列 Series
ys = df_iris['sepal_width']
```

---

[3] このデータセットの解説は 4.1 節にあります。

	sepal_length	sepal_width	petal_length	petal_width	species
0	5.1	3.5	1.4	0.2	setosa
1	4.9	3.0	1.4	0.2	setosa
2	4.7	3.2	1.3	0.2	setosa
3	4.6	3.1	1.5	0.2	setosa
4	5.0	3.6	1.4	0.2	setosa

コード L2-3-2　アイリス・データセットの準備

このコードの最後で散布図表示用のデータを準備しています。具体的には項目 sepal_length
の列（図 L2-2-1 で説明した Series データ）を変数 xs に、項目 sepal_width の列を変数 ys に
代入しています。

次のコード L2-3-3 で目的の散布図を表します。

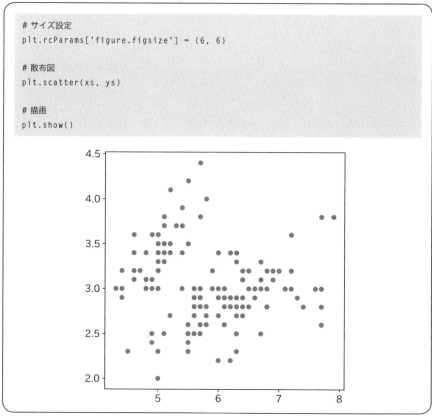

```
# サイズ設定
plt.rcParams['figure.figsize'] = (6, 6)

# 散布図
plt.scatter(xs, ys)

# 描画
plt.show()
```

コード L2-3-3　散布図表示

最初に見てほしいのは、このコードはすべて plt の関数またはプロパティを利用している点です。これが「単純方式」の特徴です。

このコードで本質的なのは「plt.scatter(xs, ys)」という行です。事前に準備した x 座標と y 座標の Series データ xs, ys（元データはそれぞれアイリス・データセットの sepal_length と sepal_width という列）を引数にして、scatter 関数を呼び出しているだけです。

最初の行の「plt.rcParams['figure.figsize'] = (6, 6)」はグラフの大きさの指定、最後の行の「plt.show()」は、最終的な描画を実行する関数なので、実質的には scatter 関数 1 行で、グラフを表示できます。

x 軸と y 軸のスケール合わせや、値表示などはすべて自動でやってくれています。実に簡単にグラフを表示できます。

関数グラフ表示（plot 関数）の単純ケース

単純方式の二つめは plot 関数です。この関数は、単に点の位置をプロットするのでなく、連続する点と点の間を線分で結びます。引数として、細かく刻んだ x の値と、その x に対応した関数 f(x) の値を与えると、y=f(x) の関数のグラフが出来上がります。

コード L2-3-4 は、今説明したことを具体化した、グラフ描画のためのデータ準備です。

```
# データ準備

# シグモイド関数の定義
def sigmoid(x, a):
    return 1/(1 + np.exp(-a*x))

# グラフ描画用 x 座標リスト
xp = np.linspace(-3, 3, 61)
```

コード L2-3-4　グラフ描画の準備

ここでは機械学習でよく利用される「**シグモイド関数**」を取り上げました。本書でも、4.3 節で取り上げています[4]。x 軸のリストは、講座 2.1 で説明した linspace 関数を利用して [-3, 3] の区間を 60 等分する形で準備しました。

これでデータの準備は完了したので、実際に関数グラフを描画します。実装はコード L2-3-5 です。

---

[4] 4.3 節で出てくるシグモイド関数では a=1 の値が代入済みで a というパラメータはありません。機械学習では a-1 を代入した形がよく利用されるのですが、本講座では a の値を変えて二つのグラフを重ね描きする関係で、本来のシグモイド関数の形で定義しています。

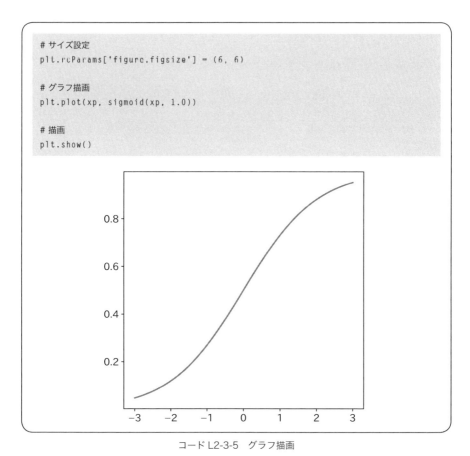

```
# サイズ設定
plt.rcParams['figure.figsize'] = (6, 6)

# グラフ描画
plt.plot(xp, sigmoid(xp, 1.0))

# 描画
plt.show()
```

コード L2-3-5　グラフ描画

　今度も実質的に「plt.plot(xp, sigmoid(xp, 1.0))」の 1 行で関数グラフを表示できています。呼び出す関数も前回同様 plt.xxx の形になっていて、「単純方式」に相当しています。

関数グラフ表示（plot 関数）の複雑ケース

　「単純方式」の最後に、今までよりは複雑なグラフ表示の例を示します。実装はコード L2-3-6 になります。

```
# サイズ設定
plt.rcParams['figure.figsize'] = (6, 6)

# ラベル付きグラフ描画 #1
plt.plot(xp, sigmoid(xp, 1.0),
        label=' シグモイド関数 1', lw=3, c='k')

# ラベル付きグラフ描画 #2
plt.plot(xp, sigmoid(xp, 2.0),
        label=' シグモイド関数 2', lw=2, c='b')

# 方眼表示
plt.grid()

# 凡例表示
plt.legend()

# 軸表示
plt.xlabel('x 軸 ')
plt.ylabel('y 軸 ')

# 描画
plt.show()
```

コード L2-3-6　複雑なグラフ描画

このグラフでは一つ前のグラフと比較して次のような点が違っています。

・二つのグラフを同一領域に同時に表示している
・グラフの線の太さを変えている
・グラフごとに表示色（青と黒）を指定している
・方眼表示をしている
・x 軸と y 軸に説明のテキストを表示している
・凡例を表示している

それぞれの結果が、どの関数呼び出しの結果なのかはコードのコメントに記載しました。このように様々な設定をしたため、結果的に長いコードになりましたが、意味がわかれば単純な機能の組み合わせであることがわかります。実習で使われているグラフ表示のプログラムは、基本的にこの方式になっていることが多いです。

ax 変数の利用 1（細かい描画設定）

条件によっては plt.xxx の関数呼び出しだけで対応しきれない場合があります。そのような場合に利用するのが、ax 変数です。

ax 変数を用いた時系列のグラフ表示

この利用方式の一つめが、より細かい設定を含む場合です。その一例として時系列データのグラフ表示を見ていきましょう。例によって、最初のステップはデータの準備です。コード L2-3-7 がその実装になります。

```
# データ準備

# アイスクリーム消費量
df_ice = pd.read_excel('https://github.com/makaishi2\
/sample-data/blob/master/data/ice-sales.xlsx?raw=true',
    sheet_name=0)

# 結果確認
display(df_ice.head())
```

	年月	支出
0	2015-01-01	401
1	2015-02-01	345
2	2015-03-01	480
3	2015-04-01	590
4	2015-05-01	928

コード L2-3-7　時系列データの準備

ここで使っているのは、金沢市のアイスクリーム支出金額の推移を示すデータで、5.3節の
コラムで紹介しています。出力結果から「年月」と「支出」という項目があり、「年月」が日
付を意味していることがわかります。
　データの準備はできたので、時系列グラフを表示します。時系列グラフといっても、横軸が
xの値から日付データに変わるだけで、plot関数を使う点は前の例題と同じです。実装はコー
ドL2-3-8になります。

```python
# ax 変数の取得
# サイズ指定も同時に行う
fig, ax = plt.subplots(figsize=(12, 4))

# グラフ描画
ax.plot(df_ice['年月'], df_ice['支出'], c='b')

# 日付設定用ライブラリ
import matplotlib.dates as mdates

# 3カ月区切りの目盛にする
days = mdates.MonthLocator(bymonth=range(1,13,3))
ax.xaxis.set_major_locator(days)

# x 軸ラベルを 90 度回転
ax.tick_params(axis='x', rotation=90)

# 方眼表示
ax.grid()

# 描画
plt.show()
```

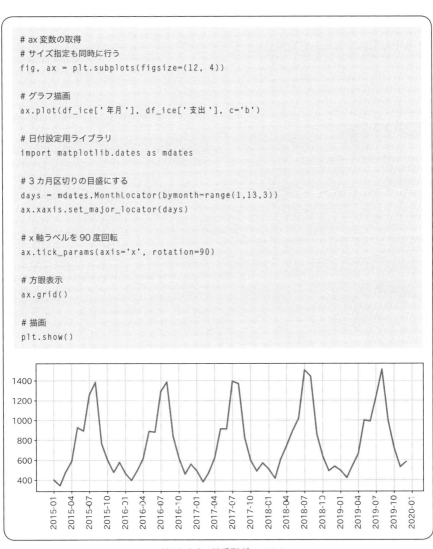

コード L2-3-8　時系列グラフの表示

このコードで特徴的なのは、

・最初に fig, ax = plt.subplots() というコードで ax 変数を取得している

・以降は ax.xxx という形になっている

の 2 点です。ax 変数も plot 関数を持っていて、plt.plot と同じようにグラフを描画できるのですが、加えてより細かい設定が可能なのです。コード L2-3-8 では、

・月の目盛りを 3 カ月刻みにする

・月のテキストを 90 度回転させる

という工夫をしていて、この点が plt.xxx 関数では実現できなかったところです。

ax 変数の利用 2（複数グラフ領域）

　ax 変数を使う必要のあるもう一つのケースは、複数のグラフ領域の描画をまとめて行う時です。

複数グラフ領域への描画

　これから説明するコードは本書のサポートサイトで公開している「追加事例 2　画像による判別（多値分類）」で実際に使っているもので、手書き数字のイメージデータを 20 件まとめて表示します。

　いつものように最初のステップはデータ準備です。今回は機械学習で有名な MNIST と呼ばれる手書き数字の学習データを扱います。実装は、コード L2-3-9 になります。

```
# データ準備

# 手書き数字データ
# 時間がかかるので注意してください
from sklearn.datasets import fetch_openml
mnist = fetch_openml('mnist_784', version=1,)

# イメージデータ
image = mnist.data
# 正解データ
label = mnist.target
```

コード L2-3-9　イメージデータの読み込み

　ここでは、scikit-learn[5] というライブラリで提供されているデータセットから、イメージデータを読み込みます。

　次にイメージデータのうち、先頭の 20 個を、横 10 列、縦 2 行で表示します。実装はコード L2-3-10 になります。

---

[5] 「サイキットラーン」と発音します。

```
# サイズ指定
plt.figure(figsize=(10, 3))

# 20個のイメージを表示
for i in range(20):

    # i番目のax変数取得
    ax = plt.subplot(2, 10, i+1)

    # i番目のイメージデータ取得し28x28に変換
    img = image[i].reshape(28,28)

    # imgをイメージ表示
    ax.imshow(img, cmap='gray_r')

    # 正解データをタイトル表示
    ax.set_title(label[i])

    # x, y目盛非表示
    ax.set_xticks([])
    ax.set_yticks([])

# 隣接オブジェクトとぶつからないようにする
plt.tight_layout()

# 表示
plt.show()
```

コード L2-3-10　複数のイメージデータ表示

　このコードの中で重要なのが、ループ処理の冒頭で実行している「ax = plt.subplot(2, 10, i+1)」です。subplot(2, 10, x) という関数呼び出しは、「2行10列の複数のグラフ表示用領域のうちのx番目」ということを意味します。

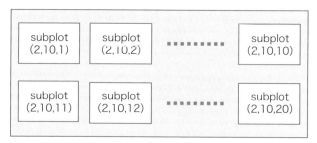

図 L2-3-1　subplot 関数の引数と描画領域の対応付け

　xの値と描画領域との対応を図L2-3-1に示しました。この図とコードL2-3-10を見比べると、ループ処理で描画領域を変更しながら画像を表示している様子がわかると思います。

　次の行の image[i].reshape(28,28)では、読み込み時に 1 次元 784 要素の NumPy 配列だったデータを、縦 28 画素、横 28 画素の 2 次元の NumPy 配列 img に変換しています。この 2 次元配列を imshow 関数に渡すと、イメージデータを表示できます。

データフレーム利用方式

　本講座で最後に説明するのが、データフレームからグラフを描画する方式です。

データフレームを利用したヒストグラム表示

　最初にデータフレームを利用したヒストグラム表示を実装します。コード L2-3-2 で読み込んだアイリス・データセットを利用して、いきなりグラフ描画コードから始めます。次のコード L2-3-11 を見てください。

```
# ヒストグラム表示

# サイズ設定
plt.rcParams['figure.figsize'] = (8, 8)

# ヒストグラム
df_iris.hist()

# 表示
plt.show()
```

コード L2-3-11　データフレームのヒストグラム表示

　ここでは、数値データを持つ四つの項目のヒストグラムを表示しています。今回も実質的な描画コードは df_iris.hist() の 1 行のみです。データフレームにヒストグラム表示用の hist 関数が用意されていて、この関数が呼ばれると背後で matplotlib が動いて描画が行われます。なお、データフレームの hist 関数が有効なのは、項目値が数値である列のみです。コード L2-3-2 の結果と見比べればわかりますが、一番右の項目 species は値が文字列なので、ヒストグ

ラム表示の対象からはずれています。

Series を使った棒グラフ表示

　今の例は、データフレームから描画関数を呼び出しました。同じ pandas のデータ構造である、Series からもグラフは描画できます。本講座の最後にその具体例を確認します。

　今回は、コード L2-3-12 に示すデータの準備が必要です。

```
# データ準備

# df_iris['sepal_width'] の値別個数を集計し、上位 5 件を取得
counts_ser = df_iris['sepal_width'].value_counts().iloc[:5]

# 結果確認
print(counts_ser)

3.0    26
2.8    14
3.2    13
3.4    12
3.1    11
Name: sepal_width, dtype: int64
```

コード L2-3-12　value_counts の集計

　このコードでは、先ほどヒストグラムを表示したアイリス・データセットを含むデータフレーム df_iris から sepal_width 列を抽出します。さらに value_counts 関数を使って、項目値ごとの個数を調べ、上位 5 件に絞り込んでいます。この段階で、最終的な変数 counts_ser には pandas の Series データが代入されています。

　それではグラフを表示しましょう。具体的な実装はコード L2-3-13 です。

```
# value_counts の結果を棒グラフ表示

# サイズ設定
plt.rcParams['figure.figsize'] = (4, 4)

# Series データで棒グラフ表示
counts_ser.plot(kind='bar')

# 表示
plt.show()
```

コード L2-3-13　value_counts の結果のグラフ表示

　今度のコードも実質的な実装は「counts_ser.plot(kind='bar')」だけで、bar が棒グラフを示します。こんなに簡単なコードで棒グラフを表示できました。

索 引

数字

2 値分類 ······································ 23
50 パーセンタイル値 ························ 75

A

Accuracy ············· 39, 62, 136, 143, 147
add_regressor 関数 ·························· 270
AI ·· 16
AI 化 ······································· 2
apply 関数 ································· 290
apriori 関数 ······························ 292
association_rules 関数 ···················· 292
auc 関数 ·································· 158

B

Bank Marketing Data Set ·················· 197
Bike Sharing Dataset Data Set ····· 225, 251
boxplot 関数 ······························ 88

C

CART ····································· 126
CDO ····································· 327
concat 関数 ························· 269, 355
confusion_matrix 関数 ···················· 141
copy 関数 ································· 359
cross validation ·························· 183
cross_val_score 関数 ··············· 185, 211
CSV ファイル ····························· 35

D

daily_seasonality ························ 256
describe 関数 ···················· 74, 319, 356
display 関数 ························· 47, 344
dropna 関数 ························· 96, 354
drop 関数 ··························· 92, 354

F

fill_between 関数 ························· 158
fillna 関数 ························· 96, 289
fit_predict 関数 ·························· 310

F（右段）

fit_transform 関数 ························ 316
fit 関数 ·······························38, 58
F-score ······························ 147, 148
F 値 ·························147, 148, 212, 216
f 文字列 ································· 61

G

get_dummies 関数 ························· 101
Gmail ···································· 332
Google Colab ···························· 332
Google Colaboratory ·············· 3, 42, 332
GPU ····································· 332
GridSearchCV 関数 ························ 189
groupby 関数 ······················· 76, 358

H

head 関数 ··························· 231, 351
hist 関数 ·························78, 232, 371
holidays ································· 264

I

imshow 関数 ······························ 370
isdisjoint 関数 ···························· 297
isnull 関数 ································ 357

J

jointplot 関数 ····························· 86
Jupyter Notebook ················ 3, 35, 332

K

Keras ···································· 122
K-Means ····························· 304, 309
k 近傍法 ································· 111
K 平均法 ····························· 304, 309

L

linspace 関数 ························· 342, 363
LogisticRegression ······················· 57

M

map 関数 　…………………………… 286, 359
matplotlib 　…………………… 42, 80, 82, 360
max_depth 　……………………………… 128
max 関数 　………………………………… 355
mean 関数 　……………………………… 355
melt 関数 　………………………………… 89
min_support 　…………………………… 295
min 関数 　………………………………… 355
mlxtend 　………………………………… 291

N

negative …………………………………… 137
networkx 　……………………………… 298
normalization 　………………………… 106
NumPy 　……………………………… 42, 335

O

One-Hot エンコーディング 　……… 100, 205,
　　　　　　　　　　　　　　　　245, 327
One-Hot 形式化 　………………………… 287
Online Retail Data Set 　………………… 277

P

pairplot 関数 　…………………………… 85
pandas 　…………………………… 42, 45, 343
parse_dates 　…………………………… 229
PCA 　……………………………………… 315
plot_components 関数 　………………… 259
plot 関数 　…………………… 262, 363, 364, 367
PoC 　………………………………………… 5, 326
positive 　………………………………… 137
Precision 　………………………… 145, 147
precision_recall_curve 関数 　………… 156
predict 関数 　…………………………… 38, 59
print 関数 　……………………………… 47
Prophet 　………………………………… 252
PR 曲線 　…………………………… 155, 156
Python 　………………………………… 2, 332

R

R^2 値 　……… 170, 241, 262, 268, 273, 275
read_csv 関数 　………………… 35, 305, 347
read_excel 関数 　……………………… 282, 348

Recall

Recall 　…………………………… 146, 148
replace 関数 　…………………………… 96
reshape 関数 　…………………………… 338
ROC AUC 値 　…………………………… 211
roc_curve 関数 　……………………… 161
ROC 曲線 　……………………………… 158
ROC 曲線下の面積 　……………… 162, 211

S

scatter 関数 　……………………… 82, 361, 363
scikit-learn 　…………………… 38, 44, 368
score 関数 　……………………… 62, 241
seaborn 　………………… 70, 80, 84, 89
seasonality_mode 　…………………… 257
Series 　…………………………… 343, 348
Series データ 　………………………… 46
shape 　…………………………………… 337
Shift+Enter キー 　…………………… 334
standardization 　……………………… 106
statsmodel 　…………………………… 252
subplot 関数 　………………………… 370

T

tail 関数 　………………………………… 231
TensorFlow 　…………………………… 122
to_datetime 関数 　…………………… 237
train_test_split 関数 　……………… 54, 209

U

unstack 関数 　………………………… 289

V

value_counts 関数 　……………… 73, 357, 372

W

weekly_seasonality ……………………… 256

X

XGBoost 　……………………… 38, 111, 132

Y

yearly_seasonality ……………………… 256

あ

アイスクリーム購買予測……………………… 274
アイリス・データセット…………………… 80, 361
アソシエーション分析……………25, 276, 300
アプリオリ分析………………………… 280, 292
アルゴリズム…………… 19, 30, 38, 109, 177
アルゴリズム選択………… 38, 56, 109, 209,
　　　　　　　　　　　239, 255, 295
アンサンブル…………………………………… 132

い

囲碁 AI …………………………………… 21
異常値………………………………………… 8
イベント…………………………………… 272
陰性……………………………………… 137
インデックス……………………………… 47

え

営業成約予測モデル………………… 8, 22, 200
エージェント……………………………… 21
エントロピー……………………………… 126

お

オープンソース…………………………… 44

か

カーネル法………………………………… 119
回帰……………… 18, 23, 136, 169, 224
過学習…………………………37, 115, 128
学習………… 17, 38, 57, 211, 239, 257
学習時間………………………………… 135
学習フェーズ……………………………… 19
確信度………………………………… 280, 294
確率値………………………………… 149, 213
関係グラフ………………………………… 298
観測……………………………………… 21

き

機械学習………………………………… 2, 16
機械学習モデル…………………………… 34
技術検証…………………………………5, 326
境界目……………………………………… 237
強化学習…………………………………18, 20

教師あり学習……………… 18, 19, 22, 34, 41,
　　　　　　　　　　　195, 323, 324
教師データ………………………………… 19
教師なし学習……………… 18, 20, 24, 276,
　　　　　　　　　　　301, 323
偽陽性率…………………………………… 159
協調フィルタリング……………………… 299
業務専門家………………………………… 4
業務データ………………………………… 8
業務プロセス……………………………… 325

く

クラスタリング………… 26, 301, 303, 309
グリッドサーチ…………………………… 188
グループ分け……………………………… 26
訓練データ……………………………37, 53
訓練データと
検証データへの分割………………… 209, 235

け

欠陥・疾患判定モデル…………………… 222
欠陥品……………………………………… 196
欠損値…………… 8, 36, 69, 71, 94, 203,
　　　　　　　　　233, 283, 306, 327
決定木…………………………… 111, 124
決定木型…………………………………… 111
決定境界………………………………… 62, 115
決定係数………………………………… 170, 241
検査……………………………………… 196
検証データ……………………………37, 53

こ

公開データセット………………66, 326, 346
交差検定法………………………… 183, 209
高精度……………………………………… 134
構造化データ……………………………… 32
顧客向けマーケティング………………… 301
混同行列………………………………… 136, 212

さ

再現率………… 136, 146, 148, 195, 212,
　　　　　　　　216, 222, 325
最小値……………………………………… 87
最大値……………………………………… 87

最適化システム……………………… 16
サポートベクターマシン……………… 119
散布図……… 49, 69, 82, 172, 302, 316, 361

し

閾値…………………………… 149, 213
シグモイド関数……………………… 116, 363
時系列グラフ……………………… 234
時系列分析………………………… 24, 249
次元圧縮…………… 27, 301, 304, 315
次元の呪い………………………… 101
施策………………………………… 27
支持度……………………………… 279
支持度の閾値……………………… 280
実装方式…………………………… 110
自動構築ツール…………………… 328
ジニ不純度………………………… 126
弱分類器…………………………… 129
周期関数…………………………… 250
周期性……………………… 24, 256
週周期……………………………… 272
集約関数…………………………… 76
重要度……………………………… 164
重要度分析……………… 217, 247
主成分分析………………………… 315
処理パターン………… 6, 16, 29, 194, 323
神経細胞…………………………… 31
人工知能…………………………… 16
信頼区間…………………………… 262

せ

正解データ……………… 19, 36, 53, 196, 324
正解率……………………………… 37
正規化……………………………… 105
成功率……………………………… 203
精度…………… 37, 39, 62, 136, 143, 147
セル………………………………… 333
線形分離可能……………………… 113
線形分離不可……………………… 113

そ

損失関数…………………………… 110
損失関数型………………………… 110

た

タイタニック・データセット…………69, 91
多重共線性………………………… 92
多値分類……………………… 23, 197
ダミー変数………………………… 100
単純ベイズ………………………… 111

ち

中央値……………………………… 87
チューニング…………11, 39, 63, 176, 213,
　　　　　　　　　245, 264, 268, 295
長期トレンド……………………… 272

て

ディープラーニング………… 19, 23, 30, 121
データエンジニア………………………4, 8
データ確認……… 36, 46, 69, 202, 283, 306
データ加工…………………………… 9
データサイエンティスト……………… 4, 9
データ前処理………… 36, 52, 91, 204,
　　　　　　　　　235, 253, 285
データの所在……………………… 326
データの品質……………………… 327
データフレーム………… 13, 45, 343, 370
データ分割………… 36, 53, 204, 209,
　　　　　　　　　235, 253, 255
データ読み込み……… 35, 43, 201, 282, 305
データ連係………………………… 326
適合率………… 136, 145, 147, 195,
　　　　　　　　　212, 216, 325
転置行列化………………………… 156

と

統計関数…………………………… 339
統計情報…………………………… 73
特徴量……………………………… 41
特徴量エンジニアリング………… 108, 191
特徴量最適化……………………… 39
トレンド…………………………… 250

に

ニューラルネットワーク……………… 31, 121
入力データ………………………36, 53
入力データ項目…………………… 4

入力データと
正解データへの分割……………… 209, 236
入力変数………………………36, 53
ニューロン……………………… 31

は

パーセンタイル値……………… 75
ハイパーパラメータ……………… 181
バギング………………………… 132
箱ひげ図………………………… 87
バスケット分析………………… 25, 282
外れ値…………………………… 87
判断根拠………………………… 134

ひ

非構造化データ………………… 32
ヒストグラム…………… 69, 78, 307
日付データ……………………… 229
評価…………… 9, 10, 39, 59, 136, 211,
212, 240, 259
敏感度…………………………… 159

ふ

ブースティング………………… 132
ブートストラップ法……………… 130
ブロードキャスト機能…………… 341
分散……………………………… 36
分類………… 10, 18, 22, 34, 41, 109,
136, 169, 195

へ

平均……………………………… 36

ほ

報酬……………………………… 21
ボストン・データセット………… 171

も

目的変数………………………36, 53
モデル………………………… 3, 17
モデル化………………………… 31
モデル開発……………………… 9
モデルの内部変数……………… 164

よ

陽性……………………………… 137
予測…………… 38, 58, 211, 239, 258
予測フェーズ……………………… 19

ら

ラベル値………………………… 97
乱数の種………………………… 54
ランダムフォレスト………… 111, 129, 164

り

離散化…………………………… 107
リフト値………………………… 280, 294

る

ルール…………………………… 279
ルール抽出……………………… 292
ルールベースシステム…………… 16

れ

例外値………………… 128, 318, 327

ろ

ロジスティック回帰…………… 57, 115
ロボット制御……………………… 21

Python で
儲かる AI をつくる

2020年 8 月11日　第 1 版第 1 刷発行
2022年12月 6 日　第 1 版第 4 刷発行

著　　　者　赤石 雅典
発　行　者　中野 淳
編　　　集　安東 一真
発　　　行　日経 BP
発　　　売　日経 BP マーケティング
　　　　　　〒 105-8308　東京都港区虎ノ門 4-3-12
装　　　丁　小口翔平＋畑中茜 (tobufune)
制　　　作　JMC インターナショナル
印刷・製本　図書印刷

ISBN　978-4-296-10696-7
©Masanori Akaishi 2020　Printed in Japan